U0636863

干城如峙

GANCHENG RUZHI

周干峙◎著

中国文史出版社
CHINA CULTURAL AND HISTORICAL PRESS

《政协委员文库》丛书
编辑委员会

主　任　刘家强

委　员　刘未鸣　刘　剑　韩淑芳　唐柳成　刘发升　张剑荆

主　编　刘未鸣　韩淑芳

编　辑　（按姓氏笔画排序）

卜伟欣　于　洋　马合省　王文运　牛梦岳

卢祥秋　刘华夏　刘　夏　全秋生　孙　裕

李军政　李晓薇　张春霞　张蕊燕　杨玉珍

金　硕　赵姣娇　胡福星　高　贝　高　芳

殷　旭　徐玉霞　秦千里　梁玉梅　梁　洁

程　凤　詹红旗　窦忠如　蔡丹诺　蔡晓欧

潘　飞　薛媛媛　薛未未　戴小璇

周干峙（2009年）

辑一
城市化与城市规划

城市规划界的十大问题

城市规划是个大学科，必然带来大的社会实践。不久前中国工程院在编写20世纪的伟大工程成就，几百个项目中最后选了27项，其中只有两项是没有争议的："两弹一星"和城市化战略。城市化改变了中国的面貌，改变了几亿中国人的生活，这其中城市规划工作功不可没。

尽管成就使我们更有信心面对新世纪的新挑战，但目前规划界存在的问题决不能低估。我将其归纳为十个方面：

一、规划设计的规模越来越大

现在有一种倾向，做规划以大为荣，以大为利。广西某市要搞临海工业区，1996年中规院去做了10平方千米的规划，目前仅完成了1/5—1/4，可当地又提出要建成为百万人口的大城市，临海工业区要扩大至70平方千米，并请了国外公司做方案。后来才知道是上面有指示，要"高起点，大手笔"。

二、形式主义严重

目前，许多地方都提出要搞标志性建筑，都以悉尼歌剧院为榜样；所谓的欧陆风吹遍全国；形象工程深得当地领导的心。

三、过于相信洋人，动辄国际招标

现在似乎是外来的和尚好念经，只可惜有些地方经念歪了，动不动就国际招标，此风不可长。

四、建高层成风

城市无论大小都必建高层，以体现现代化，结果造成空置房比例持续增加，浪费了国家大量资财。

五、广场、草坪成风

目前，广场、草坪风有愈演愈烈之势，而且已刮到了西北高原城市。如严重缺水的白银市为了能维持中心广场的草坪，不惜铺设暗管喷水。白银尚如此，更何况其他！

六、大拆大迁成风

长期以来，我们习惯于破旧立新，搞城市建设不仅拆房，而且炸楼，因而炸楼行业在中国悄然兴起。国外在利用旧有设施方面有很多经验，如旧桥不拆，对其拓宽或在旁边新建。城市更新未必非要在短期内大规模地拆迁，完全可以结合旧城来做。

七、城市环境继续恶化

城市大环境的改善，依然任重而道远。而大量的新建住宅区，有很多仍然在追求高容积率，没有完善的配套设施，缺少足够的公共绿地，空调、排气口随意安置等等。这种不顾环境质量的现象应尽快予以纠正。

八、规划界炒作、作秀的现象严重

例如前面提到的广西某市，新的规划刚刚做完，便到香港大开招商会，其实是利用规划设计单位大笔赚钱，这不能不让人担心规划作假的问题。

九、行政领导干预技术工作太多

现在领导普遍重视城市规划，这是件好事，但有些领导过问太多，甚至连施工图都要市长亲批，明显过头。市长再有水平，也不是万宝全书。作为规划师应当坚持讲真话，从善意的角度帮助市长们，这个问题涉及职业道德，"讲政治"不等于"讲政客"。

十、盲目乐观，过多说成绩，不愿提问题

其实，我们的规划存在着太多的问题，如规划资金的来源、规划人才的培养，等等。2000年北京入冬后的第一场大雪就使全城交通瘫痪，而莫斯科降雪达30cm城市交通仍畅通无阻，这说明比起先进国家，我们差得还很远，不能得意。

上述问题都是发展中的问题，新世纪、新形势将使城市规划面临变化更迅速、更难以预测的局面，应当正视并冷静分析。

肯定地说，办法总比问题多，任何事物都是在矛盾和问题中前进发展的，中国城市规划的前景也一定更加辉煌。

本文为周干峙先生在2001年12月，中国城市规划学会年会上，就当前城市规划界面临的若干问题做了发言。

城市化的进程要保障人类身心健康的永续发展[*]

城市是人类文明的产物，随着经济、社会的发展，城市的内涵及功能不断扩大，成为包含了人口、经济、社会、生态、科学技术和文化艺术等多种因素的复杂的系统，已成为多种学科共同关注的课题，也只有从多方面进行综合的研究和探索才能更深刻地揭示城市的本质。城市人类学从人类学的角度来研究城市问题，必将有助于深化对城市的认识，丰富城市科学的内容。

城市化伴随着工业化成为一股浪潮，城市的集聚效益促进了生产力的发展，但同时也使人的生存方式发生了巨大的变化。越来越多的人生活在城市这一人造的环境之中。人改造了环境，环境也影响着人的发展。我认为，为了保障人类永续的健康的发展，我们对城市化的进程，包括城市的分布、大中小城市的比例、城市自身的形态和城市环境等要进行控制和干预。其有效手段就是要强化城市规划的作用。这是我国实行计划经济的一个重要内容。

下面我围绕本题介绍在中国的一些主要做法。

一、制订正确的城市方针。

中国是一个发展中的国家，城市化水平还不高，改革开放极大地促进了我国经济的发展，同时也加速了城市化的进程。1980年我国城市化水平13.6%，1988年达到18.5%。对此，我们不是采取放任自流的态度，而是制订了明确的城市发展方针，即控制大城市规模，合理发展中等城市，积极发展小城市。我国的城市包括设市城市和通制镇，1988年全国有434个市、11481个通制镇，在设市城市中，特大城市（人口在100万以上）28个，大城市（人口在50万以上不足100万）30个，中等城市（人口在20万以上不足50万）110个，小城市（人口在20万以下）266个。与1980年相比，大中城市的个数增加0.46倍，

＊ 本文根据周干峙先生手稿整理。

人口增加41.4%，小城市个数增加3.08倍，人口增加94.9%，通过几年的实践证明积极发展小城市的成果，城市化的速度要和生产力的发展相适应。最近《城市规划法》的制定中，我们已将我国的城市发展方针修改为：严格控制大城市规模，合理发展中等城市和小城市。

与此同时，我们注意促进城镇的合理布局，采取在东部、中部和西部梯度发展的线路，既充分发挥东部、中部地区城市的效益，又注意合理布局生产力，使三个地区得到相对均衡的发展。我们特别注意了我国少数民族地区的城市的合理发展。我国有内蒙古、新疆、宁夏、西藏、广西五个民族自治区，它们1988年的城市化水平为18.71%，高于全国0.23个百分点，从城市化的速度看，全国1980年城市化水平为13.6%，1988年为18.48%，增加了4.88个百分点，而内蒙古自治区的城市化水平从1980年的23.09%发展到1988年的28.14%，增加了5.05个百分点，宁夏回族自治区的城市化水平进展更快，同期增加了6.41个百分点。新疆同期增加了5.91个百分点，说明它们城市化的速度也高于全国平均速度。

二、在城市的建设中注意保护自然环境和历史环境。

在建设高度物质文明的同时，还要建设高度的精神文明，要保护城市的历史文化遗产，尊重传统的社区关系体现历史的延续，使城市满足现代生产和生活的多种需求，还必须要有良好的生态，保持自人类诞生以来与大自然的密切联系，人类健康的精神和健全的体魄都有赖于一个和适于生存的自然相关联的环境。人们在城市现代化的进程中，不能只顾建设看起来"壮观"的钢筋混凝土的高层住宅，但同时也隔断了人们的社会联系；在汽车代步节省了时间与体力后，同时又不得不忧心忡忡地减肥。在一个高楼蔽日、汽车横流的城市中，到底谁是城市的主人？是人还是混凝土与汽车。思考了上述问题就必然会得出以下结论：城市的现代化建设一定要高度重视事关人类身心健康的环境问题。

中国的城市还远没有现代化，我们的政策是既要使城市现代化，又要保护生态环境，保护自然景观，继承并发挥历史文化传统和民族地方特色。中国是一个多民族国家，在少数民族聚居的地方实行区域民族自治，我国民族自治地区的设市城市共有50个，占全国设市城市数的11.5%，这个数字大大高于少数民族人口占总人口的比重。我国把保存文物古迹特别丰富，具有重大历史意义和革命纪念意义的城市定为国家的历史文化名城，在全国62个历史文化名城中，少数民族自治地区的名城有8个，五个省级的民族自治区中都有历史文化名城。

城市的民族文化是城市特色最生动的体现，我们保护城市的民族及地方特色包含多方面的内容，一是保护城市的传统格局和风貌，二是新建筑在体现时代特征的同时注意与传统的联系，三是保护诸如文学、戏剧、音乐、歌舞、手工艺、传统产业、民俗、节日活动等一系列与社会生活有关的传统特色。在拉萨、乌鲁木齐、呼和浩特、银川的新建筑都有浓郁的民族特色，在云南、贵州的民族节目活动一直受到人们的交口称赞。

三、城市规划在保障城市良好环境中的作用。

城市规划的核心是合理利用城市土地、协助城市空间布局和各项进度，合理制定和实施城市规划是保护和改善城市生态环境的若干途径。我国的《城市规划条例》和即将颁布的《中华人民共和国城市规划法》（第14条）明确规定：城市规划必须保护和改善城市生态环境，防止污染和其他公害，加强城市化建设和市容环境建设，保护历史文化遗产、城市传统风貌、地方特色和自然景观。编制民族自治地方的城市规划，应当注意保持民族传统和地方特色。

我们的许多城市在这方面的工作都是富有成效的，城市人民的健康水平有明显提高。

当然，我们不仅要追求活得长，还要活得好，要在物质和精神两方面都活得舒畅。我想我们的城市居民应该保持古希腊那样的健美体格，文艺复兴时代那样的意气风发，具有优秀民族，传统的浑厚格调，还有高科技时代特有的舒适和效率。总之，要使各族人民在良好的城市环境中，身心健康得到永续的发展。

1989年

中国城市传统理念初析

展望21世纪，有人说人类面临的是后工业时代，也有说是信息时代，如果从文明发展形态的角度看，我认为应该是东西方文化交融的时代。东西方文化的碰撞、交融由来已久，而自觉地、系统地、互利地进行交流，却必须在经历了历史的比较鉴别，对问题的认识达到一定深度以后，才有可能实现。在历史长河中，人类的东方文化和西方文化，各领风骚，各有千秋，往往是在交流互补中推进社会经济发展。而城市则是文明集中所在，城市文化交流，在文化交流中就具有重要的意义。

据考古发掘资料，从夏朝开始，中国就有城市，迄今已有4000多年，悠悠岁月，形成了中国城市的传统文化。我认为历史的经验，在诸多方面总有其历史的局限性，但也有某些方面符合发展的规律，有一定的科学性和很强的生命力。至今中国仍留有古都十余处、历史文化名城（经国家批准的）99处，有关城市文化的典籍浩如烟海，古代中国有关城市的规划理念几经演变，但又有一贯的传统特色，有一条明显的"主线"。我认为有三句很经典的话，就是"辨方正位""体国经野"和"天人合一"，亦即三个基本观念——整体观念、区域观念（城市及其区域的观念）以及自然观念——体现了中国城市规划的传统理念，值得我们参考继承。

一、整体观念

"辨方正位"出于《周礼》（成书于汉，约在公元前2世纪—公元前1世纪），用现代语言就是要分析周围的关系，摆正应处的位置。这就是把城市及其各部分必须当作整体来看待的朴素的整体思想。中国古代城市，从隋唐长安、洛阳，宋开封，以至明清北京的平面布局，就可以看出有一个明显特点，就是城市的整体性很强。其实，古代中国城市，从一幢四合院的房子、棋盘式的街巷，到有城墙包围的城市，组织有序，主次分明，从内容到形式，都按统一规划进行建设。其基本的思想，可追溯到公元前2000年。按《史记·世本·作篇》："鲧作城廓"（注：鲧就是夏禹的父亲），当时就有"城"，还有"廓"。所谓"筑城以卫君，造廓以守民"，而且"君子居于城，小人狎于野"。夏商早期城市，城廓相连，城居高而不居中，统治者既要保卫，又要易于脱逃，这在阶级矛盾极其尖锐的奴隶社会是有必要的。这在滞后发展的西藏城镇至今也还可见其痕迹。古临淄等城市就反映了以上特点。临淄规划，体现了管子的思想，《管子·乘马篇》："凡立国都，非于大山之下，必于广川之上，高毋近旱而水用足，下毋近水而沟防省，故城廓不必中规矩，道路不必中准绳。"强调从功能出发，和后来突出"礼制"要求不同。进入封建社会以后，出现了完整的"礼制"思想，社会行为有了一整套道德规范。"礼"影响了中国大约3000年。对城市规划来讲，集中反映在西周（前1046—前771年），《周礼·考工记》所记载的当时的理想城市：

"匠人营国，方九里（注：相当于3.1公里见方），旁三门，国中九经九纬，经涂九轨，左祖右社，前朝后市，市朝一夫（注：一夫，即占地约合今亩100亩，6.6公顷）。"还有："经涂九轨，环涂七轨，野涂五轨。"（注：轨即车辙，二辙之间宽，周制八尺。按一道三涂之制，"九经九纬"实为南北及东西干道各三条，"经涂"道宽周制七丈二尺，约合16.56尺，"环涂"道宽为五丈六尺，约12.8米，"野涂"四丈，约9.2米）而且还规定了：王城方九里，公城方七里，侯、伯之城方五里，子、男之城方三里。"礼"的核心思想是家庭和社会制度的宗法关系与伦理纲常。主张"君君、臣臣、父父、子子"，在群体关系中，群体第一，个体为附，个体服从于群体，所以，忠于家、忠于君、忠于国。在封建城市中，皇宫大体居中，左右基本对称，有强烈的中轴线显示其至高无上的地位。以下臣民，按贵贱分层次拱卫周围；市集、作坊、墓葬等有明确的功能分区，以至各类房屋的高低、开间大小、屋顶形式、用料大小、构造色彩等都必须按不同等级，各就其位，不得僭越。

作为城市的细胞——中国传统特色的四合院这一住宅形制的确立也是礼制的产物。在四合院里，家长居于正房，长子居东厢房，次子居西厢房，仆人在外院，"内外有别""尊卑有序"。从四合院—胡同（蒙古语水井之意，即每条小巷公共取水处）—作坊—市集—衙署，由方格式的街巷相连，再结合地形特点、气候要求、地方材料、民族习惯等条件，形成基本统一而多样的、整体性十分突出的城市形态。四合院和城市总体布局一方面有儒家传统束缚；另一方面也随着时代发展不断有所突破。哲学上还有佛、道等宗教思想影响。但儒学与神学不同，基本上是入世的哲学，讲求修身、齐家、治国、平天下。其思想影响已根深蒂固，即使出世的佛教思想传入，也受其影响。如，中国的寺庙始于"舍宅为寺"，并没有特殊形式的宗教建筑。多元化的哲学思想，总的趋势是互相影响、逐渐融合。从而，中国古代城市的统一性中就存在着多样性，但统一性很强，而且由于不断发展改进，其实用功能、艺术形式也日臻完美。这恐怕就是思想理念和文化的巨大力量。

二、区域观念

区域观念，即城乡统一规划的观念。也早见于《周礼》"体国经野"的论述。当时"国"指的是都、邑、城、廓（大城为都，小城为邑，主体为城，外围为廓），"体国"指安排城廓的档次和大小，"经野"指开发处理好城乡关系。古人在实践中认识到城市不能孤立存在，必须和周围的区域统一规划建设。《吕氏春秋》"君守篇"记载了"夏鲧作城"（当在今河南嵩山一带）。至商代就有都、邑之分，特别是王都周围有都邑规划，有"畿服制"（王都周围曰畿，"畿服"指王城周围要服务于王城），商中期有王畿规划。周就在商王畿区域内营建洛邑以为东都（见贺业钜著《中国城市规划史》），《礼记·王制》还总结了："凡居民，量地以制邑，度地以居民，地邑民居必参相得也。"对城市及其区域的关系，最早论述比较完整的，可能是商君（前5—前6世纪）。《商君书·徕民篇》："地方百里者，山陵（又作山林，见算地篇）处什一，薮泽（薮，大泽也，水草交厝，名之为泽）处什一，溪谷流水处什一，都邑蹊道（蹊，路也）处什一，恶田处什二，良田处什四，以此食作夫（农夫）五万，其山陵、薮泽、溪谷可以给其材，都邑蹊道足以处其民，（此）先王制土分民之律也。"说明当时商鞅对城乡布局结构的思想，已经考虑到了水源、能源、材料等因素，而且有了一定的用地比例关系和一个粗略的定额概念，还说是"先王之制"，就是说以前就有了这些经验（见作者所著《城市及其地区——一个复杂的巨系统》，刊于《城市规划》1997年第2期）。

《商君书》中认识到了"国"与"野"的关系，但那时，人口稀少，"国"与"国"之间相距很远，实际上还有"真空地带"，但那时已经认识到了城市和乡村以及城市和城市之间都是有机的整体。

按照商君的思想，春秋战国时，吴大夫伍子胥就"相土尝水，象天法地"，科学地选定了吴国都城苏州的城址，至今2500年未有变动。

区域的观念也即是系统的观念。在封建时期强大的集权制度下，在城乡建设中能够实现，而在许多条件局限时往往不能实现。遗憾的是时至今日，虽有客观需要，而我国的区域规划工作仍步履蹒跚，远远没有达到应该达到的水平。

三、自然观念

文明早期，人类生产力低下，经常慑服于大自然的力量，不大可能产生"人定胜天""改造自然"的思想。中国最早的自然观，可能体现在《老子》和《易经》（成书于春秋战国期间，公元前770—公元前221年）两部著作中。老子崇尚自然，有朴素的辩证思想，他曾在《老子·十一章》中指出："三十辐共一毂，当其无，有车之用；埏埴以为器，当其无，有器之用；凿户牖以为室，当其无，有室之用。"代表老子自然观的名言是："人法地，地法天，天法道，道法自然。"这里强调的是自然高于一切，主张返璞归真，回归自然，可说是自然主义者。后来，儒学继承者吸收了老子的观点，提出了"天人合一"的思想，主张人和自然相结合，两者没有谁服从谁或谁战胜谁的问题，而要求和谐共处，并上升到要从物质和精神两方面的和谐、结合，达到"天人合一"的"意境"。

在尊重自然和保护自然问题上，儒道一致。所以古代城市很早就注意园林绿化建设。经人加工的园林——"园""囿"——两个字在甲骨文（商周时期）中就已经出现。都城中有皇家园林、私家园林、公共园林，以至保护和营造风景园林。唐长安（7世纪）的禁苑、曲江、骊山等就很典型。唐朝设有主管京城绿化的专门机构，"掌京都衢弄苑囿山泽草木"，开辟了大大小小的园林区，诸如西内苑、东内苑、南内苑等，还规定城内街道种植行道树，由街使负责，统一规划，百姓不得随意栽种。长安城的城市管理相当严格，禁止违章建筑、不许污染环境，《唐律疏议·杂律》有条文规定："侵街巷阡陌者杖七十。""其穿垣出污者杖六十。"另外，还有一套保护水源，防止空气污染，以至在繁殖期不得渔猎等保护野生动物的规定。唐诗人岑参在登大雁塔时，曾有诗云："青槐夹驰道，宫观何玲珑，秋色从西来，苍然满关中。"可见长安是一座绿色城市，而且布局整齐，风光秀丽，很有魅力。

还有一本《易经》也是影响城市和建筑深远的经典著作。《易经》本是一本卜筮之书。传说源于"伏羲画卦"，书出"河洛"（《河图》和《洛书》），从夏朝之"连山"、殷之"归藏"（都已失传）至周之《周易》，是世代相传的集体创作，是一种原始性哲学思想的符号系统，以及原始卜筮的记录。《易》的理论很深奥，至今研究不绝，但中心思想是将自然（天、地）与人作为整体来考虑。后来由"易理"而派生"风水"学说，"风水"既有科学道理，又夹杂着迷信成分，是经验的过于神秘化。风水的要义在于依从自然山水、生物的态势，谋取人类生存发展的最佳场所，谋求人与自然的平衡。在基本顺应自然中去避免灾害，在适当改变自然中去谋取福利。所以按风水学说选址，往往要寻找自然的怀抱，并且要保护好植被等自然地理形态，还要力求城市和建筑环抱自然，无论一个城市、一处宫殿、一宅民居，都有合围，形成院落，意在天地相通。同样，园林设计的宗旨也要巧于"因""借"，精在"体""宜"，造成"虽由人作，宛自天开"，这也是"易"的天人观。长时期内，源于老子又融合儒家思想，天人合一观总的强调和谐，强调综合，而不是强调对立、分解。所以，后世有所谓"和为贵""天时，地利，人和"这些政治观点，对现代社会仍是有积极意义的。很遗憾的是，老子思想的合理内核，后世对此认识不足。特别是中国建筑用木材太多，自然资源受很大破坏。今天就要付出巨大代价，要相当时间才能补救过来。

古代中国城市理念，精华与糟粕并存。既有上述一些优良传统可以借鉴，也有不少教训可资吸收。譬如，静止的观点，所谓"天不变，道亦不变"，后期的儒家思想把复古作为最高理想，形成了顽固的思想桎梏。还有，封闭的观点，封建时期后期，走到了闭关锁国、夜郎自大的地步。一个民族如果保守自大，就没有不落后的。近现代，西方文化和西方城市规划对中国城市发展产生了巨大的推动力。20世纪以来，发展、变革十分迅速。可以说今天的变革仍是民主革命变革的延续，至今仍在不断变化、发展之中。我们必须更加自觉地吸取一切国家、民族之长，提高自身素质，处理好现代化城市发展的种种矛盾问题。中西互鉴，比较研究，使自己少走弯路，让人家也少走弯路。为即将到来的21世纪，争取一个更为美好的世界，共创一种高度的现代化文明。

本文为周干峙先生1977年6月18日在"美中城市规划理念交流会"（华盛顿）上的主题发言，载于1997年第6期《城市规划》。

对于当前"城镇化"问题的几点认识和建议

进入21世纪以来，"促进城镇化"几乎成了举国上下大家关心的一件大事。我国从来没有像这几年如此重视和热衷于研究城市化问题，这是一个好现象。"城镇化"是我国的正式提法。其实质与国际通用的"城市化"（Urbanization）是同义的。目前，不少地方对"城市化"的理解不太准确。下面提出几点对"城市化"问题的认识和建议，供参考。

一、城市化是工业化过程中伴生的社会现象

18世纪发生的产业革命，使一部分欧洲国家出现明显的农村人口向城市的大量迁移，开始了工业化初期的城市化现象。根据资料，19世纪初，世界人口中只有3%是城市人口；经过100年时间，20世纪初，城市人口占世界人口14%，一个世纪只增加11个百分点。再经过100年，到20世纪末，城市人口的比重提高到48%左右。整个20世纪增加34个百分点，是20世纪的3倍。20世纪发生了两次世界大战，很多城市被摧毁，城市化进程陷于停滞，但是"化"的速度仍然大大快于19世纪，其动力主要来自工业化。可以说，不论哪个国家，工业化必然伴随着城市化，这是一个不以人们主观意志为转移的客观规律。

根据联合国1995年《世界城市化展望》提供的资料：世界五大洲的城市化平均水平：北美洲（76.3%）、拉丁美洲（74.2%）、欧洲（73.6%），都是工业化开始较早、程度较高的地区。亚洲（34.6%）、非洲（34.4%），则是工业化起步较晚、程度较低的地区。但是，如果对每个国家具体分析，就会呈现千差万别的、不同的城市化现象。

二、城市化和现代化一样，是一个国家社会经济动态发展的长过程

城市化是国家社会经济发展水平、特点、状况的反映，也是不同时期各种政策综合作用的结果。城市化对每个国家来说都是一个长过程。这个过程会表现出阶段性；城市化达到一定高度后会相对减缓或停滞，如现在一些发达国家出现的现象。可以预计，随着社会经济的发展和科学技术的进步，城市化还会显出新的变化和特点，值得我们不断地跟踪研究。

回顾新中国成立54年来，我国城市化经历过一条曲折的道路。1995年至今，我国确立了社会主义市场经济体制，长时期的经济高速发展，造成城镇经济和建设的惊人增长，但是城镇和农村的差别也相对扩大。1998年中央提出重点发展小城镇的方针，作为解决"三农"问题的重要途径之一。2000年在"十五"社会经济发展计划中明确提出推进城镇化的战略，并且对长期以来的城市发展方针作了调整，要点是普遍发挥各级、各类城市的积极作用。随后又调整了部分限制或不利于农民"进城"的政策。因此，这一时期的城市化速度明显加快，是新中国成立以来从未有过的。城市化水平从1995年的29%提高到2002年的39.1%，8年增长10个百分点，年均增长1.25个百分点。

截至2002年，我国有设市城市660个，建制镇20600个，其中：50万人口以上大城市113个，城镇非农人口3.37亿。

回顾我国50多年来城市化的历程，可以看出：（1）工业化带来城市化，城市化有利于工业化。两者相互协调，会带来经济的进一步发展和社会的进步。（2）经济社会发展的推进、徘徊、挫折都会直接影响城市化的进程，城市化的滞后也会拖经济社会发展的后腿。（3）国家的战略、方针、政策对城市化进程影响很大。这一时期，党和国家对城市化采取明确的方针，政治稳定，经济持续高速发展，城市化进程呈现出快速增长的势头。

三、当前对城市化的一些误识

城市化的必要性是毋庸置疑的。但是，当前有一些误识，会影响社会经

济的健康发展：

（一）以为只要加快城市化就会带来经济发展，过分强调了城市化对拉动经济的作用。只有经济社会发展了，城市经济的规模增长了，就业面扩大了，生活水平提高了，才能容纳更多的新增城镇人口，刺激产业和各种社会事业的发展。

（二）城市化率不宜作为每个市、县、区的发展指标相互攀比，也不宜在省、区间作为硬指标攀比。拉美、亚洲有些发展中国家存在着"虚胀"城市化的现象，即：大量贫穷的农村人口盲目流入大城市，虽然造成很高的城市化率，但国家的经济水平仍然较低，而且加剧了城市中的大量社会问题。

（三）城市化率并非越高越好。不仅从国际看如此，国内情况也是如此。以西北地区6个省区为例，根据2000年的统计，内蒙古、新疆的城市化水平高出陕西、甘肃10多个百分点，但以经济社会发展水平而论，顺序就不同了。内蒙古额济纳镇的城市化率高达87.5%（由于可牧地丧失，牧民只能进城谋生），却是经济落后的"城市化"。

（四）要防止在"推进城市化"的名义下，大规模圈地，脱离实际地搞大开发区、大市中心、大广场、大金融贸易区、大公共活动中心等，造成巨大的浪费。

（五）城市并非越大越好，按照大、中、小并举的方针，在特定地区发展一些大城市、特大城市以至大城市地区，是符合我国国情的。但不可能所有大城市都要往特大城市以至超大城市方向发展。许多"做大"城市的设想，都没有考虑到城市搞大后带来的环境问题、交通问题等等。

（六）农村不能让它衰落，不能因城市化而忽视了农业和农村的现代化发展和建设。

总之，对待我国正在发生的、高速的城市化过程，应该积极迎接，冷静思考，切忌主观浮躁。要采取正确的方针政策，消除各种各样不合理的壁垒和障碍，引导它走向健康、合理、科学的方向，有利于我国的现代化建设。

本文是根据周干峙先生保存的文件资料整理，落款日期为2003年7月31日。该文后载于2005年5月出版的《我国大型建筑工程设计发展方面——论述与建议》一书。

进一步提高对城市在社会经济发展中的
地位和作用的认识

　　什么是城市，列宁有过精辟的表述，就是"城市是经济、政治和人民的精神生活的中心，是前进的主要动力"。城市是人类聚集的结果，它是社会进步发达的表现，以城市整体为对象，综合研究城市和认识城市的科学，就是城市科学。城市科学是在高层次上，从客观上研究分析城市这个复杂而又庞大的结构，研究分析城市的各种现象，作出科学的鉴别、评价和预测，在广泛的范围内作出正确的有关城市发展的决策，以推动城市和社会经济的发展。随着社会的进步，人类认识世界的能力在不断提高，对城市的种种认识也在不断的深入，社会在发展，人类在前进，城市在国家政治、经济、社会和文化中的地位和作用也都在发生变化，我们究竟如何认识我们的城市呢？我觉得无论从理论还是实践上，至今仍然没有完全解决这一问题。

　　城市作为人类的一种社会现象，是一种历史的现象，它的发生发展和兴衰需要若干年才能较完整的表露，需要较长时间才能积累经验。从城市的出现到城市化体系的形成，国外也是经历了一个相当长的历史阶段，我们从目前发现的最早的城市商都到今天的城市也历经了3000多年的漫长历程，对城市的认识不是一朝一夕所能取得的。即便是近代资本主义城市也经历了数百年之后，经过一代又一代人不断地积累经验，才对他们的城市看得比较清楚。社会主义的城市，仅有几十年历史，对它的认识可以说只是处在初期阶段，无论从全局或局部认识城市的地位和作用，并不是显而易见的。

　　对于我国城市的认识，我们正在不断深入发展，我觉得我们认识城市的时间表正在往前和往后两个方向发展。往前是历史，我们有几千年的经验，往后是未来，我们将会有光明的前景。总结历史，为了未来，相对而言，我们现在对城市的地位，作用问题的认识还未必像古代那样成熟。

我国从奴隶制后期和封建时期一开始就十分重视城市的地位和作用。相传夏朝就讲究"筑城以卫君，造廓以守民"。最近在西安以西170公里处的陕西凤翔县发现的秦雍都遗址，那就是公元前622年，先秦十九代在那里历时294年的都城，秦雍都的发展，无论是从历史文化还是从城市发展看，其重大意义并不在秦兵马俑之下。秦雍都城池处雾山之麓，湃河之上，规模宏大，面积10.5平方公里（包括陵区共50平方公里），相当于西安明城，城内布局有序，街道井然，设有不同宽度的网状道路，已有排水管道，有陵阴遗址（降温设备）。宫殿寺庙、市场已有一定形制。这一重大发现把我国的城市发展史向前推移了几百年，从而改变了历史学家对秦人落后的看法，而且印证了《周礼·考工记》等古籍记述："匠人营国，方九里，旁三门，国中九经九纬，经涂九轨，左祖右社，面朝后市，市朝一夫。"还有"经海九轧，环深七轨，野涂五轨"，在雍城已具雏形。也印证了这一时期《商君书》中所说的建设城市要考虑资源、能源、水源、交通等区域的观念，就是："地方百里者，山陵处什一，薮泽处什一，溪谷流水处什一，都邑蹊道处什一，恶田处什二，良田处什四，以此食作夫五万，其山陵、薮泽、溪谷可以给其材，都邑蹊道，足以处其民。"甚至市场的规模，发掘得知约100米×160米（有围墙及出入口建筑）和"市朝一夫"讲的一百步的大体相当。雍都市场中还发现咸阳等附近制造的瓦当，可见当时交换已有一定的影响范围，秦发达的城市建设反映了当时的经济、文化，已经具备了相当高度的城市文化。如果联系春秋时期我国中部、东部地区，也有相当发达的城市建设的理论和实践，如齐临淄和《管子·乘马篇》讲的建设城市要"凡立国都，非于大山之下，必于广川之上，高毋近阜而水用足，下毋近水而沟防省。因天材，就地利，故城廓不必中轨短，道路不必中准绳。"再如吴姑苏和伍子胥"象天、法地、相土、尝水"建设苏州城。这些事实加在一起，我们就可以得到一幅完整的图画，就是春秋时期，我国已经总结了一整套城市建设的经验，当时甚至已经认识，到城乡发展的相互关系，提出了"唯王建国，辨方正位，体国经野"，总结了城市规模要和周围农村山水有一定的比例关系，除《商君书》以外还有《礼记》："凡居民，量地以邑，度邑以居民、地邑居民必参相得也。"这些都是非常精辟的论述。《商君书》"进一步把区域布局分析正常化了，雍城市地处开阔原野"从建封时期初期就总结起来的重视城市的经验，使历代皇朝无不讲究营建城廓之道。引水筑城是每个朝代的头等大事，而且城池愈修愈坚实，坚实宏大的城池确实起了保卫巩固统治的作用。中国封建城市的这一点不同于西方世界，西方封建的中心主要停留在封建庄园，城市很不发达，甚至奴隶制时期已经发展的大城市到封建时期衰落无存；我国历史上有无数次战争，围城数十日不破，而使统治者转危为安。如西安、洛阳、北京、太原等古代这方面的例子也是很多的。也正因为统治者重视城市的作用，城市也遭到被压迫农民的仇视，每次农民起义争取城市后往往就烧毁城市，从项羽火烧咸阳以后，有无数次焚毁城市的事实，这也是中国城市发展史中的一种悲剧特色。现在历史学家论证我国封建社会延续时间长时，往往只讲意识形态的作用，讲儒家思想巩固了封建制度长期统治，这无疑是正确的，但这种说法只讲了精神文明一面，而没有讲物质文明的作用，我认为在任何社会中城市是物质文明的集中表现，正因为历代封建王朝高度重视城市的地位和作用，才使封建统治有了重要的物质基础；由于有了发达的适合当时社会需要分精神文明，加上有力的为其上层建筑服务的物质文明，才是造成我国封建时期漫长的主要原因。

回顾历史，城市确实起了巩固社会、发展文明的作用，各种不同的社会，各个不同的阶段具有不同的"城市观"，封建时期，城乡尖锐对立，农民具有反城市的意识，联系中国革命的特点之一，是农村包围城市。新中国成立以来，不重视城市发展和城市建设，这是不是农民意识和小农经济思想在城市工作的反映呢？看来是值得分析研究的问题。

不管思想根源何在，我认为我们对城市在社会经济中的地位和作用问题的认识是很不够的，特别是对城市作为综合的整体，对巩固社会和发展文明的作用认识不足。例如，搞不搞集中的城市，60年代就有过完全否定的认识，并以此作为主要决策指导思想。否定城市的必要性实际上就是否定人类社会的集聚规律，有位好心的日本朋友，曾为我们宣扬所谓"非城市化的工业化道路"，以此为书名写了一本书。三中全会后，他又来考察后发现判断有误，事实上工业化和城市化是伴生物，建设现代化的工业，就产生现代化的城市。还有，我们对城市在政治经济生活中曾经搞消极态度，采取封闭、固守的对策，把城市建设看成是非生产性或消费性事业，采取压缩、限制的对策。由于对城市的这些认识问题未解决，长期以来，我们在经济活动中习惯于注意工业、交通（只是铁路等）等项目的作用，而不注意城市的作用。我们制定社会经济发展目标，有宏观的，也有微观的，就是缺少城市的发展目标，至今在计划、科研、教育、法制等多方面，城市和有关城市问题都是薄弱环节。城市中出现的种种紧张，所谓"城市病"，也长期不得解决。我们重视了研究农村政策、产业政策、科技政策、教育政策、能源政策等等，但很少研究城市政策（国家有农村政策研究中心等等，但没有综合的城市政策研究中心，这些都和对城市的认识问题有关。我们往往看到城市的若干侧面，但看不到城市整体。看到了城市作为经济文化中心的作用，看不到作为交通中心、信息中心和教育中心的作用。更不认识城市在社会、经济、文化方面由于聚集和辐射而产生的"放大"作用。现在更需要我们注意的还有随着社会经济发展和科学技术进步，现代城市发展变化的速度已远非过去的城市所能比拟。许多观念上的改变，亦即认识上的变化，要求我们动态地认识城市及时采取相应对策。总之，为探讨解决过去积累的问题以及今后面临的新问题，这也要求我们更为迫切地去认识城市、了解城市，研究城市存在的问题。

作为科学来看待城市，发展城市，正像胡启立同志在接见筹备城市科学研究会代表时讲的"还有很大一部分必然王国尚未被我们认识"。我们成立城市科学研究会的任务就是要探索城市发展的"必然王国"，增强我们认识城市的"自觉性"，不要像过去旧时代那样要经过几代人的认识过程，而能够缩短这一认识过程。作为城市科学，要研究解决的问题还有很多，但我想仅此一个认识问题的解决就有重大意义。我相信城市科学研究会的工作必将对我国的城市发展作出重大贡献。

本文为周干峙先生1986年8月27日在"天津召开中国城市科学研究会首届年会"上的报告。

深圳规划的历史经验

深圳规划在我国的城市规划史上有着重要的地位。它标志着中国的城市规划由计划经济时代进入市场经济时代翻开了新的一页。

深圳是我国自力按照规划建设起来的城市，也是新中国第一个按市场经济体制规划建设起来的城市。这个规划是由中国的城市规划师主持编制的。

深圳规划的历史经验很值得总结。

回顾深圳经济特区早期的规划，按工作的规模和特点大致可以分为两个阶段。我认为，划分的标志是谷牧副总理派出专家顾问组（即五人小组，组长袁镜身，副组长李云洁，成员龚德顺、周干峙、杨芸）。

深圳是改革开放的排头兵。深圳经济特区刚成立的时候几乎是一无所有，缺乏规划专业人员，缺乏经验。广东省政府、深圳市政府先后组织了两次规划，以当地的力量为主，也有一些外地的规划设计人员以及境外的专业人员参与帮助深圳编制规划。由于经济特区是个新事物，当时对于特区的性质、规模和发展目标都还不十分明确，只能沿用计划经济条件下习惯的做法来编制特区规划，很难适应特区建设的需要。随着特区工作的全面展开，中央对于深圳经济特区的性质目标等也有了进一步的明确，为深圳的发展指明了方向，谷牧副总理派出五人小组帮助特区建设，也就是在这个时候深圳规划进入第二阶段。我觉得第一阶段实际是特区规划的准备阶段，所做的大量工作为后来的规划提供了基础，比较系统完善的规划在第二阶段。

经济特区的规划不同于过去的城市规划。特区规划怎么做，大家都没有经验，规划的目标方法均无从参考，发展的规模速度也难以确定，只能"摸着石头过河"。

五人小组进入深圳后，首先碰到了两个问题。一是许多建设项目（道路、口岸、旅馆等）必须先行，等不及规划；二是已有香港专家提出了上步、福田一带的规划方案。该方案模仿了英国霍华德的"田园城市"设想，完全脱离深圳特区实际，必须更改。当时就和市规划局同志（郭秉豪等）一方面共同努力满足当前建设需要，一方面和胡应湘力争规划的科学合理性，得到市领导积极支持，最后决定收回福田30平方千米土地，给以一定的经济补偿，排除了合理规划的障碍。作为规划人员，深深感受到了专业人员的意见受到重视。

行政领导与专业人员紧密结合是解决问题的"金钥匙"。回顾总结深圳经济特区早期规划的经验，这是我感受最深也是最首要的经验。

面对规划建设中遇到的问题，深圳市的领导从梁湘到周鼎、罗昌仁，以及后来的李颢和几位分管领导，都不是把自己的想法、意志强加于人，而是放手让专业人员去研究、想办法，尊重他们的意见。决策者和规划者一起深入实际调查研究，平等讨论，密切协作。在这种氛围下，大家的工作更加尽心尽职，敢于开拓创新。大家的精力都集中在千方百计把深圳规划建设好，并对违反总体规划、不利于总体发展的问题提出意见。只要讲得有道理，领导就敢于拍板，立即纠正。不仅避免了很多失误，还节约了大量资金。这样的事例还有很多。

例如机场的选址问题。我们做深圳经济特区总体规划（1986年版总规）的时候把机场定在黄田。后来，有关部门改到南山区白石洲，并已准备开工。此举引起规划专家的强烈反响，因为机场靠近城市的中心区，占用大量发展用地，将严重影响深圳的发展，其他城市类似的教训已有很多。专家们多次提出不同意见，并直接向国务院领导反映。最后，时任代总理的李鹏同志亲自坐飞机实地考察，肯定了规划专家的意见，因此才有了现在的深圳机场。

还有，我们考虑作为带形城市，将来东西向的交通是个大问题，规划将东西向主干道深南大道定为80米宽，中间的绿带是为轨道交通预留的位置。开始有的领导觉得没必要，在听取规划人员关于城市和城市交通发展趋势的分析以后，规划方案得到了尊重，因此深圳建造地铁拆迁量比较少，造价要比其他城市低许多。

1986年，深圳市政府成立深圳市城市规划委员会，李灏市长任主任，聘请陈占祥、任震英、吴良镛等20多位国内外著名专家任顾问，我有幸被聘为首席顾问。尊重规划、重视专家意见形成了制度保障，以后连续多年，每年都召开规划顾问会议，就规划中的重要问题请专家们咨询。它不仅保证了规划达到先进水平，也确保规划得到认真严格的实施。

历史证明，尊重科学，尊重专家，决策者和规划者互相尊重平等讨论，才能真正做到科学决策和民主决策，这是深圳早期规划最重要的经验。

第二条经验是城市的规划建设走好第一步非常重要。一个城市的格局、框架、发展思路是在一开始就确定的，这个决策如果出了问题，很难纠正。这一步走对了，步步紧跟，城市才能顺利发展、滚动发展，弹性规划理念的提出，组团式带形城市格局的确定，不仅适应深圳的地理地形条件，也为特区的快速启动和迅速发展提供了条件。深圳经济特区总体规划的构思是专家们反复讨论、结合深圳的具体条件认真研究后提出来的，既适应市场经济的需要，又吸取了发达国家的经验。

第三条经验是规划与建设紧密结合。特区建设的要求急，不可能等规划好了再建设，特别是一开始，规划和建设是同步进行的，但建设的时候都首先同规划商量，一起作现场调研，尊重规划的意见。我到深圳首先碰到的问题是蛇口到罗湖的路怎么修，搞出口加工的工业区怎么摆，新的建设与原有铁路的矛盾怎么解决等等。深圳的主管领导和我们一起搞现场调查，商量解决办法，关于修路问题，有的主张赶快把深南大道建起来，我提出为满足建设运输的需要，先在特区的北边修北环路，这与将来的深圳总体规划不会产生矛盾。搞公路的单位提出修15m宽的方案，我认为北环路不是公路而是城市道路，起码要修18m宽。这些意见都得到了采纳。后来，深圳上的一些比较大的项目、每一个大的建筑，摆在哪里，交通怎么处理，都先跟规划部门商量，听取规划的意见。正因为规划与建设不是脱节的，建设中尊重规划的意见，满足了快速建设的需要，深圳建设才没搞乱。

第四条经验是认真执行规划。有了一个好的规划，还得要很好地落实规划，贵在坚持。特别可贵的是深圳市几届领导班子都十分尊重已确定的规划，严格按规划建设，而不是"一个市长一个令"。在深圳，没有哪一栋建筑是不按规划由行政领导自己定的，对于我们发现的一些不符合规划、不利于深圳整体发展的问题，一经提出，讲清道理，领导十分重视，即使付出代价也坚决纠正。在福田中心区刚开始启动的时候，深南大道南边的土地都批出去了，我们觉得这和中心区的规划要求不符，市领导一家一家做工作，把地收了回来，执行规划没有走样，保证了深圳按照规划的蓝图建设起来。

第五条经验是坚持继承和创新相结合。在福田中心区，继承我国古代城市的成功做法，规划了中轴线、方格路网。特区是新事物，要吸收国际上的先进理念、新的做法，要结合深圳的实际，努力创新结合地形，整个城市采用组团式的布局，形成带形城市工业区，采用小块分散布点，一般工业区不大于 $2km^2$，全市规划 15 个工业小区，便于上马，搞一个成一个。城市交通留下地铁余地，还通过计算交叉路口的流量，确定需要设立立交的路口，并规划设计了快慢车分行的两个路网系统，还有优先建设好口岸和对外通道，保证了"门户"的功能和形象。

第六条经验是不崇洋媚外，坚持以自己的力量为主。城市总体规划要从国情市情出发，要紧密结合实际，要构想城市美好的愿景，这个当然是国人最有发言权。五千年历史的文明古国，曾经创造过许多城市规划的辉煌，应该相信自己的专业人员能够创造新的辉煌。当然，对国外好的理念、先进的方法绝不排斥，要广泛学习，认真借鉴，但不是生搬硬套。古今中外一切好的东西，都要吸收、利用，为我们服务。1999 年，深圳规划荣获亚洲地区第一个国际建协（UIA）的"阿伯克隆比荣誉奖"，有力地说明了中国的城市规划师完全有能力、有水平规划好自己的美好家园。

深圳规划的历史经验，还不仅是这些，应该进一步深入挖掘、总结、提高。我希望在迎接深圳经济特区成立 30 周年的时候，再一次进行全面的总结。

深圳的总体规划和重大建设项目，总的看来，成功的不少，很遗憾的败笔不多，但历时 20 多年，我感到也有一些关键性缺陷，影响深远，而且难以更改。如早就发觉的城中村问题和特区外围的城镇规划混乱，都由于规划失落，现在总结之重要，就是从失误中取得经验教训，使后续工作大有裨益。总结市场经济下城市规划的特点，我曾概括为"滚动、灵活、深细、诱导"八个字，看来还不足以完全说明问题。目前，深圳规划又进入一个新的历史阶段，一个城市和区域发展关系更为密切的时期。一个自力规划的城市，理应进一步有所总结，有所发展，再次成为规划建设的排头兵。

本文为周干峙先生应邀为深圳市规划国土资源委员会编著的《与改革开放同步的城市规划实践——深圳城市规划十五年》一书的序言，曾载于 2010 年第 4 期《城市发展研究》。

西安首轮城市总体规划回忆

　　新中国成立以后西安的第一轮城市总体规划，是伴随发展国民经济的第一个五年计划的实施而诞生的。1953年，第一个五年计划开始，西安城市总体规划也开始编制。1954年8月编制完成，报送中央。同年10月29日国务院批准《1953—1972年西安市总体规划》。这个总体规划勾画的是1953—1972年西安城市发展的前景，适应了社会主义建设的需要，为西安的发展奠定了比较好的基础。

　　我有幸亲历了这一轮西安城市总体规划的编制工作。半个世纪过去，当时的许多情况仍不能忘怀。

　　1. 搞建设先要编制城市规划

　　新中国刚成立，百废待兴。先是为期三年的国民经济恢复时期。在此同时，中央就开始酝酿以建设苏联帮助我国设计的100多个工业项目为主要任务的发展国民经济的第一个五年计划。负责筹划的是陈云同志任主任的政务院财政经济委员会。人们习惯称作"中财委"。为了迎接大规模的建设，1952年8月中央人民政府决定成立建筑工程部（1952年11月，决定成立国家计委）。

　　苏联援助的工业项目是陆续增加的，1952年是50项，1953年5月确定为141项，1954年10月增加到156项。这100多项如何布局、放在哪里、怎么建，经反复研究，有了初步方案，除东北以外主要布局在京广线及以西地区，并确定了一批重点建设城市。西安是其中的一个，还有兰州、包头、太原、大同、洛阳、武汉、成都。

　　由于我国缺乏经济建设的经验，各行各业都学习苏联，聘请苏联专家来华指导。苏联专家提出，搞经济建设，城市规划非常重要；建设那么多的项目，首先要编制城市总体规划。于是，从设计、施工等单位抽调技术人员，抽调新毕业的大学生，由建筑工程部组建城市规划队伍。由于各城市不可能同时建立起自己的规划队伍，西安等上述八个重点建设城市的城市总体规划全部由建工部派规划组帮助编制。

1953年9月，中共中央还特别强调：重要的工业城市规划工作必须抓紧。对于工业建设比重较大的城市更应迅速组织力量，加强城市规划设计工作，争取尽可能迅速地拟定城市总体规划草案，报中央审查。

从50多年的实践来看，苏联专家关于首先编制城市总体规划的建议和中央的决定是非常正确的。

2. 规划人员提前介入选厂定点

按照总的布局设想，西北是建设的重点，有几十项准备放在这里，而西安则是重中之重，将安排十多项。中财委及时安排了到西北选厂定点。选厂定点，特别是大型企业的选厂定点，对企业的生产和城市的发展关系都极大。规划人员提前介入了这项工作。

1953年春天还没来临的时候，大约二三月份，中财委派出工作组到西北选厂，研究到底能摆哪些项目、怎么摆。带队的是二机部副部长万毅（张学良将军旧部，中将）。同行的有中财委管建设的杨放之、蓝田，建工部城建局局长孙敬文、规划处长史克宁、翻译刘达容以及何瑞华和我两位年轻的技术人员。苏联专家是亚历山大·穆欣。

年近六旬的穆欣是苏联建筑科学院的通讯院士，有不少城市规划的实践，是一个非常有经验有水平的规划专家。他1951年来华，任城市规划顾问组组长。他的意见很有权威性，也很受尊重。

我1952年夏天从清华大学毕业，分配到建工部中央设计院。因为承担的建校工程任务没有结束，延迟到年底才去设计院报到。1953年1月，被调到建工部城建局规划处，不久就跟随中财委的工作组到西北选厂。

当时，对西北选厂这件事非常重视，专门安排一架飞机送工作组直飞兰州。飞机从北京起飞，到太原加油再飞兰州。在兰州、银川、西安考察，重点是兰州、西安。

工作组每到一地，就着手调查资源情况、自然条件，踏勘现场，与当地政府一起研究适宜安排什么项目、怎么安排。苏联专家穆欣还给当地领导讲应该怎么考虑、为什么这么考虑，还需要进一步做哪些工作、收集提供什么资料。他建议地方成立测量队，建立坐标体系，测绘地图。各地领导对穆欣的意见都非常重视。

从兰州到银川，工作组乘吉普车到初选的现场踏勘，按照日本人留下的五万分之一的军用地图，对照地形地貌，了解是多大的村庄、多大的平地、河川山头的走向，研究怎么布局。我们就当场勾画草图记录下来。

经过几次考察调查，基本确定了在兰州放哪几个项目、在西安放哪几个项目。玉门有石油资源，兰州主要是发展石油工业。西固地区地势比较平坦，沿黄河用水方便，安排炼油厂。西安主要安排机械工业。

3. 初出茅庐担当规划总图编制重任

安排多少个项目确定下来以后，中财委要求尽快编制城市总体规划，具体落实这些项目的位置。

1931年加入共青团、1933年入党的老革命任震英时任兰州市城建局局长，是一位有相当经验的中年建筑师。他在大学里学的就是城市建筑与规划，了解苏联的城市规划建设经验，俄语又好，便于和苏联专家沟通；他长期在兰州搞地下工作，熟悉兰州的情况。他是主持兰州城市总体规划的理想人选。后来的事实也证明，任震英主持的兰州城市总体规划在八大重点建设城市中是名列前茅的。

西安当时的规划技术力量比较薄弱，希望中央帮助，请建工部组织力量支持西安总体规划的编制工作。

开始，何瑞华和我都被安排参与西安城市总体规划的编制工作，跟着苏联专家做方案。后来何瑞华被抽调到包头规划组。在西北选厂及西安规划的过程中，部里和苏联专家对我进行了考察，认为有比较扎实的建筑学基本功，理解能力比较强，便让我具体负责规划总图的编制。苏联专家放手让我干，他们进行指导，提出修改意见。有关经济和人口方面的工作由建工部城建局规划处的同事赵瑾负责。

编制西安城市总体规划，最紧迫的任务是安排好将要建设的大型企业，以便抓紧设计、施工。当时属于苏联援建的项目有15个，还有国家在西安建设的大项目6个；另外，地方工业也有要新建扩建的企业。这些企业都要安排好。工业区怎么布局，它们与城市是什么关系，生活设施怎么考虑，基础设施怎么配套，路网绿地怎么布置，旧城怎么对待，文物古迹遗址很多而且情况尚不清楚该怎么处理，这些都要在城市总体规划中考虑，还要为将来的发展留出余地。矛盾错综复杂，怎么下手。

苏联专家指出，要深入了解城市的历史、非常熟悉城市的状况，这是做好城市总体规划的基础条件。在苏联专家的具体指导下，我边学边干，研究苏联的经验，了解西安的历史，调查西安的现状，向老师请教，向同事请教。穆欣反复告诫我们："搞规划，每公顷土地要去20次。"在后来几十年的规划工作中，我牢记这句话，搞规划不能坐在办公室里，满足于在图纸上做文章，一定要反复去现场，深入地调查研究，才可能因地制宜做出科学合理的规划。

在编制西安总体规划的一年多时间里，我十几次到西安出差。每次都结合规划中遇到的问题进行调查，研究解决方案。回北京以后向专家汇报，听取意见，进行调整修改。我第一次提出的总图方案没有通过，第二次提出的方案得到基本肯定。最后的总图就是在第二个方案的基础上经过多次修改完善而形成的。

4. 保留古城格局，避开汉唐遗址，两翼发展工业

城市的发展不能割断历史。西安是历史悠久的古城。编制西安城市总体规划，必须十分了解西安的历史，延续西安的历史。为此，我想方设法查找有关资料、读县志，了解唐长安什么样，明西安又是什么样。

县志里有一张唐长安的简图，可以看出长安城的格局；一块破碎碑的拓片也很有价值，可以查出唐长安108个坊的名称。对我了解西安历史帮助很大的还有一本《长安史迹考》。这是日本学者足立喜六在20世纪20年代到西安实地考察、查阅文献资料后写的，非常生动具体。我从中了解了不少历史详情，进一步了解了唐长安的布局，兴庆宫、大明宫在哪里，玄武门之变是怎么回事。另外，印象很深的是还有一张民国时期的万分之一的地图，上面有兴庆池、曲江池、木塔寨等的位置；一些村庄的名字，如"汉柏梁台"也是历史的记忆。这张地图为我反复进行现场调查提供了线索。

研究这些历史资料，使我明白了汉长安、唐长安、明西安的大致位置和相互关系（见图1）。汉长安是先有宫殿再建城墙。城墙是随地形走的，不规则的。唐长安当时已是百万人的大城市，是比古罗马还要早的按规划建设的古城。现存的西安旧城是明代洪武三年（1370年）在原隋唐长安皇城遗址上延伸扩建而成的，相当于唐长安的"政府所在地"的位置。其南面是唐长安的108个坊，北面是汉长安和唐长安宫殿、后花园遗址。

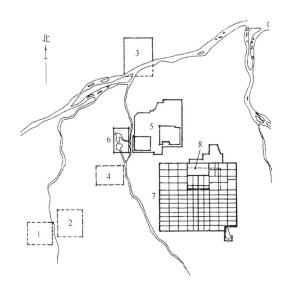

图1 历代西安（长安）位置示意图
1. 西周沣京；2. 西周镐京；3. 秦咸阳；4. 秦阿房宫；
5. 汉长安；6. 汉建章宫；7. 隋唐长安；8. 西安（虚线）

研究这些历史资料，使我进一步认识到西安城的宝贵，知道除了地上许许多多文物古迹遗址外，地下还有很多宝贵的东西而且情况还不清楚，因此意识到哪些地方最好不要动。当时，政务院曾发出要保护历史及革命文物的指示；中央文化部也明确要求对汉城遗址"在未发掘清理前不得进行建筑"。我脑子里明确了安排新建工业区时，要避开旧城以及旧城北面那些汉唐遗址。

再者，研究西安的现状发现，陇海铁路横贯西安城北。对城市来说，不宜于越过铁路向北发展。否则，城市被铁路分割为南北两块，不经济也不方便。因此，新建企业安排在铁路以南、旧城的东西两侧比较合理。而且，从调查得知这里地形平坦，地质条件也较好，适合工业及住宅建设；这里的交通运输也比较好组织，便于引出铁路专用线。这样的布局不仅矛盾比较小，避开了汉唐遗址，而且有利于企业和城市将来的发展。

总体布局的大体设想清晰了：保留老城格局，利用旧城，参考唐城，工业区放在旧城东西两侧，旧城作为行政中心，南郊作为文教区，铁路北作为仓库区和发展备用区。用半个八角形的环状放射形道路系统把上述用地联系起来，这就形成了我的第二个方案。这个设想得到穆欣的肯定。

5. 规划为生产服务、为劳动人民服务

当时，苏联的城市规划强调为生产服务、为劳动人民服务，注重对人的关怀、对居住环境的改善。结合西安的情况，确定了编制西安城市总体规划的几个原则：一是在旧城原有的基础上发展，在扩建过程中对旧城逐步加以改造，使之适合新的社会生活要求；二是保证工业、各企业有良好的生产活动和发展条件，又有方便合理的居住地区；三是为居民规划美好的生活居住区，有足够的公共福利设施；四是考虑城市建设投资的经济合理；五是充分利用自然条件和建筑艺术来建设美丽的城市。

当时，西安的城市性质被确定为"轻型的精密的机械制造与纺织工业城市"，所以，在编制城市总体规划时，在研究土地使用分区时，首先考虑的是工业区如何布局。因为它关系到城市的发展，影响到城市的整个布局。

在安排工业区时考虑了几个条件。第一应满足各企业自身的一般要求。比如，地形平坦，土地平整量小，便于排水；地质条件好，宜于建设；引铁路专用线比较方便；市内外交通方便；附近有良好的生活区，靠近城市便于享用城市的公共福利设施；有发展余地。第二要考虑满足企业间生产、协作的要求，把相近的企业成组布置。第三要符合城市卫生要求（有危害性的工厂远离市区），考虑防空安全，符合城市建设紧凑经济的原则。

根据这些条件，把新建的企业集中安排在东郊、西郊两个工业区。东郊工业区主要是军工企业。西郊工业区主要是电力机械企业。集中布局有利于土地的集约利用和有效利用，提高土地的利用率。分设东西两个工业区还有利于平衡上下班公共交通流量。至于东郊的纺织工业城是在总体规划之前就已定下来并开始建设了。当时济河电厂先建成。纺织厂挨近电厂布置是为了用电用气方便。但是它离城市是远了一点。

在研究土地使用分区时，还考虑了工业发展备用地区、交通运输地区、居住用地区、仓库地区。大规模的建设，砖瓦等建筑材料怎么解决也是必须考虑的。规划在旧城东北、西北、东南的黄土源地区，选择土质可以制坯而且挖平后可以进行建筑的地方作为砖窑用地。

在安排居住区时我们考虑了几个因素：一是便于和工作地点联系，减少交通；二是相对集中构成整体，配套的公用事业和福利设施比较经济合理；三是有各种文化福利设施，可利用名胜古迹及自然地形建设公园、绿地和各种文化设施。为此，东西郊工业区、南郊文教区及旧城都布置有规模大致平衡的居住区。

6. 专家意见不一，李富春拍板定布局

当时，各部门都有苏联专家作顾问。因为工作性质不同、考虑问题的角度不同，苏联专家的意见也不可能一致。关于各项目的布局定点，争论就挺大，很难统一意见。最后是李富春到西安主持会议，有关的中苏专家一起讨论，再作结论。

1953年10月3日，政务院副总理兼国家计委主任李富春乘专列来到西安，随专列同来的各卫业部门的苏联专家有几十位。

工业方面的专家主要是从有利于企业自身的建设、生产、发展来提出安排意见。城市规划要考虑经济、社会、生活各方面的要求，考虑整体利益、长远利益，考虑人口平衡，考虑历史。要从全局出发，综合考虑各方面的因素，考虑整个城市的发展。

安排参加那天会议的规划专家只有穆欣和西安市城建局长李廷弼两位，是明显的少数派。在开会的前一天，穆欣说最好有一张两万五千分之一的规划图，可以具体说明我们的观点和道理，可惜来不及画了。我说我试试看。我用了一个通宵，在天亮的时候画完了这张规划图。穆欣说没想到那么快你就画出来了。在会上，穆欣用这张规划图说明规划布局、为什么这么布局，终于说服了大家。李富春最后拍板定案，同意规划专家提出的布局方案。决策以后，各方面专家都很尊重这个方案。

具体布局定下来了，这些项目真正落实到图纸上还有许多工作要做。每个项目占地多大，工业区占地多大，配套的居住区多大，道路多宽，整个城市规模多大，都要经过计算。还要结合地形地貌等情况，进行综合平衡。

在计划经济年代，以国民经济计划和对将来发展的估计作为规划城市规模的依据。城市规模主要反映在人口规模和用地规模。我们先根据工业、交通、机关、高校等的发展情况，计算出城市的基本人口，再根据《劳动平衡法》计算出服务人口、被抚养人口，进而得出城市的人口规模。然后，根据不同的人口数字，参照苏联的用地指标，分别计算出生活用地以及工业、铁路、仓库、卫生防护带用地，其总和就是城市的总用地规模。规划到1972年总人口为120万人。

当时我国还没有自己的规划指标体系，只能套用苏联的。但在实际采用的时候也结合我国的情况、西安的情况，做了一些调整。

7. 吴良镛主张唐长安格局，穆欣增加广场体系

在研究总体布局、路网系统的时候，我向老师吴良镛先生请教。吴良镛先生说，可以采用唐长安格局，用方格路网（见图2）。于是我进一步找文献资料，研究唐长安格局。但唐城的遗迹都找不到了。我又向老师莫宗江先生请教怎么找。他还专门来到西安。他见到万分之一的地图，上面有一些唐朝建筑的遗址和反映历史的村名，十分惊喜。他说，早晨太阳刚刚出地平线的时候，如果有城墙遗迹，地上会有投影。第二天早上6点，我们骑上自行车按照地图上的大致方位去找。可惜找了两天也没有发现任何线索。

据文献记载，唐长安采用的是坊里制，左右匀称的棋盘式格局。108个坊实际是108个村落，每个20—40公顷。每个坊的东西南北四面都有坊门，早开晚闭。坊与坊之间相隔挺大，南北相隔70米—80米，东西相隔130米—150米。北面宫殿后面有很大的后花园，里面还养着外国进贡的非洲狮子。从大明宫到曲江，还有夹城。

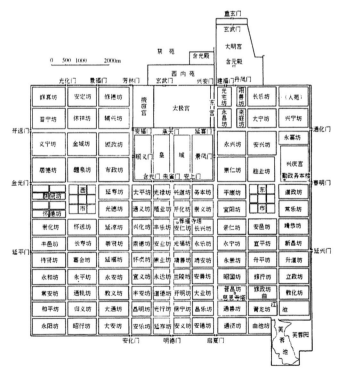

图2　唐长安示意图

在西安的规划中，兼顾历史和地形，保留了棋盘式格局。旧城作为行政中心。干路网以旧城区为中心，联络各个地区。延伸城内东西与南北的十字大街，保持与东西南北各区的联系。南北大街作为全市的中轴线。在旧城外规划若干条环路联系各区。城东南角是黄土源，地形变化大，有高岗。路网随地形而改变，成为半个八卦，不完全是棋盘式。

"一五"期间，一般城市的干道规划宽度在40—60米。大环路（现二环路）规划为80米（见图3），是想恢复古时"八水绕长安"的景象。在规划水道系统时，设想引水通过大环路流到各处，所以在路上留了一条水道。1958年时曾被作为"马路过宽"的典型受到批判。但没过几年又说多亏规划了80米宽，为交通发展留下了条件。

图3　大环路（二环路）

规划基本采用了棋盘式路网，又增加了广场体系。这是苏联专家提议的，借鉴了苏联和欧洲的规划手法。在城市的各个节点设置广场，作为城市人民社会活动的重要场所。广场和干道组合构成城市建筑艺术的重要部分。

规划中设置了社会广场（市中心广场、各区中心广场）、交通广场、集散广场、贸易广场，以及表现建筑美的广场（如烈士纪念塔前广场）。

市中心广场位于中轴线上、行政大街正中，并规划了两条放射路与城市大门（火车站广场、公路总站）相连。它是全市建筑艺术考虑的焦点。放射路是欧洲一些著名广场常采用的手法，因在西安古城中拆迁量大而没有实现。这对于保持旧城的传统路网格局倒是一件好事。区中心广场形式多种多样，均匀分布，便于居民接近。规划方案还参照世界有名的广场实例（当时的天安门广场约6公顷、莫斯科红场4.96公顷）和苏联的标准，对广场的大小提出了建议（市中心广场4.5公顷，区中心广场2—3公顷），并指出要避免过大的广场，不仅在建筑艺术处理上得不到良好效果，还会增大建设费用和管理费用。

8. 让居民都能享受水面和绿地

水面与绿地对改善市环境具有重要作用，当今人们对此越来越关注。在总体规划里也有专门的考虑。

西安气候干燥，对于水面的需求是殷切的。据文献记载，唐城内曾有100多条渠道和100多处水池，是渠道水池很多的城市。研究西安的水源情况发现水源集中在南部。规划引水入城恢复曲江池公园，流入兴庆池成兴庆公园，引入居住区内的低洼地成小湖泊，在全市均匀分布水面，使多数人能够享受。渠道与道路的走向相吻合，并兼顾排泄雨水的功能，尽量少挖坑。许多水道经大环路分流，所以大环路规划了80米宽，水道、绿地、街心公园贯穿全线。

绿地能够调节气温湿度，减低烟尘噪音与风速，对城市的卫生安全有重要的作用。规划的绿地系统由公共绿地、专用绿地、卫生防护绿地、郊区绿地组成。公共绿地包括全市性的大公园、区公园、小游园和街心花园、儿童公园、林荫道五种类型。全市规划了大雁塔、小雁塔、兴庆池、韩森埭等十个大公园。这些大公园既有活跃的文娱区、儿童游戏区，也有安静的休息区，设有俱乐部科学馆、展览馆、剧场、运动场、食堂等，为居民休息、运动、文化教育、科学普及创造条件，满足居民文化生活的要求，所以叫做文化休息公园。

图4　当年规划的大庆路

在哪些地方建公园绿地？一是历史上的名园或宫廷所在地，如曲江池、含元殿等；二是地形复杂不便建筑的地段，如旧城东西的砖窑低洼地区；三是可能形成水面的地方，如兴庆池遗址；四是原有公园及树木较多的地方，包括把郊外树多地形变化大的地段也辟成公园；五是名胜古迹或遗址的地方，如大雁塔、小雁塔、韩森埭公园等。主要公园绿地之间以林荫路、林带联系起来，形成绿地系统，与道路系统相协调，和街坊内的绿地、郊区的绿地相连接。人们随处都可接近绿地，可在绿树下散步直至郊区（见图5、图6）。

当时考虑的是尽量让人民群众都能享受到水面和绿地；把已经知道的名胜古迹遗址遗迹都规划成绿地，既可改善城市环境，又可把它们保留下来。城墙城河也作为公园绿地保留下来，似西安城的一条绿色项链。像这样以扩大城市绿地来保护文物古迹，同时又改善城市环境的规划手法，在以后西安的城市建设中被继续沿用。当时也有一种意见，为解决交通问题要拆掉城墙，多亏许多老干部说城墙有利于防空，符合人防备战要求，从抗战时就在城墙上挖了不少防空洞，还有作战的碉堡。城墙有利于防原子弹、防地面冲击波，就这样免遭厄运。我们在城墙城河外规划了环路，同样可以解决交通问题。

图5 当年规划的友谊路

图6 保护下来的城墙城河

9. 尊重规划，严格执行规划

首轮西安城市总体规划的编制是十分认真的。如果说这个方案比较成功的话，我想主要是学习苏联城市规划的原则和经验，较好地结合了西安的历史特点和现实，考虑比较周到，大的布局比较合理，保留了原来的格局，保护了汉唐遗址，又为发展创造了条件。还有一点很重要但容易被忽略，规划人员开始就参与了选厂定点工作，这对于城市的合理布局和工业区内部的各项功能完善安排都是非常必要又非常有利的。

这个规划不能说完美，可贵的是得到尊重和贯彻执行。执行规划也是十分认真的。当时虽然是外行领导内行，但这些当领导的外行非常虚心，学习努力。他们十分尊重规划、尊重规划人员，听得进技术人员的意见。虽然那时对城市规划的认识不够，但一开始就抓城市规划，并严格按规划进行建设，所以没有出现混乱情况，使总体规划起到了综合协调控制的作用。

当时的西安城建局局长李廷弼和城建局的同志们，如张景沸、何家成和测量队长郑宝璋等，严格执行规划，决不走样，给我留下深刻的印象。这是西安旧城的格局得以延续、城墙城河等古建及众多遗址得以保护的一个重要原因。

一些事例很能说明问题：

就在编制规划的过程中，有一次我刚好回北京。我收到西安市城建局局长李廷弼的一封来信。打开一看，毛笔写的，十分工整，还签名盖章。说的是市里要建人民剧院，准备选在中轴线的一侧、靠近规划的主要广场，问这么安排行不行。他是城建局长，我是一般的年轻的规划人员，为这事还专门写信给我征求意见，可见对规划人员的尊重。其实那年我去了十次西安，用不着专门写信。李廷弼局长尊重规划到了这样的程度：他说"我这辈子就为这张图了"。

前面说到在研究企业、工业区布局的时候，苏联专家意见也不一致，争论很激烈。但在李富春拍板定案以后，这些专家都顾全大局，坚决执行，服从规划组提出的布局意见。按中苏两国政府协定，不少大工厂是苏联专家帮助设计的。他们派人来规划组要工厂的坐标、出入口位置、铁路专用线走向，再进一步做工厂设计。当时许多工程都要上马，工厂、居住区、道路都要开工，都来规划组要有关数据。因为我负责总图，李廷弼局长还特别交代，所有提供出去的坐标、标高等资料，由我签字确认才算数。

10. 注重整体保护，城市发展要考虑资源的承载力

在首轮西安总体规划的编制中，我作为规划编制组组长负责总图和规划成果的汇总，并执笔撰写《西安城市总体规划说明书》。当时很年轻，懂得比较少，没有作长远、宏观考虑的经验。虽然尽了很大努力，虚心向专家、老师、同行请教，还是有不少不足。从专业上看，肯定不够全面，疏漏也比较多。今天回过头来看，像西安这样的历史文化名城，有三点特别应该引起注意。

一是加强历史文化名城的整体保护意识。当时想到的是历史文化、名胜古迹是劳动人民的创造，是西安的宝贵财富，要想办法保留下来。用公园绿地

的形式，既保护了又利用了。但对西安这样一个历史悠久的十三朝古都，整体的保护意识还不强。脑子里想到要保护传统特色但保留得还是少了，非常有历史价值的唐代的东西少，明代的也不多。城里的坛庙、清真寺、道观保留了一些，近代建筑如张学良公馆、杨虎城公馆，留下了一些。其他的保留得少了，是遗憾。

二是要强调城市设计。当时也对一些主要街道的建筑艺术处理提出了要求，确定了几条要重点美化的街道，如市中心的行政大街、南北中轴线大街、大环路，还有文教区的东西大街，并指出，"在保护古建筑的地方，如城楼、钟楼附近进行建筑，要与古建筑融洽调和，取得风格上的一致"。但城市设计的观念还不够强，观点不鲜明，考虑得不够细，旧城里没有控制好，后来还是盖了不少高楼。

三是要特别重视水资源。规划时对水的问题重视不够，考虑不全面。过去规划只考虑水资源够吃够用，没考虑环境用水。这两者的比例大体上是一比一。记得当时水厂的一位姓孙的老工程师主张引用地表水。苏联专家不同意，认为地下水资源丰富，处理也简单，省钱。结果，沿着浐河、壤河打了不少深井。几十年过去，超量开采地下水，地下水资源越来越少，出了不少环境问题。地面下沉，地面出现裂缝，后果严重，又不得不考虑用地表水，去黑河引水，越引越远。水资源是各个城市发展中都回避不了的大问题。我们提出要"以水定城"，城市发展一定要考虑环境容量，考虑资源的承载力，切实解决水资源问题。

今天，用科学发展观来指导城市总体规划，更要用区域的观念、生态的观念、节约资源有效利用资源的观念，作深入的筹划考虑。

原载于《城市发展研究》2004年第3期，本文为该刊转载稿。

西安深圳蓝皮书[*]

一、西安新中国成立后第一个五年计划城市规划的贡献和作用

1. 贡献

西安是新中国成立后国家计划指定的第一批八个重点建设中的重点城市，是当时安排重点工业项目最多的一个城市。

西安又是一个有悠久历史，自汉唐以来曾多次作为国都的城市。但历经沧桑，西安在新中国成立后，已沦为只有20多万人口的、地处内陆的贫困落后的城市。

新的工业发展推动了西安的现代化发展，城市规划从选择发展用地、安排重点工业的厂址、确定铁路线的扩展、居住区的布局，以至道路交通和市政公用设施的配套建设。1952—1954年，编制完成了预计人口规模将达120万人的现代城市的总体规划，它选址在历史城市的基础上，但避开了一切尚有遗存物的历史地段，保持传统的风格，又满足现代生产和生活的需要。在第一个五年计划以后的几个五年计划期间，都按照这一总体规划安排了各项城市建设。

当时的西安规划曾根据当时经济条件，计算了城市造价，总的用比较经济合理的代价，为长远发展创造了条件，本申报材料中的西安规划总图指导西安城市建设几十年，后来，西安不断发展，人口规模工业、交通等均有所突破，但这一规划至今仍是西安城市规划、建设的基础。

2. 作用

（1）西安是在计划经济条件下，首先完成的城市规划设计。它和兰州规划都因工作深入，规划设计周全，成为其他城市参考的样板。实践取得了成功经验，但也发现了问题。主要是城市建设的经济依据不同于暂时性的一些建设

---

[*] 本文根据周干峙先生手稿整理。

39

项目，必须符合本国和本地的国情和市情。如当时规划的人均居住标准生活消费水平等一时难以达到理想的和国际通行的标准。

所以，由此提出了规划设计不能搬用苏联模式，也不同于其他国家的模式，有一个如何走中国自己的道路问题。"一五"时期以后，走自己道路、创自己特色成为规划界的新目标。推动了全国城市规划工作的进一步发展和提高。西安规划的历史作用，可以说是历经了计划经济条件下的城市规划，还开了中国城市规划工作的第一步。

（2）西安规划所起的另一个重要作用是保护利用了大量的历史遗产，使西安成为首批国家历史文化名城和文化、旅游胜地。包括：自汉唐以来城市、宫室、园囿的遗址，以及存留的城墙、庙堂、古塔、园林等等，均作为保护地区，禁止建设或限制使用。现存的西安城墙、城河，已成为国内仅存的完整的环城公园，大雁塔、小雁塔、曲江池（古代公众的近郊游憩地）、兴庆宫（唐代贵妃活动处）、大明宫（唐代）遗迹等均已成为公众喜爱的西安古城的鲜明特色和文化制高点。

另外，由于西安规划的用地布局比较均衡，而且留有一定的发展余地。西安后来大量的教育、科研、高科技的新发展，都在第一版规划后，能够衔接、持续至今。

二、深圳城市规划的贡献和作用

1. 贡献

深圳是20世纪80年代开始，成为特区城市的排头兵。作为国家委派的专家工作组的专家，负责编制了在市场经济条件的第一个特区城市规划。

深圳由一个只有1万人口不到1平方公里的小镇，迅速发展为一个百万人口的现代化大城市。当时深圳市按照土地资源限制，在136平方千米范围内规划安排120万—160万人口，并根据自然条件，分五个组团，组成一个带形城市，适应了外来工业和商贸、旅游等活动需要。

深圳特区规划，有国家政策指导，但并没有具体计划依据，只能按照实际需要，自己制定城市发展的具体目标和需要。所以，深圳规划的特点就是密切结合实际需要，把具体安排好建设和制定长远规划结合起来，有一个保持灵活、可以调控的特点。但深圳规划又坚持了五大分区组团式的布局结构，保持和香港对接，和广州通畅的交通可能，妥善处理好了民航机场、市民中心等全局性的布局结构。经过几年的准备磨合，1986年完成了完整的第一版总体规划，（见资料介绍，规划总图）这一规划，深圳搞规划管理的同志评价为"至少管了20年"，而且形成了特色，可持续发展，便捷宜居的口岸城市。

2. 作用

作为改革开放，走向市场经济的特区城市，深圳开拓并总结了自己的经验，对全国的社会经济、城市规划有深刻影响。

（1）改变了一切根据计划的规划做法，采用灵活可变的目标和方法，如人口规模控制由80万—160万。

（2）工业用地，不用集中的大工业区，而采用每个不超过2公里的小工业区，可以建一个完善一个。

（3）交通规划适应幅度更大。考虑160万需要，预留了主要地铁干线的位置。

（4）城市面向香港，留有多处出入口和海关。

（5）福田市中心定名为市民中心。作为国门，形式既新而又中，成为深圳特色。

（6）机场、火车站的选址和设计，规划与项目密切结合，做到了科学合理。

（7）保留了东郊山林环境，至今已得到合理利用，成为市民休闲和旅游胜地。

更有意义的是，深圳规划探索和积累了市场经济条件下城市发展和规划的方法和目标，总结出了"灵活、滚动、深细、综合"等规划思想，对此后的城市规划工作有深远影响。

三、编制中国技术政策，城乡建设，蓝皮书第6号的贡献和作用

1985年国家科学技术委员会第一次用发布蓝皮书的形式阐述我国科学技术发展的政策，当时首先为能源、交通、通信、农业、城乡建设、住宅建设和建筑材料技术等13项技术政策进行了研究论证。其中的城乡建设部分，就由建设

部负责，由时任副队长组织编写。这一文件不仅表达了城乡规划建设的重要政策，也指导推动了作为子系统一系列的相关政策。

1. 贡献

第一次比较系统地表达了国家对城乡建设的目标、要求。主要内容是要求在一定时间内实现。

2. 作用

总结了头几个五年计划中城乡建设的经验和不足，提出了若干根本性的目标和措施。

（1）提高了城乡建设在国家建设中的地位，使城乡建设和工业建设协同发展。

（2）提出了城乡联合发展和城镇群共同发展的规划理念，明确了区域规划的工作和目标。

（3）弥补了计委经济方面的重工轻城的传统习惯，提高了住宅建设和供水、排水等市政建设的投资份额。

（4）推进了城乡建设的学科建设。重视环境，可持续发展。逐步形成了人居环境科学的建立和发展。

关于经济特区和沿海开放城市的规划问题

我国沿海城市对外开放，在历史上就比较晚，新中国成立以后又有过一段闭关时期，实行开放政策，兴办经济特区和技术经济开发区只有短短几年时间，应该讲还缺乏经验，是一个需要探索的新问题。但是，十分明显，城市开放必将给国家经济改革带来深远影响，给城市规划和城市建设事业带来巨大的促进。按照目前国家规定的十四个开放城市，四个经济特区、加上海南岛地区，如果以这些地区、城市为中心，以160公里（3—4小时行程）为半径，就可以画出一条这些城市的带状影响区，实际上就是一条覆盖沿海所有八个省的经济活跃地区，它将是我们国家的主要开放地带和经济先行地带，这一地带的城市将会进一步和内地拉开差距，给内地经济和内地城市以更多的示范和支援。

（一）

关于类似资本主义国家自由港、自由贸易区的社会主义国家的经济特区理论问题，在经济学界还有不少学者正在探讨。但一般的概念是：随着世界生产力不断提高、国际贸易日益发达，为了引进国外先进技术和吸收国外资本，在特定地点、特定条件下，采取特殊政策是符合发展规律的。所谓在特定地区采用特殊政策就是在本国领土内划出一定地区，放弃在海关等方面的某些主权（但又不允许别国行使主权），以便在对外经济活动中采取更加开放的政策。

从历史上看，随着资本主义贸易走向全世界，以自由港为名的特殊经济区很早就在欧洲出现。1547年意大利的热那亚港就开辟为自由港，以适应当时欧亚贸易的需要；1704年直布罗陀转口贸易发展，设置了自由区和自由港；1888年汉堡开设自由港。1842年香港和1919年新加坡是东方的自由港。到第二次世界大战前，世界上已有26个国家设立了75个不同类型的自由区或经济特区。在第二次世界大战以后，首先在一些全球性交通枢纽发展了一批自由贸易区，如巴拿马的科隆。20世纪50年代后期和60年代初期，在一些比较不发达的国家出现一些新型的自由港和自由区，如1959年爱尔兰设香农自由贸易区，它不仅为了贸易，而且为了吸引国际资本经营出口工业。60年代和70年代在许多不发达国家发展了出口加工区和自由区，可算是经济特区的黄金时期。到1983年底全世界共设有各种经济特区591个，遍布于82个国家和地区（大洋洲除外）。在社会主义国家中南斯拉夫有11个自由贸易区；罗马尼亚有1个自由港；匈牙利有1个自由贸易区和9个免税区。各种各样经济特区的名称也愈来愈多，除自由港口、自由贸易区、出口加工区以外，有的叫自由工业区、自由关税区、对外贸易区、促进投资区、保税仓库区、自由边境区、免税区、科学工业园区等等。上述种种不同名称在一定程度上反映了开放特点和开放程度的不同，主要体现在关税、外国人出入、原材料和产品出入、土地买卖、土地租赁、金融货币以及其他税收等管理方面的不同。也有些国家的港口虽不叫自由港，但都具有自由港的功能，其自由程度甚至更大，如荷兰鹿特丹，其海关作业灵活，外商可在那里处理任何商品，比一般自由港更具有吸引力。所以我们必须从这些实质性问题来分析和认识各种经济特区问题，仅从名称上看有时不能说明其本质问题。

和我国国情比较接近的是亚洲地区的一些出口加工区。印度在60年代至今发展了6个出口加工区；孟加拉有3个；巴基斯坦有3个；斯里兰卡有2个，叫投资促进区。菲律宾有7个出口加工区，其中巴丹、碧瑶较为有名。新加坡有十几个出口加工区，其中以裕廊为最大，由于它本身是自由港，有些统计材料未预计入。中国台湾地区的高雄、楠梓和台中也是最早开辟、效益较好的出口加工区，台湾的出口加工区是逐步发展的，后来发展到新竹搞科学工业园区，吸引高级技术，最近又在酝酿进一步设置自由贸易区。总的看来，亚洲地区的经济特区、出口加工区仍处于一个发展提高的阶段。

关于世界出口加工区的发展概况和经验，目前有对外经贸出版社出版的"世界出口加工区和自由贸易区"以及广东人民出版社的"中国经济特区地理研究"中的附录以及"世界经济导报""经济研究参考资料"中有关文章可供参考。从城市规划选址的角度来看，除一般建城的基本条件以外，主要要求的条件是：1.地理位置优越；2.交通、通信方便；3.城市基础设施充足；4.社会环境安稳；5.有一定的旅游去处和生活供应腹地；6.有廉价的劳动力和管理人才资源。这些年来世界上一些出口加工区各有兴衰成败，大都和这些基本条件有关。如印度坎德拉出口加工区位于西部海岸和巴基斯坦接壤处，虽有海港条件，但地位偏僻，腹地很差，电力不足，加上管理落后，经营多年，吸引外资只有原计划的1％，后来不得不到孟买附近的桑塔古尔斯地区另起炉灶，这是一个失败的例子。

中国台湾地区高雄、楠梓、台中三个经济特区的发展比较成功。首先是高雄出口加工区经10年酝酿于1965年开始；高雄是台湾最大商港，总人口120万（市区约90万），水陆空交通和基础条件良好，规划在中洲69公顷海滨新开拓地，紧靠原有城市和海港，区内用地紧凑，只建工厂，住宅等生活设施均依托旧城，设区后不到两年时间便挤满了投资企业；1969年就由该区管理处开拓市区北郊90公顷的楠梓出口加工。台中的出口加工区也由高雄管理处负责筹建，该区仅23公顷，利用原建的一个潭子工业区，也用不到两年时间建成。按照严格规定台湾加工区产品全部出口，严禁在省内销售。那里的加工出口区管理处行使政府职能，除必要的管理人员、警卫人员、值勤人员外，不得在区内居住，进出加工区的人员车辆都受严格检查。至1980年这三个区全部建成，总面积183.5公顷，共设厂304家，累计投资3.46亿美元；外国投资以日本为首位，欧洲次之，美国第二，其中海外华商投资约占1/6，多来自香港，例如美国的飞哥、通用，德国的蔡斯，荷兰的飞利浦，日本的日立、佳能等公司。电子业的投资占三个区总投资额的1/2。产品多为家用电器、服装、塑料、金属工业、光学制品和精密仪器等。从1970年以来，三个加工区出口额占全台出口贸易比重稳定在7%—8％，共提供了8万多就业人员。台湾三个出口加工区还通过鼓励区内厂商尽量在省内采购原料、半成品办法，推动省内有关工业发展，1969年加工区使用的原材料90%以上靠进口，而现在各工厂有1/2的原材料来自台湾各家公司。所以台湾的出口加工区在吸引外资、扩大外贸、增加外汇收入、扩大就业和促进省内工业发展等方面都取得了良好的效益。

台湾开始建立加工出口区时，重点放在工业，考虑并不全面，高雄加工出口区就没有考虑生活设施；建立楠梓加工区才包含住宅用地（20公顷）。不考虑生活设施给城市带来新的矛盾，1970年6月高雄规划人员调查过高雄加工区员工的通勤状况。调查表明：通勤距<5千米者占5.8%；5—10千米者56.8%；10—15千米者25.3%。关于交通工具，68.5%用自行车，16.6%用公共汽车，8%用厂车。他们认为："高雄加工出口区之位置不当，既未考虑员工宿舍与居住地点，更未考虑到四万员工所需之交通条件，以致形成今日扩建路、成功路及凯旋路之交通量极度超过容量；更因通勤与居住之辛苦，生活不安定，而致工厂工人极不稳定，辞工比率极高。此可为未来设立工业区之殷鉴。"（1971年高雄市纲要计划，第57页）当时规划考虑增建过港大桥，拓宽部分道路等措施。当然这是初期情况，后来如何改善尚有待于新的资料研究。

世界部分出口加工区的概况如下表所示：

国家 （地区）	加工区名称	土地面积 （公顷）	就业人数 （人）	出口额 （百万美元）
韩国	马山 里里	175 92	20950	376.32
菲律宾	马丹 碧瑶	365 1200	25000 6000	7.600
马来西亚	巴彦利巴斯	200	22700	
	普赖	110		
	普赖港区	5	2851	
	巴都贝伦丹	12	5600	
	丹戎吉宁	7	1000	
	双溪瓦伊	52	9244	
	乌卢克宁	17	8548	
	加拉奇	20		
	塞奈	14		
印度	坎德拉	284	440	
埃及	亚历山大 塞得港 苏伊士	620 39 80	5000 1345	

国家 （地区）	加工区名称	土地面积 （公顷）	就业人数 （人）	出口额 （百万美元）
利比里亚	蒙罗维亚	32		
塞内加尔	达喀尔	60		
多哥	洛美	50		
多米尼加	拉罗马纳 马科里斯	93 30		
海地	太子港	25		
牙买加	金斯敦	14		
萨尔瓦多	圣巴托洛	86		
巴拿马	科隆	48		
巴西	玛瑙斯	1600	27650	
哥伦比亚	巴兰基利亚	100	2230	
西萨摩亚	西萨摩亚	22		
爱尔兰	香农	928		
中国台湾	高雄 楠梓 台中	69 90 23	41885 20425 15079	472.7 227 206

注：1. 上表摘自蔡人群著《世界出口加工区简介》。1978年、1979年统计数。

2. 表内巴西玛瑙斯土地面积最大，这是因为该区地处亚马逊丛林，设立该区的目的就是开发利用自然资源，改变巴西北部边远地区落后面貌。

南斯拉夫11个自由关税区（9个海港，2个河港）主要经营转口贸易和加工工业，总面积仅30公顷（均不设居住、商业，有边界墙），最小一个贝尔格兰德自由关税区仅6000平方米。

今后，世界上各种经济特区的发展趋势怎样呢？问题和世界经济各国的经济情况密切关联，目前有种种说法。有人认为各种特区还要进一步发展提高，也有人认为特区有发展、成熟、衰亡的过程，受世界经济危机影响，一部分特区将会衰退，像南朝鲜的一些自由贸由区，正在逐步"本国化"。

据广东省港澳经济研究中心分析，由于世界经济衰退，国际市场波动较大，资金供不应求，发达资本主义国家为摆脱危机，减轻困难，将加强贸易保护主义，进一步实行牺牲发展中国家的政策。初级产品、低级产品和高级精密产品的价格差距将会增大。一些新兴的工业化国家（地区）要改变低工资和劳动密集型工业向高工资和技术密集型工业过渡，以增强其贸易地位。他们原来的廉价劳动力的情况也在改变，部分劳动密集型的外资加工业已开始撤出，转向其他发展中国家和地区。这就可能形成第一代加工出口区和第二代加工出口区并存的局面。同时，随着各国出口加工区的增加和发展，发展中国家在吸引外资方面会展开激烈的竞争。尽管有的地方压低工资和地价，但厂商考虑销售状况，投资积极性仍是个大问题。还有，世界利息率升高，投资商不愿意投资长期项目和大规模工程，而倾向于投资少、周转快的短期项目，这对以大规模现代化工业为目的的经济特区是很不利的。

总的看来，各国的经济特区受世界经济的深刻影响，其发展不会是一帆风顺，也不能一概而论，应当结合具体情况、深入研究分析，预见发展趋势，及时采取对本国最有利的对策。

（二）

1979年党中央国务院决定由招商局集资在蛇口举办工业区，这是我国举办经济特区的先声，同年3月决定在广东、福建两省实行特殊政策、灵活措施，设置深圳、珠海、厦门、汕头四个"出口特区"。1980年3月正式划定范围并改名为经济特区。短短几年来已经取得了若干成效。特区建设特别是深圳特区，条件优越，截至1983年9月，深圳与外商已签订2330项协议，投资额131.1亿港元，其中实际使用的外资25.6亿港元，引进了一万多台（套）设备，不到五年时间，一座新城市拔地而起，为我国特区建设积累了经验。1984年4月，党中央国务院决定进一步开放沿海14个港口城市，使开放政策又迈进了一大步。14个沿海城市进一步开放的要点：一是给外商投资者在税收等方面以优惠待遇，在内销市场方面也作一些让步；二是扩大这些城市的自主权，增强活力，开展对外经济活动。主要的政策措施包括：1．放宽利用外资建设项目的审批权限，一般生产性项目在500万美元以下者，这些城市可以自定，大连市放宽到1000万美元以下，天津、上海放宽到3000万美元以下；非生产性项目不论其投资多少，均由各市自行审批。2．增加这些城市的外汇使用额度和外汇贷款。3．积极支持利用外资、引进先进技术改造老企业和发展进料加工出口事业。4．对合资和外商独资企业的优惠待遇。3000万美元以上项目的所得税，可按15%征收（比通常少一半，与经济特区相当）；土地使用费或土地税的收取标准也可灵活（如深圳珠海标准工业用地每年10—30元，商业用地70—200元，商品住宅用地30—60元，旅游业用地60—100元）。5．可以划定一个有明确地域界限的区域兴办经济技术开发区。这些经济技术开发区不是特区，但可更开放一些，实行特区的某些政策，更多的起"四个窗口"的作用（技术的窗口，管理的窗口，知识的窗口和对外政策的窗口）。技术经济开发区内除上述优惠条件，还包括：①外商汇出合法利润时免征汇出税；②建筑材料、生产设备和原材料等的进出口也实行经济特区的优惠政策和管理办法；③可以在国家政策指导下自主经营对外贸易；④外国人出入和国内人员出国的审批、护照、签证手续也可陆续实行经济特区的办法；⑤头五年经济开发区的财政收入可免除上缴、上借；⑥1990年前基础设施所需进口的机器、设备等物资免征关税和进口工商统一税。

　　一年多来，14个城市为实现进一步开放做了大量准备工作，至今大都选定了经济技术开发区的位置，进行了初步规划，开始基础设施建设，着手人才培训和法制建设，并开始和外商频频进行洽谈，签订了一批合同、协议，初步打开了局面。

　　14个城市目前规划的经济技术开发区的位置和规模如下表所示：

城市名称	开发区位置	开发区总面积（公顷）	第一期开发面积（公顷）
大连	金州	2000	300
秦皇岛	河西	200	60
天津	塘沽	3300	300
烟台	福来山	1000	200—300
青岛	薛家岛	1500	200
连云港	中云	3000	300
南通	城东	462	
上海	闵行		100多一点
宁波	小港	1000	390
温州	龙湾	1800	220
福州	马尾	2300	440
广州	黄埔	1700	420
湛江	霞山	1422	
北海		4600	100—200
附：深圳	罗湖、上埗、福田、南头	9800	2200
珠海		1516	680
厦门	本岛	12300	250
汕头	龙湖	1330	160

目前，一般经济技术开发区的建设规划所碰到的问题主要有：1.如何预测开发区的社会经济发展；2.开发区的规模多大合适？是大一点好还是小一点好；3.开发区规划包括它的基本概念、规划方法、规划内容和一般城市规划有什么不同；4.当前开发区的第一期建设应注意哪些问题。下面分别就上列问题谈一点个人看法供研究讨论。

进行经济技术开发区规划首要的一个问题就是要取得社会经济发展的依据。经济是一切城市社会赖以生存和发展的基础。规划经济开发区必须首先做好本区社会经济发展预测，然后编制社会经济发展规划作为建设规划的依据。由于我们过去对市场经济规律懂得较少，对世界市场的背景和动向了解不多，因此对以市场经济为主、以计划经济为辅、受世界市场影响的开发区的发展预测就难以比较准确，一些规划设想往往套用某种模式，带有主观色彩。解决这个问题的办法只有通过调查研究，经常总结经验，"在游泳中学会游泳"。在开放城市中应该设置一个专门班子搞经济预测工作，经常积累信息，联系本地情况，修订预测结果。我国的经济特区和经济开发区多数包括工业、农业、牧业和旅游事业，属于多元经济结构，是一种综合性、多功能的开放地区，不同于国外的出口加工区；目前，一些开发区的初步规划文件，从指导思想、发展目标和优惠措施都很相似，大家都想发展电子、食品、纺织、精密仪器和新型建筑材料等等，缺乏特色，没有重点，容易导致内部倾轧，不利于对外竞争。各开放城市应当深入研究本地区的资源条件和实际优势，合理确定自己的发展方向，各开发区之间应有横向联系和分工协作，使各经济开发区的发展能因地制宜，扬长避短，各具特色，而又相互配合。经济开发区和中心城市以及周围地区的经济联系是十分密切的，实际上每个特区和经济技术开发区都以中心城市和周围腹地为依托，所以发展预测不能离开中心城市和区域情况，经济开发区规划必须和中心城市规划及当地区域规划联系起来。

　　经济技术开发区的规模多大为宜？在开始时往往难以看准。一般考虑，从战略目标要求，为了形成局面，有较大吸引力，必须要求开发区有一定的规模；有些地区从政治影响考虑，规模定得小了也不妥。但是从现实条件和经济效益考虑，规模就不宜过大。因为开发区所需基本建设投资很大，必须充分考虑开发土地的利用率。国外一些出口加工区，每100公顷土地，大约需要1亿美元的基建投资，要5年左右时间建成，这1平方公里土地可设厂50—100家，招收职工2万—3万人，经营得好，出口额可达2亿—3亿美元，经营不善，收益波动很大，还可能出现衰退。研究合理规模除了考虑投资能力，还要考虑经营管理水平，世界上许多加工区规模都不大的原因，不但为了节约基础设施投资，而且为了紧凑布局，管理方便，保证工作效率，而且把摊子搞得"小、精、灵"比较易于适应变化多端的国际市场的需要。我国沿海城市的基础设施条件都比较差，中心城市都有一大笔"欠账"，用于开辟经济技术开发区的资金有限，依靠外资又不可能用于利小、回收时间长的基础设施工程，依靠贷款方式又必须考虑偿还的能力。所以，如果投资过多，回收时间过长，经济上是划不来的。我国曾多次吃过基本建设摊子一下铺得过大的亏，从14个城市初步划定的开发区规模来看，无论长远规划和起步区（或第一期发展）规划，比国外一些出口加工区都要大一个数量级，这和我们实有的经济力量是不相称的。我的看法是除个别特殊条件者外规划规模特别是第一期发展规模以偏小为好，因为城市的布局总是由小到大易，由大收小难。我们必须实事求是稳步前进，才能保持开发区健康发展。还有，从目前沿海城市开放后实际吸收外资的经济效益来看，问题不仅局限于设置经济技术开发区，决定的因素还是有吸引力的资源和市场以及采取什么样的政策和立法保证。目前，大部分开放城市已收到的效益并非都来自耗资巨大的开发区，而恰恰主要来自合资经营的旧城市老企业改造（截至1983年底统计，上海已利用外资及外汇贷款5.17亿美元、天津已利用5343万美元、大连已利用5077万美元，都与新辟经济技术开发区无关；烟台利用外资达3090万美元、福州2560万美元、南通6600万美元、广州4.46亿美元、宁波1550万美元、北海986万美元、青岛7269万美元，也都只有极少部分来自开发区或全部来自旧市区）。当然，这种情况是由于许多经济技术开发区尚未建成，但可以看出问题是有一个全局关系，从某种意义上讲，开发区起的是"催化剂"的作用，我们应当恰当估计它所能起的作用，防止盲目搞大了长期收不到效益。

经济技术开发区规划究竟和一般城市规划有些什么不同呢？应该认为包括经济特区在内的经济开发区规划的基本原则和主要方法与一般城市是相同的。但由于事物的特殊性，开发区规划在一些规划概念、某些规划方法和部分规划内容方面是有所不同的。

规划经济技术开发区必须要有一个经营的概念。当然在一般城市规划中也要有经营的观点，但按市场经济，以吸收外资为目的的开发区规划必须要有更加明确的经营思想。1.必须考虑投入产出。规划人员要有宏观经济计算，要有一本大的经济账，要充分考虑经济收入和经济效益，也就是要考虑在一定期限内（一般为5—10年），区内总的净收入应大于基本建设总投资加上其他成本开支，再加上同期内的利息（一般为年息12%—17%）。2.从创汇角度还要考虑创汇率和每公顷土地吸收的外资额。国外出口加工区一般算法：

$$创汇率＝\frac{工资+租税、地租、公用事业费用+当地原材料进口净额}{出口额}$$

  这是衡量开发区经济效益的一项重要指标（南朝鲜马山出口加工区被认为是效益较高的，创汇率达35%）。每公顷开发区平均吸收的外资额反映了土地利用的经济效益，台湾地区高雄、楠梓、台中三个出口加工区1975年时平均每公顷吸收外资77万美元（总计14115.4万美元），至1981年总共吸收外资31900万美元，平均每公顷吸收174万美元。这也是达到了比较高的水平。3.从劳动就业角度还有单位面积雇用职工的指标。据国外资料，出口加工区雇用职工，如轻工业，初期每英亩为100人，以后40—80人；如用多层厂房每英亩将大大超过100人；中型、重型工业为10—30人（索马斯·凯莱赫尔著《出口自由区的创建和管理》）。关于开发区经营的许多经济分析，要有城市经济方面的专业人员去做工作，作为规划人员，了解一个梗概，也是十分必要的。

  经济特区和经济技术开发区的规划方法应该比一般城市具有更大的灵活性和滚动性，以适应市场经济的不可预见性。根据深圳、蛇口和珠海的实践经验，第一期建设起步小一点，规划留有余地，及时按发展情况滚动修改，是一种在被动中争取主动的办法。蛇口规划总面积只有1.3平方公里，填满以后再向外扩展。深圳规划每一两年就修改一次，1979年初次规划总用地10.65平方公里，人口规模只考虑20万—30万人；1980年修改为规划60平方公里60万人；1981年出现成片开发的形势，又修改为98平方公里100万人口；以后又修改布局，考虑80万人口110平方公里，虽然滚动很快，但步步为营，建一片成一片，比先铺大摊子要好得多。从世界上建设较早的一些出口加工区来看，它们的发展过程也是不稳定的，有的甚至大起大落，如韩国的几个加工区，有的更新换代发展很快，结构性变化更甚于数量上的变化，如高雄出口加工区。高雄出口加工区初建时多数是成衣、塑料等劳动密集型项目，许多小工业适应市场变化，"转向"很快，逐步变成技术密集型工业，同一通用厂房，不同的用户兴衰更迭频繁，而加工区总规模却保持稳定。这种非线性发展特点要求规划方案更多地从近期着眼，保持灵活余地，可进可退，及时做好补充修改。我国城市规划条例规定，城市规划批准以后，每隔一定时期（3—5年）应当根据情况发展，适当修订，这种滚动规划的间隔时间，在经济技术开发区规划可以缩短为1—2年（或2—3年）就滚动修改一次。

经济开发区规划要考虑一些特殊的内容，适应其特殊的需要。例如：

①要有更加便捷可靠的通信设备，包括电话、电报和通到用户的电传设备，要使客商及时掌握世界市场信息。生活在香港的人们每天起床第一大事就是打开电视了解股票市场信息，了解货币的汇率。爱尔兰的自由贸易区，拿出国民收入的三分之一用于通信和交通建设，这是保证这个老经济特区久盛不衰的重要原因之一。②要有各种金融机构。特别是银行的设置十分重要。在市场经济中，货币流通由银行起主导作用。没有国际性的银行，外商赚了钱也汇不出去。在具有国际贸易的开放城市中，国际性银行的多少，就反映了这个城市在世界经济中的地位。银行、交易所等金融机构的设置在我国经济特区和经济开发区中还没有得到应有的重视。③要有高水平的商业、服务业设施。市场经济活动要求有较多的第三产业，一些谈判协商往往都在豪华酒楼的饭桌上进行。还要有比较丰富的游乐场所，当代日本有一些交易就是在高尔夫球场上进行的。香港的习惯和西方一样，一般不请客人到家里，全港三万家餐馆就成了重要的社交场所。在某一国厂商集中的地方，就有必要设置该国的餐馆、旅馆和玩乐休憩设施促进双方的事业。④要有海关、边防、检疫等设施。高雄加工区将海关、邮电、汇兑等集中设在一个大楼内，外商可以在24小时内办完一切手续，给加工区带来相当的吸引力。⑤要有一定数量的外宾旅馆、公寓、生活服务设施和旅游设施。此外，还有一些特殊设施，往往没有标准模式可循，要根据实际需要，制定规划要求，合理组织安排。经济特区和开发区建设往往还要求有较高的建筑标准。无论住宅、市政公用设施、交通工程、园林绿化还是内外环境标准，都要考虑到"城市窗口"的地位，和国际水平差距不能过大。对于建筑艺术的要求也要高一些，有许多建筑物本身带有广告宣传性质，一个单位的房子要能够反映这个单位的信誉。所以经济特区和经济开发区的规划、设计往往起到一些新构想、新设计试验场所的作用。

搞好经济技术开发区规划最为现实的问题是安排好头三年左右的第一期建设。第一期建设除了应力求集中紧凑以外，还要注意：①要绝对保证基础设施先行，保证七通一平（电力、电讯、供水、排水、道路、煤气、桥涵和场地平整）。如果说在一般城市小部分基础设施如干道、自来水通了就可以先生产运行，但在开发区不行，各种管线、地上地下、干线支线都要先期完成，否则形不成投资环境，不可能吸引投资者实现开发目标。②要首先形成有吸引力的中心地区，用"中心开花方式"发展，首先建成中心商场、中心楼宇等，形成繁荣局面，才能有力地吸引外资，带动周围其他地区的发展。③要形成良好的环境面貌和近郊风景旅游胜地。这些并不是一般的非生产性问题，而是引进先进技术不可缺少的条件。一些发达国家（地区）发展所谓硅谷和科学工业园地等就是充分考虑了环境对先进技术的重要影响的结果。我国对环境标准的要求一般比较低，一些地方为了局部利益，可以容忍把电厂、污水处理厂等放在中心地段，最终不利于自己的发展。

经济技术开发区规划中还有不少的新问题，一些问题也不会停留在原来水平上，一方面的问题解决了，另一方面的问题又会产生，规划人员应当把握住规划方法的精髓，用正确的指导思想，善于进行调查研究，不因循一种模式，不拘泥固定章法，善于对症下药，总结创新，形成具有特色和丰富想象力的规划方案。

（三）

大家知道，城市规划是一门实践性很强的科学。经济特区和经济技术开发区的规划问题和一切城市规划问题一样，问题的提出来源于实践，问题的解决也要通过实践，分析研究问题也必须通过实例联系实际情况。究竟如何规划好经济特区和经济技术开发区的问题，也还是用实例来讲比较清楚。再则，研究经济特区和经济技术开发区的问题还应当借鉴国外城市和自由贸易区的经验，在这方面的众多的实例中，香港是最值得参考的一个地方，香港本来是我国的一部分，最接近内地，最相似于国内情况。所以，我想用一些篇幅来介绍一些香港规划的情况，作为一个实例，供研究借鉴。

香港是世界上最大的自由港之一，目前是仅次于纽约、伦敦的第三金融中心，和世界市场经济息息相关，从一个转口贸易港到出口工业城市再到金融中心。随着经济起飞，香港的城市建设相应发展，建立起自己的一套规划管理体系。香港城市规划作为一种"特殊的经济特区"的规划，可以用以下四个方面、四句话来概括，就是：承认被动配合，解决现实问题，注意管理控制，发展自己特色。

1. 承认被动配合。这是香港对规划工作的地位、作用通过实践得来的认识。香港的城市规划工作开展很晚，曾经长期处于无计划发展状态，1947年第一次由阿培克隆比提出一个总体规划大纲，没有起到实际作用。1953年成立规划机构——城市设计处（Planning Branch），1965年至1970年重新编制土地利用和人口分布的整体规划——殖民地规划大纲（Colony Outline alan），1974年定名为香港规划大纲（Hong Kong Outline Plan），至今仍是指导现有规划及实施的准则。

香港的规划人员认为，一个市场经济不当的社会，政府不应该直接干预经济发展，规划部门更控制不了经济，也不应该去控制经济发展，城市规划应根据市场需求为经济发展提供土地、交通设施和基础设施条件，为了解决一些矛盾，合理发展布局，在必要时才对发展提出干预（如工业与住宅干扰，保证日照通风要求等）。他们叫作用被动式规划去促进经济发展。目前香港的规划管理机构和职能如下图所示。

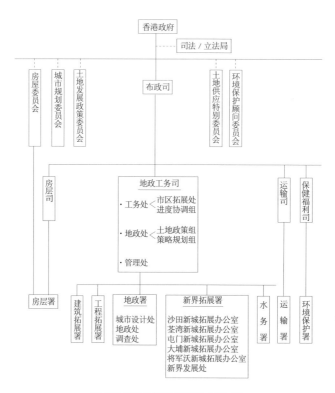

香港有关城市规划机构层次图

香港负责城市规划的机构，分为三个层次：①布政司所属地政工务司（Land&Worko Branch，又译作地政工条科，比国内理解的科要大得多）负责全港的发展策略规划。②地政署（Lando Department，所属的城市设计处制定城市设计政策、规划标准和准则，负责编制区域发展规划纲要、各个局部地区的法定规划图则等，城市设计处由首席政府城市设计师任处长，下属规划师共150人。③地政工务科属下的市区拓展处（Urban Area Development Organization）以及新界拓展署（New Territories Development Department）负责新界地区和新城镇的规划与实施。以上三层机构的主要工作均由香港政府城市设计委员会（Town Planning Board）和土地发展政策委员会（Land Development Policy Committee）领导。

香港规划十分重视政策干预。上述机构花很多力量研究规划发展政策，进行政策干预。在经济发展中，有几项重要决策收到了很大成效。主要是：优先解决居民住宅问题，制定"廉租屋十年计划"，供低收入者租用和供中等收入买房的"居者有其屋计划"，开辟新城的计划，以及改善交通等市政配套计划。对香港经济起飞起了重要作用。香港政府用于住宅建筑投资，每年要占政府公共支出的13%左右，1983年达37亿港元；十多年来解决了200万人的安居问题，开辟了7个新城，实现了百万人口大转移（从市区分散到新城）。同时，建成了几个大电站，建设地下铁道和过海隧道；用于城市基础设施的总投资达到住宅建设总投资的2倍（住宅：基础设施=1：2，在小地区内住宅：基础设施=1：0.7—1：1）。很明显，没有这些重大的规划决策，香港要实现经济起飞达到现在这样的速度是不能设想的。由于政策干预起作用，香港的规划看起来"被动"，但并不等于对发展放任自流，也不说明对控制发展无能为力，问题是如何按照事物的客观规律去促进它的发展。

2. 解决现实问题。香港规划有一个总体的长远设想，但规划工作的重点放在当前建设，强调要解决现实需要问题。长远规划设想到20世纪末发展到700万人口，还要在适当地点填海造地。制定全局性规划有许多发展策略问题要研究，例如开辟第二机场、填海造地和新界发展的潜力问题等等，这些课题一般由政府有关部门以招标方式委托顾问公司来研究（香港有资格承担城市规划顾问的公司有100多个）。课题的咨询费用通常比设计费高，每个课题由数百万至千万港元不等。对于课题研究成果，政府可以采纳、部分采纳或不采纳。香港政府所属的规划机构的主要力量放在近期建设规划，规定的规划程序以地区性的1/5000分区规划大纲图作为唯一的法定图则，这一套程序规定如下图所示。

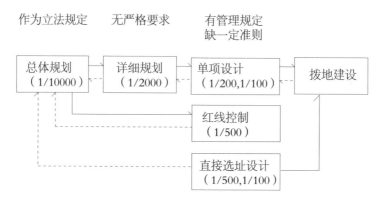

我国内地目前规划程序实况

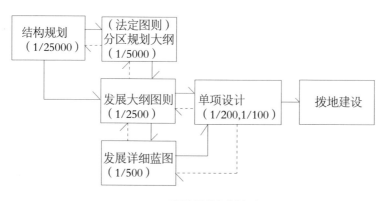

香港目前规划程序

我们常讲的规划程序，香港和英联邦等国家叫作规划等级（或规划序列，Hierarchy），不包含时间概念，有别于真正的程序（Procedure）的含义。实际工作的程序要根据实际需要来制定，没有机械的规定。截至1983年底已完成全部城区29个区的法定图则，和7个新城的分区规划大纲（香港规划划定全市为39个规划区，每个规划区面积100多公顷，7个新城另划7个分区）。

这里再详细介绍一下关于几种主要图纸的内容和产生过程。所谓"法定分区大纲图则",由城市设计处根据《城市设计条例》在城市设计委员会的指导下制订,内容主要表现规划的土地利用和主要道路红线;土地利用一般分为住宅(一类住宅区及二类住宅区)、商业、工业、政府团体及其他指定用途,并包括区内主要的公共设施,这种图则作为政府与公众之间的联系,可供公私投资者参考。在编制法定图则以前,城市设计处首先要研究该规划区的基本情况,预测未来人口、土地和其他需求,结合邻区和全市情况,综合评价存在问题,向政府有关部门和公共团体进行咨询。当法定图则经城市设计委员会认为可以发表时,即以草图形式公开展览两个月。凡受草图影响的人可在两个月内向城市设计委员会提出书面意见,由委员会决定是否修改,最后由总督及行政局审批。草图经批准后就成为法定图则(为便于管理,法定图则草图未批准前一经公布展览,就已具有法律效力)。法定图则的内容并不很多,有关详细的规划设计,均由发展大纲图(1/2500)和详细蓝图(1/500)去解决。这样规定,对图纸要求该粗则粗,该细则细,都以解决实际需要为目的。

规划注重解决现实问题的一个重要方面就是制定适当的标准。香港规划把制定适当的建设标准作为重要问题,在长远发展的规划大纲中就把它作为主要内容之一。在地区性规划中,如各种用地标准、建筑标准、居住密度、社区设施、娱乐与游憩空地、商业服务业设施、交通设施等都是规划师必须研究的问题。值得提出的是香港的住宅建设标准定得比较符合实际,他们基本不考虑远期每人居住面积多少平方米,因为目前的平均居住面积太少,30多年来居住面积水平每人由3.5—4.5,现实的目标是计每户都有一套住宅,至今新住宅设计还是以一室户、二室户(2房一厅)为主,面积不大,设备齐全,较多地解决了住房问题。香港的交通规划也没有预测远期的车辆发展,规划重点放在限制私人汽车增长,调整交通系统,发掘现有道路的通行潜力,解决了不少实际问题。

3. 注意管理控制。香港的规划工作强调适应发展和及时调整修改,十分灵活,但仍然有严格的管理和控制。香港的大部分规划方案有很大弹性,但按照规划程序和法规,规定的各种图纸,要求都十分详细。拥有500人的城市设计处,主要工作就是研究制订规划标准、准则和编制法定规划图则。他们把大部分时间用在研究问题，使规划实施管理现实可行。香港的城市规划管理通过好几个部门，呈多元体制，但管理工作互相配合，十分严密。主要是通过控制土地利用和建筑法规两大项立法保证规划的实施。香港的土地全部都属政府所有，称为官地，政府每年两次拿出一部分来拍卖，仅是出卖使用权，使用权分75年、99年、999年不等。拍卖土地时根据法定规划图则规定土地利用等要求，卖主只能按规定要求进行建设，否则不准卖地。同时，还有城市设计条例（Town Planning Ordinance）、建筑物条例（Building Ordinance）、官地租借条件（Crown Land Lease Condition）等一系列法规，详尽地对规划、设计、用地性质等作了规定。为了公共目的也有规定可收回官地。对被征用的土地如一时不能补偿，就发给权益书作为以后可以优先申请租地凭证。在建筑设计以前，城市设计处根据规划标准及准则，对该土地要提供一份设计要点写明用地面积、人口密度公建设施要求等等，设计单位必须按要求设计。为了控制人口布局，还有一个全港人口密度分区规划（Density Zoning），如规定1区（主要市区）净密度可达8000人/公顷，2区（近郊区）可达2640人/公顷，3区（边远地区）650人/公顷；全港市区平均毛密度为不超过3000人/公顷。人口密度控制规划虽不具有法律效力，但在规划设计时，一般都按照执行。现在，香港的规划管理已形成比较成熟、完整的体系，他们认为不必要每年派人出国去考察、搬用其他国家的模式，表现了可以控制规划发展的信息。

4. 发展自己特色。香港规划最大的一个特色就是高密和高效率。由于地少人多，解决居住问题，只有采取高层高密度。初期建的高层屋邨曾达7700人/公顷，有过密倾向，以后逐步改进，注意留出空地，控制在2500人/公顷左右，看来环境面貌还不见得拥塞混乱（如沙田、太古城等）。人口的高密度使居住区有较大的购买力，可以支持比较丰富、齐全的商业服务设施，楼上居住，楼下就解决停车、购物、入托、上学等问题，使居住生活比较方便。高层高密度住宅区在晒衣、日照、通风和防治噪声等方面还存在一定问题，但通过不断改进设计、管理，如沙田等新的屋邨，看上去还比较舒服，对居民有吸引力。高密度的城市发展，节约了用地，缩短了交通距离，使城市运行的效率和各种设施的经济效益都比较高。香港地下铁道、过海隧道的造价都很高，但回收很快，这和高密度带来的高效益是分不开的。香港市区内发展了不少综合性的楼宇，高层是办公、旅馆，低层是商业、服务，甚至像海运中心、置地广场等形成综合性楼区，多种功能统一经营相互补充，形成更加具有吸引力的城市中心。有一些特殊的规划，处理得好，有特殊的效益。如九龙红磡的规划设计就比较特殊，那里地处过海隧道出门处，是交通极其繁忙的地段，在20—30公顷土地上布置了九龙火车站、万人体育馆、香港理工学院和公共汽车换乘枢纽四项内容，高度利用了土地，解决了使用要求。主要是：利用地形，把需要安静的学院设在高处；立体布置，把体育馆放在铁路货物站场上面；运用一切分割、联系、借用等手法，把这本来不宜设在一起的单位组织在一起，取得一定的特殊效果。红磡的布局虽然有过分拥挤的感觉，在高峰时间也有塞阻现象，但总的表现了规划人员的创造性，给人一种印象，似乎是在规划师面前没有解决不了的问题。关于高密度的利弊以及在我国城市中能否应用，有许多看法是不一样的。我认为任何技术方案都不能绝对化的评价，都不能离开当时当地的各种条件，只有深刻认识本市本地的特点，才能避免固定的模式、概念，运用人家的各种办法，而又形成自己的特色。

总的看来，作为完全开放的城市，充分考虑市场经济因素，香港经长期的实践，逐步形成了一套规划、管理的办法，随着经济社会情况的发展，还会进行进一步的探索和改进，这是符合发展规律的。

我国城市的情况多种多样，错综复杂，现行的城市规划体制和方法已经暴露出不少问题，如何适应开放和改革的需要，问题就更多了，不大可能在短期内，靠少数典型经验，用一两种"药方"就得到解决。目前，重要的问题是把我们的规划思想活跃起来，只有活跃思想才能剖析问题，探讨新的办法。城市规划工作像是有深度的海洋，思想活跃，如同大海波涛，波涛的汹涌才是力量的表现。随着城市化的迅速发展，我国的城市规划城市建设正面临一个很大的转折时期，沿海开放城市和经济特区的建设必将极大地推动其他省、市，我们及时讨论这些规划问题是很有意义的。以上作为个人发言，希望能起抛砖引玉的作用，谢谢大家。

本文为周干峙先生（时任中国城市规划研究院院长）1985年5月4日在"全国开放城市规划研究班"讲课时的讲稿。部分内容以相同标题载于1985年第5期《城市规划》。

辑二

城市建设与旧城改造

关于我国旧城市的改造规划问题

旧城市的改造是一个广泛而复杂的问题，要把我国的旧城市改造成为社会主义的现代化城市，还有不少重大课题有待于我们探索研究。严格地讲，对于旧城改造问题，我们的风险不是我个人所能讲，需要各个城市来讲。我今天着重讲一讲关于在目前我国的旧城改造中规划存在的几个问题。希望能引起共同讨论。我准备大体上分三部分来讲：一是对于旧城改造的一些认识问题，二是改造规划的几个战略性问题，主要是几个比较普遍性的决策性问题，三是介绍一下天津三年恢复重建的实例。

一、一些认识问题

（一）谈认识问题，要先谈问题的重要性

大家知道，城市是社会、经济和文化的精华所在，城市的生长、发展一般都有一个历史的过程，在漫长的历史过程中，城市总有新陈代谢，总在不断更新、改造。所以，新城市总是短暂的，而作为发展过程中的旧城市，则是长期的、主要的。从这个意义上说，世界上大多数城市都是旧城市，都有一个发展、改造问题，只是发展的方向、改造的速度、方式等由于社会经济等条件不同而有所不同罢了。我国286个城市（截至1983年9月月底统计）、2000多个县城，90%以上都是旧城市，大多数城市都有百年以上历史，近一两代人建设起来的新城市是个别的。

旧城市的改造，一般都具有重大的政治、经济和社会意义。历史上有不少统治者懂得城市改造的重要性，投入很大的人力、物力、财力去改造他们的城市。近代城市比较大规模的改造，可以追溯到资本主义萌芽时期，法国从路易十四开始改造巴黎，当时营建宫室、园林、广场，拆除城墙，发展地产事

业，第一次在旧城市中开辟宽阔的放射干道，其目的就是为了进行新的军事列队，夸耀新的城市面貌，以巩固皇朝的统治。我国明朝初期对元大都的改造，也是利用、改造旧城适应新皇朝需要的一个范例。当时利用琼岛、宫室，削除北部帐篷区，开辟皇城前的典礼、办公、市集等用地，延续使用了两个朝代共600年之久。袁世凯做皇帝只有八十几天，还装饰了一下东西长安街，国民党在南京也搞3个规划，开了一条中山路以装点门面。当然，历史上这一类城市改造，也是社会经济的发展需要，但是更主要的，为了巩固统治者的统治，所以有很大的局限性。

新中国成立以后，我们党和政府十分重视城市建设和旧城市的改造，制订了正确的方针，部署了一系列的工作。北京解放以后，改造旧北平城在市政建设上的第一件事情就是清运了从明朝积存下来的垃圾，接着就是改造龙须沟、金钟河打通东西交通干道；在上海也很快治理了肇家浜；在天津疏浚啬子河金钟河等。几乎所有旧城市都结合社会改造，"把消费城市改造为生产城市"，改善了生产条件，建设新的工人住宅区，在短短几年内使城市面貌有了巨大变化，具体体现了为社会主义生产服务、为广大劳动人民生活服务的方针，赢得了人民群众的极大拥戴和国际上的高度赞许。

可惜，由于"左"的思想路线，加上我们对旧城市改造缺乏认识，长期以来城市建设被当作消费性事业，在国家计划中排不上队，50年代我国城市状况并不落后，规划建设至少在亚洲处于领先地位，如果延续下来，今天不会是如此情况，缺、破、挤、脏、乱、差、旧城市的改造问题被搁置起来了。现在大家比较普遍的反映我国旧城面貌变化不大，特别是一些市中心地区，大面积的破烂、失修。更为严重的是自觉改造旧城市的工作停滞不前，而自发的一些发展却势不可当，许多旧城市随着人口和生产增长，旧市区的居住、交通日益拥挤，市政公用事业质量下降，环境条件趋于恶化；一些无计划、无规划的插建、改建造成城市布局更为混乱，使今后的改造更为困难。只要看现状图，就可以看出许多的矛盾。

而目前，我国正处于经济振兴的重要发展阶段，所有经济中心以及今后的中心城市，都依托于旧城市。旧城市的发展是毫无议的，但是，旧城市发展又必然联系到城市扩建和改建的问题。不可设想，随着我国社会主义经济的发展，生产和生活水平提高了，而城市仍然就是一堆陈旧的东西，想依靠旧城市的原有房屋建筑和基础设施来适应新的发展需要，这不仅不符合经济建设的发展规律，也是不符合社会主义建设的目的，所以我们说，旧城市改造的重要性和紧迫性，在当前是很重要的。

（二）第二个对旧城改造认识问题是对旧城市改造的含义的理解

什么叫旧城市？很难下一个确切的定义。一般讲是指历史上遗留下来，需要经过改造才能适合今天使用的城市或市区叫做旧城市。但是历史上留下的城市未必都要改造，有些古城要保，而需要改造的也有建造不久的新城市。对于什么叫旧城改造，也有不同的理解。由于城市最突出的形象是建筑物。长期以来，一般都把改造旧城市理解为只是建筑物（加上市政设施）的拆旧更新，这是狭义的理解。我认为，对原有城市或城市的组成部分，通过人为的措施，造成形和质的变化者谓之旧城市改造，这是比较广义的理解旧城市。

现代城市建设的实践表明，许多狭义的改造旧城市的规划未能很好地实现，原因是仅从建筑规划去理解旧城市改造，离开了城市改造的社会经济因素，改造规划就缺少了依据和动力。所以，在世界城市化迅速发展的今天，许多城市规划和城市管理工作者都认识到改造旧城市和建设新城市一样，不仅仅是工程建设问题，也不仅仅是要解决一个物质环境（Physical Planning）问题，而必须考虑社会、经济的发展规划，考虑精神文明方面的内容，要把城市改造和社会改造、经济改造结合起来，这就要以比较综合的、全面的观点来规划旧城改造问题。所以，许多外国城市规划专家来华考察城市时，他们不只是着重了解我国城市的面貌和建筑环境，而更多的要了解人们怎样工作，怎样生活，看我们怎样解决存在的社会问题；再从国外资料来看，人家的规划也不仅是工程建设和建筑艺术问题，而首先考虑经济发展，考虑有多少就业岗位，有多少资金来源等等。现代旧城改造规划，即便是规划工程建设问题，其内容也不仅是拆了重建，还包括旧有房屋设施的改善利用和维修养护。所谓改造（Re-buiilt）和更新改善（Re-new）在国外这两个概念是分得很清楚并加以统一规划定排的。真正搞出城市经济发展规划、社会规划的例子好像很多，有报道莫斯科正在进行社会规划。所以，总的趋势是要从广义去理解，旧城市的改造必须包括社会、经济和文化等因素。要考虑这些因素。

广义的旧城改造规划，一般应当不仅要有经济目标，还要有社会目标；不仅考虑长远规划，还要考虑近期的实施计划和规划实施的方法、步骤；不仅规划技术措施，还要提出有关的政策；不仅考虑有计划的项目，还要考虑无计划的建设；不仅规划综合性的较大的工程建设，也要通盘安排单项的较小的建设项目；既有集中的扩建、改建，也有分散的点滴改善；既有统一的按规划的改造，也有群众性的非规格化的改善……所以，旧城改造规划往往比新城建设规划复杂得多，许多旧城改造规划甚至不能一次完成，而常常处于不断规划和不断改造的过程之中。总的规划的宗旨和目的还在于解决实际存在的城市问题，争取最好的经济效益、社会效益和环境效益。

（三）讲认识问题之三，就要讲到旧城改造规划的主要内容和特点

按照比较广义的理解，在我国当前情况下，旧城改造规划需要解决哪些问题？有哪些主要内容呢？如果用系统论的观点，分析问题的层次结构，可简要地表达如下图。

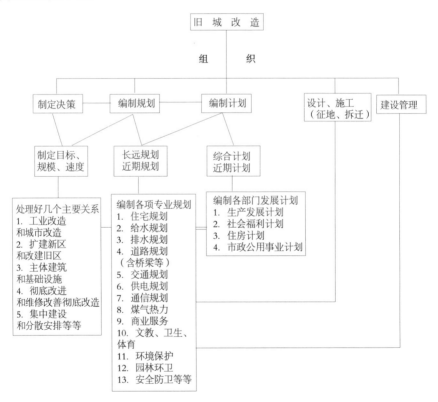

在旧城改造这样的大的系统工程中，和一般系统工程一样，位于较高层次的问题对于下一层次来讲一般都带有宏观性质和战略性质；对于宏观问题研究不

透，微观问题就难以看准；战略性的问题解决不好，战术性的问题也就难以补救。还有，同一层次的问题也有大有小，其影响之大小，往往因地因时而异（例如，拆迁征地，在50年代不成为问题，而现在往往成为影响建设的重大矛盾问题。愈是在大城市，这个问题愈突出）。但是，不管什么情况，解决系统问题要有重点，重点就是必须搞好综合规划，在大多数情况下，编制综合规划，制定正确决策、搞好组织协调是旧城市改造的三个重要关键。国内外有许多经验证明，综合规划是解决系统问题的钥匙。花一定时间和力量，解决好规划、决策问题是十分必要的，一个大城市的旧城改造规划（包括扩建、改建）从调查研究到规划完成花1—2年，以至2—3年时间并不算多，如果跳越这一阶段，把许多改建工程仓促上马，就含有很多盲目性，往往欲速不达，得不偿失。

要编制好旧城改造规划，还有几个对于这项工作的特点的认识问题值得提一下：

1. 旧城改造规划是一种比较全面综合的规划，并不是单纯技术性问题。参加规划人员，除专家以外必须要有行政领导人和决策人。所谓专家也要包括各有关行业专家，不可能由少数规划专家包办一切，要"专家们"和"权威们"相结合，在市委、市政府（书记、市长）的组织领导下，才能制定正确的决策和规划方案。

2. 规划和计划要密切结合，不搞"两张皮"。应该在统一决策基础上共同制订可行的规划和计划方案。特别是近期的建设工程，规划和计划原则上应该是一回事。城市规划工作的现实目的是要搞好近期的城市建设，规划部门必须把结合年度计划（3—5年）和近期计划的近期规划，作为工作重点。

3. 必须搞好组织协调工作。旧城改造规划的目的，主要是合理组织空间布局，达到经济地、科学地建设城市，所以涉及各部门、各区、局，关系到千家万户的切身利益。特别是定项目、定标准、定规模、定投资比例，实质上是一个权益分配问题，往往各方面都要争取。日本讲旧城改造叫做市街地再开发就讲究原居民和新插入单位要分享改建权益，对我们来讲，要做细致的思想政治工作。所以，规划旧城改造必须要有强有力的组织领导，要由市长挂帅，组织综合部门（计委、经委、建委、科委、农委等）、各专业部门（工业、交通、市政、公用、电力、电讯、园林、环保……）和下属区、县参加，使规划方案建立在各行业规划（条条）和各区、县规划（块块）的基础之上。

4. 对于影响大局的工程项目，要有可行性研究。旧城改造规划中往往有一些大型综合性工程建设，如主要车站、主要干道、大型桥梁或立交桥、处于枢纽地位，有必要及早进行可行性研究，做出正确的判断。否则，这些重大技术方案如有变动，就会影响到改造规划的全局。这是规划方案的技术基础问题。

上述搞好旧城改造规划的领导问题、计划问题、组织问题和技术基础问题，关键是领导问题，市的领导问题，只有加强市政府对城市建设的领导，做好组织协调和综合平衡工作，才能做好全面综合的旧城改造规划，真正起到指导城市建设的作用。

二、谈几个战略性问题、决策性问题

我国的旧城市基础不一样。在新中国成立前就有三种类型：一是沿海地区由几个帝国主义分治的殖民地半殖民地城市；二是东北三省由一个帝国主义统治的殖民地城市；三是封建时期建成的西安、洛阳……内地城市。情况各不相同，新中国成立30多年来虽然各有相当发展，但发展还不平衡，每个城市除了同类型共同性的问题，还都有自己特有的矛盾问题，所以，每个旧城市的改造都应有切合自己特点的战略决策，以正确指导规划和计划的编制。一般旧城改造规划中比较普遍，带有战略决策性质，必须处理好的问题有以下五个：1. 城市政造和经济发展工业改造的关系；2. 扩建新区和改建旧区的关系；3. 主体建筑和基础设施的关系；4. 推倒重来和维修改善的关系；5. 集中改造和分散安排的关系。

（一）处理好城市改造和工业改造的关系

在大多数城市中工交企业是城市经济的主要支柱，城市发展和城市改造都要建立在经济发展的基础之上。30多年来，我国旧城市的工交企业已经经历了多次调整、改造，许多厂点合并，手工业生产发展为机械化生产，利用旧有房屋设施，出现了若干新的行业，工业的改造还是旧城改造中最活跃的一个因素，有不少成功经验和失败教训可以总结。今后，按照依靠内涵发展生产的方针，老企业的改造还是方兴未艾；编制城市改造规划首先应当和工业改造规划（包括各行业各企业的规划）综合起来，并具体体现在：

1. 按照工业改造规划，和其他经济事业规划，合理调整用地布局。城市用地布局的调整是很困难的一件事情，但只要符合企业发展的需要，积极创造条件，在一定范围内的调整是有可能的。上海旧市区内原有上万个厂点，就有相当多的迁并，有些行业逐步转到市郊，有一些从比较分散到相对集中，现在剩下几千个，布局结构逐步趋向合理。问题是规划部门应当掌握情况，为生产着想，提供方案，促进合理的调整。

工业改造规划往往一时看不准，游移不定，城市规划就要留下机动余地。一般可以区分保留、限制、调换和迁并等几种可能，按照工业区、工业街坊和工业点三种布局方式，组织专业性或是综合性的工业用地。从技术发展趋势看，无害的工业愈来愈多，将工厂与生活区布置在一起有不少有利条件。所以，旧市区内能够不搬的工业应当尽量不要搬动，将来出现一些生产、教育、生活组织在一起的综合区看来也是合理的。对于旧城区内污染环境、危害居民的一些工业，必须调查清楚，按照环境保护要求，限期进行治理，长时期技术上无法治理的，要列出名单，逐步易地迁建。对于一些大的污染企业，一时迁不动，也必须限制发展，或把有害部分先行迁出。还有，旧城中铁路和机场的发展往往也有矛盾，需要进行专题研究，是发展？是搬迁？到一定阶段要定下来，避免反复变动（如天津客站，西安机场），结果使问题更为复杂，建设更为困难。所以旧城工交企业的调整改造，既要从实际出发，又要从长远一点的观点，需要有一定的投资，避免由于一时的局部的小利益，而损害了长远的全局的大利益。

2. 安排相应的市政设施和公共服务设施。首先是水、电、道路、交通运输，增加容量，扩建原有线路，保证生产建设之急需，使城市改造的内容与工业改造相适应。城市建设的其他方面，无论商业服务业、学校、医院、文化娱乐还是绿化环境等等，对生产发展都有一定关系，解决目前的"欠账"状况，可以促进经济发展，但在具体项目安排上，还要分别轻重缓急，有先有后，有一个合理的比例关系，逐步填平补齐。规划市政和公共服务设施的改建、扩建时，还应结合体制改革，考虑社会化的方向，逐步改变工厂办社会和厂长当市长的局面，这在旧城市中比新城市更具有现实意义。

3. 和经济发展相应的确定旧城改造的规模和速度。我国的许多旧城市对经济发展都有一个大体的计划，对于工业改造一般有一个十年规划；城市建设也有后期20年的总体规划，根据这些总的目标，可以制定3—5年的近期改造规划，其中，要有具体的项目指标和投资估算，拟定出适当的改造规模和改造速度。每个城市有多少收入？国家拨款多少？地方自筹多少？能够投入扩建改建的资金总共多少？各个投资渠道又各占多大比重？应当进行预测、论证，做到心中有数。由于经济实力不同，各城市改造旧城的能力也不尽相同。例如，北京、上海、天津等特大城市，人均产值高，经济基础好，旧城改造的投资就可以多一些，有条件搞一些较大的工程；而内地一些城市，如贵阳等，在经济水平没有发展到一定程度，就无力多搞拆迁，如勉强搞上去了，也很被动，这方面的教训有不少。总之，每个城市根据自己的情况，制定一个城市改建和扩建的总盘子是很重要的。

（二）处理好扩建新区和改建旧区的关系

扩建新区还是改造旧区，这是近几年来很多城市经常碰到的一个问题。矛盾的焦点是征用土地呢？还是拆迁旧房？

实际情况是征地难，拆迁也难，难在我们的政策还不周全，讲土地时最好不征地，讲投资时最好不拆迁。征地每每几万元、十几万元、拆迁，拆迁改造也有许多困难，由于长期挖潜利用，旧市区建筑和人口过密，拆旧建新只能就地安置居民，如上海蕃瓜弄、哈尔滨三十六棚，这种改建的资金只能出于房管部门和居民自身，其中还有私人住房不能都由国家包办，改造的能力就有很大局限性。如果依靠新的建设单位。拆迁补偿的代价也相当高，一般拆一平方米建三平方米，要补偿原住户二平方米，实得效益只一平方米。这样拆不起，往往又回过头来强调征地新建。两种指导思想，往往翻来覆去，成为影响建设任务的关键。这种情况说明，扩建新区还是改造旧区涉及多方面、多因素，不是单一的建筑经济所能决定的。

权衡扩建还是改建，除了比较每平方米住宅和每个居民的建筑造价以外，要考虑包括公共建筑、服务设施和市政公用事业等的综合造价，还要考虑建成时间长短、受益面的大小，和有无附带的效益。这些问题还涉及征地安置或动迁补偿的代价、建设规模、地段条件、原有设施基础等等，各地情况差别很大，必须进行具体分析。例如北京，实际征地代价每亩都在4万元以上，每平方米住宅综合造价已达400元以上。以1978年建设较为完整的劲松住宅区为例（见表1）：

表1　1978年劲松住宅区实际造价

	面积（m²）	造价（万元）	占百分比（%）
25568人的住宅	318383	4011.63	58.9
配套公共建筑	49503	706.71	10.4
少量农户迁移（不含征地）		1263.24	18.5
室外市政		835.04	12.2
总计		2666.1	100

　　该区用地面积27.4公顷，其中居住用地16.94公顷，净密度每公顷1509人，平均每居民投资2666.1元，每平方米住宅综合造价214.1元。考虑到当时住宅单方造价仅130元，目前建筑材料等费用上涨，综合造价要增加30%—40%，再加上征地费用未计入内，所以综合造价可能达到400元左右。

　　对比拆迁改造，由于"拆一建三"，要花2.5至3倍代价才净得一平方米，不算补充必要的公共建筑和市政设施，实际这一平方米的代价，还超过400元，而且动迁居民，需要周转房屋，花的时间也不短。

　　农村富了以后，郊区占地问题更困难更复杂了，仅仅包下来，给点钱也不一定解决问题，天津有地方包每月50元工资一次性给每农民几万元，也解决不了问题，简单的迁移办法都不行。

　　现在考虑还不如吸收为建设的力量，合资办旅馆等城市服务事业，人口不入城，城市建设均为其服务，规划的内容相应考虑。

　　一般拆迁还是贵一些。

　　天津的情况。无论从投资和时间，拆迁改建和征地扩建，大体上也是相当的。只有在建筑密度比较低，而征地价格又非常高的情况下，拆旧建新方可略为有利。

　　在旧城改造规划中还有一个建设高层住宅（一般指10—12层以上）还是多层住宅（4—7层）的问题，也要结合具体条件，进行具体分析。总的讲，节约用地是一项国策，在城市中对居住生活采用高密度政策是客观条件决定的。城市住宅有一部分往高层发展势在必行。事实上新中国成立以来，我国城市中的居住密度日益提高。50年代规划的居住区净密度（居住人口和住宅用地之比）一般为每公顷500—600人，60年代至70年代初提高到800—900人，近几年每公顷建住宅大都在12000—15000平方米，亦即每公顷居住1500人左右。旧住宅区的密度也在提高，目前城市中心区的人口比新中国成立初期已经大大地增多，一般都在每公顷1500人左右，上海南市区高达3500人左右（这和国外概念差别很大，英国、美国等新建住宅区密度一般不到每公顷100人，150人以上已算是提高密度了；日本土地很少，他们把每公顷200人、400人、700人作为三个限，700人以上就算是高密度了）。世界上只有香港居住密度最高，那里条件特殊，近几年建的新住宅区有不少达每公顷2500人，最特殊一个高达7700人，看来很不合理。世界上建高层住宅原来并不是仅仅为了多住人，重要原因是往高层发展后可以腾出土地供户外活动使用。所以高层住宅往往采用低建筑密度。香港的20层以上的住宅区，建筑密度一般在12%以下。所以提高住宅建筑层数对居住密度的提高有一定的限度。国内已有许多研究表明，按照合理的日照间距，在6层以上，每增加一层而提高的居住人数并不相对应。随着电梯等必要设备的应用，单位面积造价却是越高花钱越多。

研究居住人口密度必须考虑合理的环境容量问题。居住环境必须保证空气、阳光、绿化、交通和各类居民户外活动的需要。人口过密就降低环境质量。考虑到青少年和老年人的需要，留下室外空间是十分必要的〔目前我国城市还未都进入老年社会，但青少年比例很高，在上海等城市已出现老人、青年在马路上活动，十分拥挤。如老人（65岁）比例再增长，达到占7%，进入老年社会，问题就将更多〕。生活的一般规律是，当居住水平低下，室内面积多少是居住环境的主要矛盾，随着人均居住建筑面积的提高，人们对户外活动的要求也逐渐提高，一些高度发达的资本主义国家居住区由市内向市郊转移，出现郊区化和内城衰落的现象，也是生活水平达到一定程度后的合乎逻辑的现象。这种城市现代化历程中人家走过的曲折道路，我们应该从中得到教益。

在我国目前经济条件下，大量建造高层住宅除了单方造价高（增加电梯、煤气、辅助面积），经营管理费用大（电费、房租不得不补贴），还有一些社会问题，如对儿童教育不利，住户安全保障率低（发案率较高），设备故障多等等。所以，今年5月下达的国家住宅政策要点（征求意见稿）中提出城市住宅可以建一部分高层，但仍以6—8层为主，中小城市还可以低一点，这是比较切合实际情况的。高层有种种问题，但并非要全盘否定。由于各种需求（办公等），还会建设一些高层，甚至超高层。但占总数应是少部分。我认为人口密度也必须控制，可以从技术经济条件和社会习惯可以容忍两方面考虑，采用比现实平均密度稍高一点，但低于现在最高密度的办法来规定控制指标。一般大中城市大体应在每公顷1500—2000人，最高不得超过2500人为宜。讲的是大、特大城小城市应再低些。

控制密度、控制拆迁，就导致还要占用土地。这一点应当认为是城市化过程中不可避免的现象。现在有的部门强调城市郊区农田一亩地也不能征用，这恐怕不符合实际情况，城市总是要发展的，要全部在旧城区内拆迁改造，也是不现实的。我们主张城市要节约用地，也要合理用地，必要的生活用地是一定要发展的。事实上，城市用地在全国的比重不是很高的，约占耗地总面积的5%不到，而其中住宅又只占一半不到。

总之，旧城市的扩建和改建都有其客观需要，在我国发展中的旧城市应当有扩有改，目前大部分应当仍以扩建为主，逐步地加强改建，还要征用一点地，应当是允许的；住宅建筑要高一点，但高层住宅要有一定比例，多数的住房还是采用现行技术以多层建筑为宜。

要城市化、城市人口比重提高，建设城市而不占地，是不能设想的（日本国土窄小，该占的地还要占）。

（三）处理好主体建筑和基础设施的关系

城市基础设施是一个外来语（Infrastructure）的意译，泛指城市住宅、工业等主体建筑以外的一切市政、公用设施和公共建筑。它表明城市建设（广义的）的这一部分虽非主体，但却是构成城市的基础，是维系城市各个部分，使城市能够展开活动的基本条件，其含义比"配套设施"来得确切。我国目前对基础设施的理解还比较窄，一般是指城市的市政工程、公用事业以及和住宅小区配套的公共建筑（所谓"城建口"）。不包括电力、电讯和其他较大型的公共建筑。

这几年的情况是，城市住宅有了较大发展，但与住宅配套的基础设施却远远跟不上需要，不少地方旧的城市建设欠账未还，又积累了一些新的欠账。北京这几年就有几十万平方米住宅建成后由于缺水、缺电或排不出水等原因而住不进人去；有些地方建了一点给、排水，商业服务设施，但配套标准过低，生活不便，居民不愿意迁去，甚至用2∶1以至3∶1的面积想方设法换回旧城区来。造成这种城市建设内部比例失调的原因主要是计划安排不周。出发点是想多解决点住房问题，而结果事与愿违，反而加重了对旧住宅区的压力。

1981年中央书记处在一个文件中指出："城市住宅，不只是盖房子，牵涉到整个市政建设，有供水、排水、供电、供气、交通、学校、商店、医院等一系列服务设施的建设问题，今后检查城市住宅建设计划的执行情况，不能光看开工、竣工面积，主要应看实际使用效果，看每年能住进多少人，现在有些竣工房子住不进人，原因是不配套。与其不配套，不如少开工。"这就清楚表明，合理调整住宅建设与市政建设的比例关系，是城市建设中的一个重要战略性问题。

基础设施本来应该是城市建设的先行。违反这个规律，经济上有很大损失。就像常见的马路建成以后，不断补挖地下管线，比一次建成要浪费得多，原来几十万元的工程，要成倍地增加投资，而且拖的时间愈长，付出的代价愈高。天津大虹桥的建设就很典型。大虹桥原是天津旧城连接河北大街的一条孔道，50年代就曾经考虑拓宽改造，该桥80米跨度，当时投资100多万元就可以了。但一直列不上计划，拖延了近30年，现在建桥，拆迁多了，附属工程多了，需要投资1300多万元，还白白忍受了长期的交通损失。

基础设施落后还增加了建设布局的随意性，助长了分散主义。本来应该社会化的公用设施跟不上，迫使各单位搞"小而全"。在一条街、一个地区内各搞各的水塔、化粪池、礼堂、托儿所等等。国家总的并没有少花钱，而居民却得不到方便。如果合理开发和改造旧城市，先期搞市政公用设施，就可以引导各项建设按规划选址。住宅、工厂、高层、低层都有相应地段。现在，把先行变成后补，就促使许多建设项目随便乱摆，实际上拉长了战线，使各项市政配套在相当长时间内更加难以补上去。所以，基础设施的落后局面不改变，整个城市建设的被动局面也不可能改变。

住宅等主体建筑和基础设施的配套，在资本主义国家有地价和市场来调节，地产商买下土地，必然要搞市政建设，"五通一平"，才能提高地价，回收资本利润，而建设单位只有利用已开发土地才能较快取得收益，任何建筑也必须具备使用条件才能尽早售出，建成一幢就投产一幢，甚至建成一层就使用一层。在我们计划经济条件下，这种先后衔接和比例关系就必须由合理的计划来调节。

城市基础设施建设与住宅建设之间存在一个客观需要保持的比例关系。按照联合国在一个名为"确定住宅建设与环境发展目标与标准的方法"的专论中提出的概念，基础设施应当包括三类：第一类，工程设施，有供水、排水、污水处理、煤气、供电、道路等；第二类为公共服务设施，有学校、保健中心、卫生所、交通、消防、公园、儿童游戏场、展览室、图书馆、公共集会场所等；第三类为商业设施，包括商店、影剧院等。前两类的投资应与住房建设同时安排，第三类可以单列。第一类项目的投资应相当于住宅建设投资的25％—50％，加上第二类设施（相当我们目前理解的基础设施内容，多了一个供电），则两类的投资应相当于住宅投资的50％—100％。在这个范围内，一般是建设初期比例数要高一点；愈是现代化，也愈要高一点。联合国推荐的这个投资比例是在总结各国建设经验，并着重对发展中国家提出来的。

对照我国情况，新中国成立30多年来市政公用设施投资一直处在一个很不合理的低水平，即使与其本身没有得到应有重视的住宅建设相比，它也是不协调、不配套的（见表2）。

附表的统计数字，可能不十分完全，与国外的统计口径也略有差异，（不包括电力，也不包括公共建筑），但大体上可以看出，30年来，仅有"二五"期间住宅投资与基础设施投资的比例超过1∶0.5，而1952—1978年的27年平均为1∶0.29。1979年以后，住宅建设增长较多，而配套不足，比例下降为1∶0.18—1∶0.11，从而使1952—1981年的总平均降为1∶0.21，如以1∶0.21的低限度匡算，30年来市政欠账至少为179亿元，比已投资的总额143.2亿元还多25％，每个城市都可以算一算账，再和实际情况对照一下，看看缺口的大小，研究正确的对策。

表2 新中国成立以来我国的住宅与市政设施的投资比重

时间	基本建设投资总额（亿元）	住宅建设投资		市政设施投资		住宅投资与市政设施投资之比
		投资额（亿元）	占总投资（%）	投资额（亿元）	占总投资（%）	
1952年	43.56	4.48	10.3	1.64	3.76	1：0.77
"一五"	549.96	50.13	9.1	14.42	2.60	1：0.28
"二五"	1186.67	48.66	4.1	25.62	2.16	1：0.53
1963—1965年	403.74	27.87	6.9	9.02	2.23	1：0.32
"三五"	914.71	36.77	4.0	13.17	1.44	1：0.36
"四五"	1680.37	96.01	5.7	19.26	1.15	1：0.20
1976年	359.52	24.81	6.1	5.70	1.59	1：0.23
1977年	364.41	25.06	6.9	5.01	1.37	1：0.20
1978年	479.30	37.54	7.8	8.35	1.47	1：0.22
（1952—1978年）		（348.33）		（101.99）		（0：0.29）
1979年	499.88	73.79	14.30	13.14	2.63	1：0.18
1980年	539.00	119.50*	22.17	13.57	2.52	1：0.11
1981年	428.00	132.40*	30.93	14.00	2.95	1：0.11
（1952—1981年）		（674.02）		（143.20）		（1：0.21）

资料来源：中国城市规划设计研究院。*表示数据引自建设部《情况简报》33期。

　　我国城市基础设施本来就比较落后，长期欠账，使得差距更大了，我们还应当看到，在过去30年里，我国的住宅和基础设施标准比较低，相对投资花的比较少，如煤气、供热、地铁和高层住宅等建设，只是个别城市进行了一些试点，城市要现代化，城市基础设施也要首先实现现代化，现代化的基础设施是现代化生产的基础。没有普遍的煤气、电话，没有便捷的现代化交通工具，城市不可能成为现代化城市，在这种城市里不可能想象有经济的起飞。基础设施问题的重要性和紧迫性就在这里。

（四）处理好推倒重来和维修改善的关系

在旧城市改选规划中，一般都比较重视推倒重建而忽视维修改善。相当长期以来，许多旧房不能按照技术要求定期进行小修、中修和大修。用于养护维修和改善提高旧建筑的资金和新建房屋的比例十分悬殊。三项费用中规定用于维修旧住宅的钱也用于建设新住宅，加上私房政策积累起来的问题，私人住宅失修失养情况更为严重，许多住户都急于想把旧房拆除，希望国家来改建新楼。有一些新中国成立后建的住房，也由于"小洞不补变大洞"，"设备不修害结构"，很快老化成为旧房屋。许多城市严重失修和危漏简屋总数在20%以至30%左右。这种状况进一步加剧了住宅紧张的局面。在城市的其他公用设施中，轻视维修的现象也是很普遍的。

重新建改建、轻维修改善的指导思想，其原因主要是对于彻底改造旧城的经济局限性、在原有基础上改善提高的可能性以及永久保存一些传统房屋的必要性认识不足。这三个认识问题都可以从总结实践经验中得到解答。

我们改造旧城市，已经有了三十年的历程，至今还有不少破烂的旧建筑，再过若干年，即使把新中国成立前的旧房屋全部改造完成，新中国成立初期建的许多新房屋，也将老化成为旧房屋了。城市本身是历史的产物，必然要包含不同发展阶段的建筑特征，不可能设想在短期内都按一个模式以新换旧，就像人类总有老有少，城市房屋也必然会有旧、有新。可以想象，到20本世纪末，要把现在的三四类房屋（按房产管理之级分类，大体上是新中国成立前建的房屋）都拆除重建也是办不到的。今后长时间内必然要保留一部分旧建筑，必然要有旧建筑的养护改善。

旧建筑的加固结构、增添设备、重新装修、提高质量，实际上不断地在旧城市中进行。这种维修改善有群众自发和规划安排两种情况。自发的维修改善有上海的所谓"搭搭放放"，这是指利用晒台、天井，加盖加层，内搭阁楼，外架披屋，在原地搭建、扩建，千方百计争取空间，利用空间。北京四合院也是几经搭建"改建"，几乎每个院子都填满了披房小屋。东北的许多城市街区中，也是"填填塞塞"，甚至连路也走不通，这些旧城区的小工程，反映了群众的需要，问题是我们没有重视，缺乏规划，很不合理。另外，旧城市有规划的维修改善。在有一些城市从50年代末就开始，就是解决给水、排水问题。铺装小街小巷；维修旧有住房；增添庭院绿化。比较有名的如合肥同春巷，用正常房管资金和少量市政投资，把旧房"裁裁改改"，环境条件显著改善，上海的许多里弄房屋，规划加层，也改善了居住条件，最近蓬莱路303弄的加层改善试点，质量标准更高一点，这个二层旧式里弄，改建为三层有卫生设备，能分户居住的单元式住宅，每平方米总投资70元，增加40%的建筑面积，施工时间比新建住宅短，基本上不搞搬迁，很受居民欢迎。我国北方许多城市。砖墙结构比较坚固，很多还可以很好修缮，增添设备"小改小革"，维修改善旧住宅还可以发动群众参加劳动，降低造价，增强人们改善家园的责任感。依靠当地住户，改善旧住宅街区的活动，60年代初曾经相当普遍出现在我国的旧城市中；到70年代，英国也提出"群众参与"规划。建设问题甚至列入立法条文。提倡由当地的"赤脚建筑师"综合居民要求，规划街区的维修改善。

国外一些城市规划强调维修改善旧市区，不仅从经济方面考虑，还考虑社会和文化教育方面的意义。认为对旧市区推倒重来、大拆大迁，对社会结构变动太大，而改善提高旧街区，可以保持原有的邻里和社会关系，为大多数居民所欢迎。

关于维护改善旧房屋，保存城市历史特色的问题，现在是一种世界性的共同的趋势。西德是现代建筑的发源地，但城市中特别注意保护古老建筑和传统街区。英国、法国、美国也是同样的概念。华盛顿市内凡六十年以上的建筑物都不准改变外貌。凡新建筑的高度均有严格限制，要求新建筑必须和旧建筑互相协调。西柏林过去规定19世纪以前的建筑作为文物保护，按这个红线只有将近200幢房子，现规定1900年以前的都要保存。全市就有近2万幢。西德城市，除法兰克福由于是国际贸易城市外，其他城市中心地区都保持古老特色，并非以高层建筑、"方匣子"为主体，许多现代建设，大多在市区边缘和近郊区，即便在法兰克福市中心有较多的高层现代建筑，也还保存了不少古老房屋，连市政府也故意利用老的贵族宅邸。据了解，保护利用旧建筑，代价要高于新建筑，但他们强调文化意义，还是不惜工本地修复，重建旧建筑。日本的城市中也很注意保存传统特色，连各种祭祀活动也作为特色保存下来。从苏联最近的一些资料中也可以看出，他们很重视加强对古老的市中心和旧市区的保护、利用，认为"确定大城市古老的市中心和旧区改造的合理方向及其工程量是城市规划的一项重要任务；而保证改建取得最好的社会、经济效果和新旧建筑形成一个完整的建筑群体是两个最为重要的问题"。

城市里保护好重要文物，保留一些传统街区，并不意味着对旧面貌原封不动。我们自己有过一些很好的保护利用旧有城市设施的经验。问题是要有一个合理的规划。要发挥我国社会主义制度的优越性，全面规划旧城市的改造，把大面积的维修改善纳入统一规划，使旧城改造既有重点的新建改建，也有普遍的改善提高；使城市既有崭新的面貌，又有传统的特色。使总的城市水平都有提高、城市面貌都有所改善，鼓舞更多的人心，动员更多的力量，来建设自己的城市。

（五）处理好集中改建还是分散安排的关系

这是和上一个问题有密切关联，也是经常有所争议的问题。从规划设计、施工建设和经营管理考虑无疑都是尽可能集中成片地改建为好，也有一些旧城市如沈阳、大连等，由于现状建筑分区比较明显，适宜于集中成片的改造或维修改善。但是，也有不少旧城市建筑布局混乱，急需改建的建筑破烂和市政设施不足的地段分散，好坏插花，不大可能成片改造。还有，受资金条件和住宅所有制的限制，要几公顷或十几公顷的集中改建，很不容易；为了考虑受益面和调动基层组织改建的积极性，也往往要把改建任务分散下去。现在看来，许多旧城改建工程偏向于过分分散，如北京解放后的新建筑已两倍于旧有的建筑。但分散在全城各个角落，新的面貌不突出，每年都有成千个工地，使大部分城区经常处于工程未完状态，还是应当结合实际需要尽可能把改建和改善工程集中一点。

在我国目前情况下，旧城改造最主要的动力是城市交通和住宅建设两项，由于商业、文教、体育等其他工程需要而大面积改造的还很少，改建规划的布局，首先应考虑改造条件恶劣的棚户、简屋，在原地增加住宅面积，还有一些50年代初建设的低标准的平房，虽然建筑质量比棚户好一点，但建筑密度低，也宜于结合新住宅用地的需要而拆除重建。这些改建目标往往分散多处，但在每一处集中为几幢、十几幢的住宅组还是有可能的。

结合交通发展需要改造旧城区，是现在迫切需要并提到日程上来的。我国旧城市的道路普遍狭窄，城市道路的面积率一般都很低（天津、北京、上海等大城市都不到10%，日本城市一般在10%以上，欧美城市则在20%—30%），当车辆增长到一定程度，必须拓宽马路、打通堵头卡口、开辟过境线、环行线等等，这些建设工程就可以同时增建改建地下工和管线，进行沿街建筑和环境绿化，形成综合性的改建工程，一次建成，有较好的效益。

总的来说，旧城改建工程应根据存在的问题，考虑多方面需要，尽可能把地上地下的工程组织在一起，把集中改建和分散安排结合起来，有点、有线、有面，统一规划，逐步经过整理，逐步创造集中改建的条件。

还有一个问题需要讲一下，就是要重视旧城市的基础资料工作。这是和正确制定规划、决策有关的问题。

要掌握确切资料，才能正确制定对策。我国很多城市的规划方案由于缺少必要的调查资料（从客观的到微观的、综合性的和专业性的）而缺乏科学依据，有不少决策问题的成败优劣并不仅仅取决于认识，很大程度上决定是否掌握情况、是否有准确的分析研究。譬如，不少城市对于住宅情况并不清楚，往往只知道房子紧张。大体每人几平方米，对于究竟缺多少房子、缺在哪些人、旧住宅的破损情况、住户的类型和需求等都缺少定量的分析。对于城市交通也知其概貌，但弄不清客、货流的规律和各种交通的流量流向规律。所以难以制定全面的住宅建设规划和交通建设规划。由于工程地质条件不清，工程选址后返工浪费现象也不少见，地下管线施工时打架的事例更是常常遇到。这些问题在编制规划时凑合过去了，但问题到建设中还会暴露出来。

有不少调查、勘察工作需要"兴师动众"，并且经常进行的。一般必须抓好地形地物测量、工程地质和水文地质勘察、专业技术调查以及社会经济调查四大类：

1. 地形地物测量，要1/500、1/2000和1/10000三种，亦即大、中、小三种比例尺，为的是编制总体规划、详细规划、总平面设计和工程管线综合三种用途。为什么要1/500？因为比例尺再小，地下管线情况就标不出来了（小城镇简单一点用1/1000和1/5000两种也可以）。全套测量图往往有好几百幅，测一套要二三年时间，而且过几年就要更新。所以一支勘察测量队伍是每个城市必不可少的。现在许多城市的勘测队伍已经相当薄弱，不能再削弱下去了。有了精确的地形地物图，就可以派生出城市的建筑现状图、房屋质量图、管线现状图、土地使用情况图等规划设计的基本资料图。

2. 工程地质和水文地质勘查资料。古人所谓搞规划要"象天、法地、相土、尝水"，除了一般的气象、风向、雨量、地耐力等自然资料，应该从普查到详查弄清楚工程地质条件，特别是一些特殊性问题。如古河道、大孔土、喀斯特、地震断裂以及砂土液化等资料；地下水、地表水、洪渍、地沉等问题也要专门调查，给制出各种资料图、评定图。

3. 有关专业技术的调查。如交通运输调查、环境质量调查以及供水、排水、供电、通信等等，每个方面都应按专业要求编制系统资料。

4. 社会经济情况的调查。主要是工业、人口、住宅、文化、教育、卫生、体育等的现状调查。

有一些现代化的调查手段，应该逐步推广。例如，航空印象图，有黑白及彩色两种，它比线条地图带来更多的信息，已在天津、北京、沈阳等市使用。红外摄影，适于对环境、绿化和郊区农林业的调查；红外分光谱的摄影还可以分别指出各种现状的宏观情况，还有，微型计算机，容量几K到十几K的，可用于资料储存和检索，特别适用于交通调查和预测研究。在特大城市，建立自己的城市规划的电算中心现在是有可能的。

现代城市规划的分工细，需要的信息量大，资料使用周期短，一系列的调查分析工作都需要有一定的专人、一定的资金、一定的机构来进行。我们应当舍得花本钱、下力量、花时间来搞上去，资料工作的欠账也是愈早补愈有利，这是提高规划水平、进行科学决策不可缺少的一个条件。

三、天津震灾恢复和旧城市改建的实例

这个例子比较特殊一点（城市大，震后乱），读者可从方法上参考。天津市"1981—1983年震灾恢复重建及配套工程规划"虽然以地震后的恢复重建为重点，但实际上包括了相当部分的城市改建和配套建设，是一个比较全面的旧城近期改造规划。其规划做法、研究的问题有一定的代表性，有些做法与上面讲的一些问题有类似之处，介绍这个规划，可能更有助于说明一些问题。

1976年的强烈地震，给天津市造成了巨大损失，在党中央、国务院关怀下，在兄弟省、市、自治区和人民解放军的大力支援下，经过全市人民的艰苦努力，抗震救灾工作取得很大成绩。但由于灾情严重，经过三年多时间，恢复重建任务仍然很大，尚有110多万人住在临建棚和震坏的危房中，城市的供排水、交通、商业服务业、中小学校舍、医院等原有的缺口也更加紧张。因此，国务院进一步过问天津震后的恢复计划，决定拨专款限期完成。1980年5月根

据当时国家建委、国家计委和财政部的报告，确定从1981年开始，连续三年，每年以8.2亿元的投资作为专款 [这笔资金来源从四个方面解决。（1）当时国家安排给天津的每年3.2亿元救灾专款三年不变，其中，财政拨款1亿元，基本建设计划内3.2元；（2）三年内每年从国家预算中另拨补助专款2亿元；（3）批准天津市从1981年起由工商利润中提取5%，作为城市建设和维护资金，每年约有1亿元，这笔资金随利润增长将逐年递增；（4）天津市自筹资金，包括市机动财力、全民和集体所有制企业自筹资金以及吸收私人资金等，每年约2亿元]。按照24.6亿元这个总盘子，加上原有各方面规划工作的基础，使天津的三年规划具备了最重要的现实条件。

天津市1981年全市的基本建设总投资大约15亿元。震损重建专款的住宅，市政公用设施就占8.2亿元，全市基本建设的重点已转到城市建设上来。市委、市政府对此高度重视。当时，国家建委也派了专家组协助工作，从1980年5月开始。

建委、经委、农委、科委和各区、各局抽调的200余名干部组成八个专业小组（实际参加工作的有1000多人），一起编制城市总体规划和三年规划。为了保证规划的实施，还成立了市、区两级指挥部，在人力、材料、设计、勘察、征地、拆迁等方面做好必要的准备。

这样具体的城市重建、改建规划是一个大的系统工程，尤其是确定项目和投资划分涉及所有各部门和全市人民的利益，有大量的组织协调工作，要妥善安排，必须要有一定的时间。三年规划的具体方案，包括建设规模、步骤、建设项目分布和投资分劈，历时1年4个月才最后定下来，其主要内容是：

1. 住宅建设650万平方米，配套公共建筑100万平方米，共投资16亿元，占65%。

2. 重点企业事业恢复重建200多项90多万平方米，投资2.8亿元，占11.4%。

3. 市政公用设施，包括给水管道、排水管道、水厂、污水处理厂、煤气厂、道路、桥梁、铁路立交桥以及园林绿化、环境卫生、邮电等4.1亿元，占16.7%。

4. 发展建材工业，包括水泥、玻璃等，投资1.3亿元，占5.3%。

5. 补前四年震损投建住宅的配套19万平方米，投资3400万元，占1.2%。

1981—1983年实际完成：

1. 住宅813.1万平方米，配套公建101万平方米，共投资16.87亿元。

2. 重点企业恢复重建3.72亿元。

3. 市政公用共完成2.4亿元。

4. 建材完成0.87亿元。

5. 补住宅配套0.32亿元。

第四年增拨共7.2亿元，主要解决市政公用问题。

这个规划的具体目标是：

新建13万套住宅，使全市震灾倒塌削层的住宅和工厂、医院、学校、商店等全部拆除，危、破旧房（包括"三级跳坑"房屋，全市共500多万平方米）有8%左右得到改造。自来水日产能力增加40万吨，增添供水干管30千米，污水及雨水管网普及率略有增加。建设日污水处理（二级处理）能力26万吨，新建28万立方米供10万户的煤气厂，改建新建道路20千米，实现半个环线，拓宽、打通几条主要放射干线，和改善一批卡口、堵头、交叉口，建设大型桥梁5座，过铁路立交桥1座；增添200辆公共汽车；装机2万门电话；市区增建7个居住区小公园，恢复海河等15处公园绿地。人均公共绿地由1.1平方米提高到1.7平方米左右。新增中、小学校40余所，幼托40余所，青少年活动场所若干处，病床1000多张，商业网点一个副中心和若干处区级居住区级网点，加上三年内的其他基本建设项目和城市维护费安排的城市建设，城市面貌将有初步改观。

针对震损情况，以上建设的重点是市中心区居民住宅的修复、重建、改造与在市区边缘建设新住宅，并相应完成一批以解决城市供水、排水、道路、交通为重点的城市建设项目和公共建筑。

现在来看，1981—1983年天津的规划建设工作有以下特点：

1. 市委市政府高度重视，下最大决心，以主要精力抓城市规划、城市建设，用干不好就下台的破釜沉舟精神来抓工作，除书记、市长亲自抓以外，指定一位副市长专门负责，计委、建委全力以赴。

2. 广泛发动群众，听取各方面意见，从人大、政协到各群众团体、学术团体都参与讨论规划建设，开了许多次咨询会议，收集到200多条重要意见并吸收到规划中来，《天津日报》上专栏"为建设新天津献计献策"，共有5000多封来信建议。

3. 规划和计划一开始就协同编制，三年规划项目定了，每年的项目计划也就定了，一些重点工程项目计划任务书也同时批准。

4. 三年规划和长远的总体规划结合起来，同步进行，既从实际出发又考虑长远发展，使重建、改建处于总体规划指导下。为实现总体规划打下基础，特别是考虑到严格控制市中心区人口规模。改变单核心城市布局结构，向滨海地区的发展方向，先建设塘沽市区，逐步改变人口和生产力过分集中于市中心区的局面，并结合长远发展改善交通拥挤和环境状况。

5. 加强了规划建设的组织管理工作。规划方案的确定和实施涉及各区、各局、各阶层，往往争论很多，市领导亲自组织协调，三年规划经反复讨论，十易其稿，做到了统一思想认识，共同为实现规划而努力。在城市土地管理和建筑管理上也有所争论，最后确定按照科学分工，土地划拨及建筑许可必须集中统一在城市规划局。

6. 认真研究了一些重大的方案比较，像城市供水、排水、煤气等都有一些较为复杂的问题在编制过程申请了有关专家做论证工作。一些战略决策性问题也反复比较后确定。如住宅和非住宅部分的投资比例问题是一大矛盾。从更加合理配套角度看，应该多上一些基础设计，不欠新账，但天津情况特殊，居住问题大，最后定了65%投资，650万平方的规模；对于住宅布局，新建多少？改建多少？建在母城还是建在卫星城？也反复研究，最后确定大体上2/3用于新建，1/3改建重建；新建的仍在市区为主，370万平方在市区边缘，58万平方在塘、汉、宁地区，大体6∶1；是集中建设还是分散改造？针对现实情况两者要结合起来。主要是新建三大片，补全十新片，改建重建30片和600多个点。

经过这样规划，把所有建设项目综合成明细表，画出近期规划布置图，使各项建设起到了"三年早知道"，有计划、有步骤开发建设的作用。

天津这三年的恢复建设即将完成，规划方案基本得到实现，投资额全部完成，住宅建筑全部完成都不成问题，主要问题是三年来建筑造价提高了，有一些配套工程未完成（难度大的如拓宽道路、拆建副中心等），目前虽未进行总结，但现在看来，总的效果是显著的，主要是城市建设上去了，生产也迅速增长，使原来混乱不堪的一个旧城市，开始了合理的改造，全体市民全面受益，社会经济效果良好。

最后，再归纳一点看法。就是，我国大部分旧城市是在封建时期和殖民地半殖民地时期的基础上形成的，起点很低，要改造成为中国式的现代化的社会主义城市，任务十分艰巨。我们现在进行的旧城改造工作，对实现社会主义现代化城市的目标来讲，还处于初期阶段。许多规划设计具有阶段性，旧城市的改造不是一次完成，而有一个不断规划、不断改进的过程（滚动式规划）。按照社会主义现代化城市的要求，旧城改造的内容、方法等问题也都在发展，需要研究许多的新问题，也还有许多问题尚未被认识。旧城市的改造规划看来并没有固定的章法和模式，但是，有一点是否可以这样说，在城市的总体规划经国家审查批准以后，要贯彻落实总体规划，特别是大城市和特大城市，就必须要把旧城市的改造规划搞细搞深，根据存在的问题和实际需要，结合各种技术经济条件，进行系统分析研究和综合平衡，谋求比较好的方案（事实上，往往很难得出十全十美的方案，只有相对较好的方案）。所以，旧城改造问题，在社会主义建设中，将是长期摆在我们面前的问题。需要所有城市共同来认真对待，加强领导，争取把我国的城市建设得好一点、快一点。

由于个人的经验和水平有限，对本课题提出以上不完全的看法，供参考。不对、不妥之处，请批评指正。

本文为周干峙先生（时任中国城市规划设计研究院院长）1983年11月4日在首届市长研究班的讲稿。

城市及其区域

——一个开放的特殊复杂的巨系统

> 寰宇处处皆系统，本性大小各不同，
> 层层列列互牵动，永在发展变化中。
>
> ——周干峙

　　如果把家庭——城市和社会的细胞，作为一个简单的系统，那么一个城市就是一个复杂的系统。一个由若干城市及其周围地区组成的区域就是复杂的巨系统。人们认识城市及其区域这一开放的复杂巨系统有一个逐渐发展的过程，是通过长期的社会实践，逐渐形成系统概念和系统思想的。

　　我国的城市发展很早，而且很早就有区域的观念，并总结出"体国经野"，要将"国"（即城市）和"野"（即郊野地区）统筹规划。初步认识了区域的系统性，"国"和"野"两个子系统，以及区域和城市两个层次的概念。最早比较完整的论述城市不能独立存在的可能是《商君书》。《商君书·徕民篇》论述了："地方百里者，山陵（又作山林，见《算地篇》）处什一，薮泽（薮，大泽也，水草交厝，名之为泽）处什一，溪谷流水处什一，都邑蹊道（蹊，路也）处什一，恶田处什二，良田处什四，以此食作夫（农夫）五万，其山陵，薮泽、溪谷可以给其材，都邑蹊道足以处其民，（此）先王制土分民之律也。"说明当时商鞅对城乡布局结构的思想，已经考虑到了水源、能源、材料等因素，而且有了一定的用地比例关系和一个粗略的定额概念，还说是"先王之制"，就是说以前就有了这些经验。商鞅及秦孝公是2500年前的事，据考《商君书》"即非商鞅自撰，但不失商君之意"（见《商君书·锥指》叙）。全书主要讲法治和农战之道，首先讲更法，第一垦令，第二农战，第三……还讲到"征地"，第十五篇为"徕民"，即安排移民农垦，落实到城乡布局，各类用地，主要思想就是以土地为耕战（农业经济）的载体。

上述书中数据，可以具体化。古一里为150丈，10尺为一丈，一尺合现制约23厘米。即，一里＝150×2.3米＝345米；方百里＝34.5×34.5平方公里＝1090.25平方公里。

容纳人口5万×5＝25万人（按五口之家匡算）总用地约合人均4000平方米；户均总用地为20000平方米，大体上约合30亩（见表1）。

表1 《商君书》中用地比例

项目	百分比（%）	人均用地（m²）	每户平均（m²）
城市及道路	10	400	2000（3亩）
山林	10	400	2000（3亩）
河流水面	10	400	2000（3亩）
水草沼泽	10	400	2000（3亩）
较差农田	20	800	每劳动力6亩
良田	40	1600	每劳动力12亩

户均居住用地2000平方米，相当于近代Wright主张的广亩城市每户1英亩（0.4公顷）的一半。从古时人口及土地状况分析，可以认为商鞅提出的这些数据当为下限。

《商君书》中认识到了"国"与"野"的关系，但那时，人口稀少，"国"与"国"之间相距很远，实际上还有"真空地带"，当时还不存在作为群体的城市之间的关系问题。只是在产业革命后，资本主义城市经过了100多年，城市化发展到一定程度，才认识到了城市和乡村以及城市和城市之间都是有机的整体。这一认识逐渐地成为近现代城市的规划的基本的思想。

有意思的是近代城市规划理论的重要奠基者，英国社会学家霍华德（E.Howard）在1898年《明日的花园城市》一书中，提出的城乡结合的理想城市模式，即一种社会城市和田园城市，也有和商君类似的，当然比商君更为详细的规划设想和数据。霍华德设想把社会改革和城乡建设结合起来，他设想的田园城市，每个人口规模为32000人，周围有5倍于城市用地的农业用地，而且田园城市不是孤立的，应有计划、有节制地逐步发展，总体目标是形成一个58000人口的中心城市，周围有6个32000人口的田园城市，组成一个25万人口、占地66000英亩的理想城市模式，相当于267平方公里，平均每人总用地1068平方米（表2）。

表2　《商君书》与"田园城市"规划设想比较

项目	《商君书》	霍华德田园城市
设想规模（万人）	25左右	25
城市结构	未阐明	1大6小
人均总用地（m²）	4000	1068
城乡用地比例	1：6	1：5
人均居住用地（m²）	400	125

霍华德有关区域的系统思想有许多具体内容和数据，他认识城市和地区间的关系已相当深入。特别可贵的是霍华德开创了综合研究现代城市，把社会经济问题和城市问题融贯起来，把当时城市膨胀、市民贫困、生活条件恶化、土地问题、税收制度问题、城市资金收入以及经营管理问题等等，作为一个体系来综合研究，对现代城市规划起了重要的启蒙作用，田园城市的模式虽然理想主义色彩很重，但带有先驱性，其影响深远。

世界城市化的发展在霍华德以后迅猛异常。在不同的国家、不同的地区，虽有不同的社会经济条件，但城市化的发展仍有着某些共同的规律。人们总是在研究矛盾问题和总结实践经验中逐步深化对自己的城市的认识。20世纪以来，对城市和地区关系，特别是对城市和地区形态的认识经历了：

· 田园城市（Garden City，城乡结合的城市）。

· 集合城市（Citycluster Satellite City，设有卫星城的大城市）。

· 城市组群（Conurbation，有译为城市延绵地区）。

· 大城市及其城镇密集地区（Megalopolis，MetropolitanRegion，指以特大城市为中心的城镇稠密地区）。

希腊学者道萨蒂亚斯（Doxiades）还预测有些城市将超越国界，可能形成洲际城市、世界城市（Ecumunopo-1is，即Worldcity）。这些城市化的形态反映了社会、经济、政治、文化、科技、教育等复杂因素，并不能说明城市的一切，但毕竟是我们认识城市和规划城市的一个重要方面。我认为，在进入21世纪的前后，主要因科学技术，特别是通信和交通的新发展，在大城市及其城镇密集地区基础上，出现了一种城镇间具有强相互作用的高城市化和高密集的城市地区。这是人口密度和城镇密度特高的城市地区（High Concentrated and High Clustered Urban Region），系统化程度更高，系统规模更大，更为开放，更为复杂的巨系统。在我国以长江三角洲和珠江三角洲的城镇带为典型。

什么叫大城市及其城镇密集地区，目前尚无界定的标准。但一般来讲，城市密集地区内，城镇数总要数以百计，人口规模应以千万计。就这样，目前世界上只有6—7个大城市延绵地带可称为高城市化高密集的城市地区。1. 美国东北部，为波士顿—约—费城—巴尔的摩—华盛顿城市带；2. 日本东海道城市带，包括东京—横滨—名古屋、京都—大阪—神户；3. 德国中部城市带，包括柏林—汉堡—不来梅—慕尼黑、汉诺威地区；4. 欧洲西北部莱茵河下游城市带，包括阿姆斯特丹、鹿特丹以及鲁尔等城市；5. 英国中部城市带，包括伦敦、伯明翰、利物浦、曼彻斯特等城市；6. 中国长江三角洲城市带，主要是上海及苏、锡、常、宁、镇、扬地区城市带，也可扩大到浙江的杭、嘉、湖以及宁、绍、舟城市地区；7. 珠江三角洲城市带，应包括香港、深圳、广州、珠海等市，也有较大和较小范围的划分。

当前，这几个世界大城市延绵地区，经济发展最快的要数我国的两大三角洲，尤其是以上海为龙头的长江三角洲，发展速度最快，腹地潜力最大，市场潜力最大，无疑有可能成为世界级的城市化地区。所以，研究这一特殊复杂的巨系统具有重要意义。

长江三角洲地区的城市化进程，也经历了一个系统由较小到较大，较简单到较复杂，由若干孤立的城市→城市群→以大城市为中心的城镇延绵区的历史过程，80年代改革开放后，随着科学技术的飞跃，由量变到质变，又发展到高密集、高城市化的城市地区。回顾新中国成立前三角洲内只是孤立的几个城市，新中国成立后逐步发展，开始还只是一个松散的城市群，苏、锡、常三市和上海经济地位相差悬殊，属于"前后院关系"。改革开放以后，乡村企业大发展，苏南经济实力大增，这一城市带就成为由大城市群组成的城镇密集地区。当地区规模大到一定程度，城镇密集密到一定程度，由于相互交通越来越便捷，原来较为疏散状态的点与点之间的关系就像物理学中粒子间的"弱相互作用"转变为点与点之间比较紧密的"强相互作用"，如苏州市域含一市、六县级市，以及156个镇，总人口576万，总面积8488平方公里。全市城镇分布密度为每38平方公里有一个镇，镇的规模一般为1万人口左右，镇与镇间距不到6公里，实际有的相距仅2—3公里。无锡、常州市域内情况类似（见图1、图2、图3及表3）。

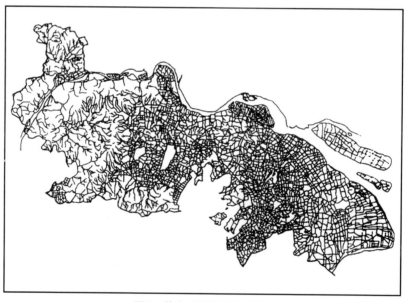

图1　苏南地区水网示意图

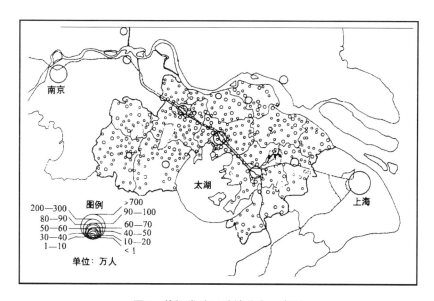

图2　苏锡常地区城镇分布示意图

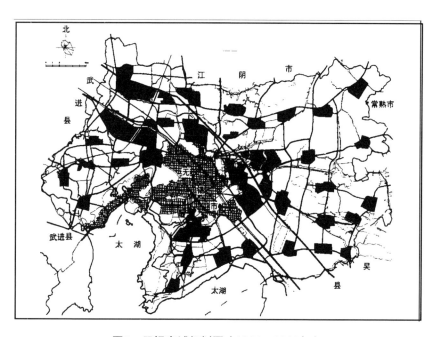

图3　无锡市域规划图（1994—2010年）

表3　苏锡常地区城镇分布密度（1989年）

	土地面积（平方公里）	市镇乡合计			镇		乡	
		个数	平方公里／个	距离	个数	距离	个数	距离
苏州市	8488	171	49.6	7.1	55	12.4	113	8.7
无锡市	4650	135	34.4	5.9	25	13.6	107	6.6
常州市	4375	147	29.8	5.5	22	14.1	124	5.9

按照系统学，整体可具有其组成部分所没有的性质。一个扩大了的整体，就具有原来较小的整体所没有的性质。在现代交通科技条件下，这种相对集聚的效应，既不同于相距较远的松散的城市群，又不同于完全集中的单一大城市，它比之绝对化的集聚，就既有集中的优势，又避免了过分集中的弊病。可以以苏州和海南岛类比，一个是市，一个是岛，同为不到600万人口，苏州和各县镇关系，比海口和各县镇关系密切得多，经济发展也有利得多，这是1+1≥2和1+1≤2的两种布局效果。

高密集、高城市化地区与比较疏松的城市地区相比，有许多现象值得深入研究，主要是上一个层次的系统发展变化后，决定性影响下一个层次的系统。目前，至少已可以看出有以下几个特点：

（1）功能布局不一定就地平衡，一家人居住在甲镇，工作在乙镇，上学在丙镇；或者，住在中心城市，到外围乡镇工作，或住在外围乡镇到中心城市工作，不仅成为可能，而且逐渐增多，居民可能当日往返的半径在常轨公路网地区已接近百公里，而在高速公路沿线，已超过100公里。

（2）生产生活的活动频度增加。由于乡镇人口中务农的只占5%左右，而且产业结构变化，中小企业的比重增加，协作关系增多，物流、人流、信息流也增多，这从一个地区的集装箱货柜车、卡车、大小公共汽车，以及小轿车的来往就可以看出，中小城镇的出行次数越来越接近大城市（大城市日平均每人出行一般>2.5）；经济条件和交通通信条件的改善，人们的文化娱乐、教育学习、探亲访友、购物社交等等活动都多起来，可以到达、能够比较快地到达的地方越来越多。

（3）用地选择的自由度增大。特别是生产企业，已不局限于一个城市的功能分区，不少项目不仅不一定设在城里，甚至不一定限于在某一个镇；只要主要条件，如土地、劳动力等符合要求，可选择余地很大。例如，常熟地区的针织业，原材料来自各地，产品通过上海输出，放在市内或碧溪等镇都属可行。某些产品因便于组织生产就有可能集中在某一个或几个小城镇成为专业市场或专业城镇，一些大专院校和第三产业的分布也将有多种多样的可能性。

（4）交通、通信等基础设施趋向地区一体化。除供电、通信、交通以外，煤气、供水、排水也趋向于地区范围内统一设置。无锡华庄、洛社等镇的公共交通、供水管网已和市内联网，中心城市的煤气管线也将伸展到乡镇，污水处理也不可能各搞各的，要有一个分区集中的网络，防洪工程也必须从地区角度统一规划、统一建设。这些在日本、德国等城镇密集地区都已成为现实。

（5）中心城市疏散的出路增多。过去，一些企业、机关、学校、科研机构等必须建在中心城市内才能取得的便利条件，今后在外围城镇同样可以取得，而建设在外围城镇却可以以较少的土地代价取得较好的环境条件。而一些高级住宅区和高档休闲用地，也只有在市郊城镇才具备条件。所以，有不少国外专家把疏散大城市过密问题寄希望于这种科技进步后的逆城市或者叫郊区化趋势。

显然，高密集、高城市化地区，是一个庞大的社会经济体系，是一个典型的、开放的复杂巨系统，能产生更大的集聚效应、系统效应。一个包括上海在内的苏南地区，比之总规模类似而人口菌集在一起的大墨西哥城，有可能既具有超大城市的优势，又避免城市过大的一些弊病，使经济效益、社会效益、环境效益得以较好的统一，而且使三个效益互相促进，由"强相互作用"而"链锁反应"似的产生可持续发展的力量。看来，以大城市为中心的高密集、高城市化的地区，有可能通过协调发展，"去病强身"，走出一条新路。

我国两大三角洲的城市发展就面临这一有利机会。另外，也很明显，对上述地区，做好规划工作就更为重要，因为如果没有规划协调，造成各自为政，产业重复，布局混乱，交通不畅，互相污染等等，也会产生不少的负面效应。所以，必须把做好这种地区规划和城镇规划提到重要地位。用系统学观点，做好规划，即是做好系统的反馈，使系统的混沌改变为系统的有序。

要做好高密集、高城市化地区的规划，首先要改变一些规划的观念和做法：

（1）必须突出以城市为中心的地域整体性。由于地区内可达距离增大，城镇间你中有我、我中有你、互补互济、相互影响的地域必须作为整体统一规划，而且应当按照各业需要，在总的规模控制下，体现各业的层次结构，综合为大、中、小中心城市，形成有层次的城镇结构体系，这一体系内的各别城镇应有职能分工，而不必大而全、小而全。

（2）规划的方法应当先地域而后城市，而不是先城市后各别城镇，再连上交通网络，"堆砌"而组成区域。比如，苏州市的总体规划，就首先要考虑一个600万人的大苏州，而后才是200万人左右的苏州市区，6个小市和一百多个镇，就好比一个城市的6个区和一百多个小区，这是一种主动的有机疏散规划，而不是事后被动的疏解，可以真正实现沙里宁的有机疏散理论。

（3）有可能出现某些高品质的专用地区。如某些单一的工业地区，单一的旅游区、高科技园区，以及高级住宅区等等，这些单一性质的城镇一般不能孤立存在，但可以作为地区城镇的一部分，而且是具有更高品质的一部分。

（4）对交通、通信、能源等基础设施的依赖性更强。基础设施维系地区全局，真正成为城市及地区的骨架；而且在开发建设中，更加要求超前，起引导开发的作用；对规划标准，要求有更多一点的余量，以适应开发的选择。

（5）环境、土地、农业等问题，可真正从一个地区内得到平衡。改善过去就城市论城市，就专业论专业的缺陷。

（6）开放与滚动。发展高密集、高城市化地区的重要前提是开放，一般城市和地区的社会经济发展都离不开开放，作为一个复杂巨系统就更需要开放，从子系统到整个系统都要开放，正是由于以上海为龙头的全方向、全地区的开放，才带来长江三角洲的迅速发展。今后，城市及地区也有赖于进一步开放，才能完善其生存与发展。所以，规划一个巨大复杂系统，由于外部和内部条件不断发展变化，一切方案设想不可能毕其功于一役，必然需要有不断滚动的准备。

显然，有规划的高密集、高城市化地区，为生产、生活提供了不少新的有利条件，是城市化发展的高级阶段，值得我们进一步认识它、推进它。城市及其所在区域的规划都不仅仅是一个规划技术问题，它涉及经济管理、行政体制等方面的问题。回顾我国在"一五"计划末就提出了区域规划的问题，在内地一些省区，后来在全国九个地区曾编制了区域规划，实践结果，奏效都不大，主要是由于经济政策和经济体制方面的条件均不成熟。作为系统运作的条件尚不完备。而现在，不少经济政策问题已经明确，国家要求"引导地区经济发展，形成若干各具特色的经济区域，促进全国经济布局合理化，逐步缩小地区发展差距，最终实现共同富裕，保持社会稳定……体现社会主义本质……"（国民经济和社会发展"九五"计划和2010年远景目标纲要）。目前最大的问题是管理体制，条块分割、块块分割、大块与小块分割。地区间协作往往很难奏效。要做好区域规划，似乎仍有不小的差距，但是，也正因为这样，高密集、高城市化地区的区域规划的实际需要，就显得更具有迫切性、重要性、前沿性。我相信马克思主义的生产力和生产关系原理，生产关系一旦束缚了生产力的发展，就一定会引起变革，服从于生产力提高的需要。古今中外，规划都要面向未来，理想主义和科学预见正是规划工作的可贵之点。从系统观点看，城市和区域结构是一种耗散结构，其子系统之间互相协同与合作，在一定条件下，能自发产生在时间、空间和功能上稳定的有序结构，系统本身自动趋向稳定的有序结构，我们应该因势利导，用综合集成的方法，发挥系统的协同和"自组织"作用。

体制问题的解决，毕竟有社会主义制度的保证，又有局部利益和整体利益的统一，相信是会得到改进和最终解决的。1996年全国人大会议通过的《国民经济和社会发展"九五"计划和2010年远景目标纲要》最后要求的"区域经济协调发展，基本形成若干各具特色的跨省区市的经济区和重点产业带，地区发展差距逐步缩小，城乡建设有很大发展，初步建立规模结构和布局合理的城镇体系"的宏伟目标是一定会实现的。总之，用系统学理论以开放的特殊复杂的巨系统的观点，做好高密集、高城市化地区的区域规划工作，一定能为实现纲要目标做出贡献。

本文选自于《城市规划》1997年第2期。

97

抢救与保护历史建筑、民族建筑和
历史风貌地段刻不容缓

我们国家对于抢救与保护历史建筑、民族建筑、历史风貌地区（包括历史风貌地段）已经刻不容缓，这是我们当代建设者，特别是领导者的重大历史责任。

随着建设工作的发展，我们对很多问题的认识越来越深化，比如，对于环境问题，可持续发展问题，已经逐渐为社会、为公众、为全世界所接受。对于挽救濒危动物这项工作，我看在我国进展得也很快。电视台上有个"东芝动物乐园"节目，每到最后都是讲野生动物要保护，不能把它们都消灭了，这样对人类不利。每次都这么讲、反复讲，我觉得讲得很好，大概收效也是不小的。相比之下，对历史文化名城、历史文物、建筑，其重要性不亚于濒危动物。但是我们呼吁的恐怕就不够。几年以前，李瑞环同志主持文物工作的时候，就提出文物工作要抢救第一，保护为主；抢救一些文物，抢救一些历史文化名城，是非常符合实际的。这个指导思想，对于保护文物起了很大的作用。现在看来，我们的建设总会是有所建树、有所"破坏"。"破坏"原有一些东西，不可能完全不破坏，但是随着建设工作越来越快，对历史建筑、文物环境的破坏也越来越大，我国在对待文物建筑问题上，长期以来受到的干扰破坏比欧美有特殊的严重性，有些规律是一样的，但我们国家的破坏比其他国家厉害得多。

首先从历史上看，从项羽开始，就养成了一个不好的习惯，就是每逢改朝换代，都要放一把火，烧一些建筑，加上我们的建筑主要是木结构，本来就不容易保存，由于战争，由于自然损坏，保护下来的东西比较少。到了近代，对文物保护观念也与其他国家不一样，在贫困的时候，往往由于没有经济条件去保护，因而保护不好，但是等到经济条件比较好的时候，又习惯于把古老建筑拆除去盖洋房，还是不能保护好。

新中国成立以来，对历史文物的保护我们是重视的，但是从总体来看，也有很大的破坏。我认为，新中国成立以来，对历史文物建筑经历了三次大破坏。第一次是新中国成立以来的"大跃进"，由于历史知识不够，比如说普遍拆城墙，认为这是封建的东西，这是无知的结果；第二次是"文化大革命"，属于政治性破坏；第三次是改革开放以后，这是建设性破坏，由于开发建设，没有注意同时要保护历史文物，这最厉害。还有因为急于改变旧城旧貌，把很多不该改变的东西都改变了。而我们现在所处的历史阶段，我们将以更高的文明屹立于世界，在这个紧要的历史关头，如果再不抓紧历史文化的保护，很多东西将很快消失，这个历史责任是很大的，我们要不要保留一点传统的东西、传统的建筑、传统的街区、传统的文化特色，人们口头上可能都说要保护、要保留，但是做起来，却由于眼前利益、局部利益而难能保下来。从总的状况来看，应该保护的东西有不少没有得到保护。

我们国家号称文明古国，有文字记载的历史有4000年，历史古城很多。现在国家审定了99个历史文化名城，实际上恐怕还要多一些，但是很多城市可能是盛名之下其实难副。最近二三年，联合国教科文组织注意到中国的历史文化价值。在全世界被联合国教科文组织列为文化遗产的有590多个，中国有13项，但是列为文化遗产的城市一个也没有，我们原来争取申报为文化遗产城市的有北京、西安、苏州，但是教科文组织派专家考察以后，认为遗留实物太少，苏州和西安已经不可能了，最后我们只能申报了平遥和丽江。对比国外的一些城市如巴黎、罗马、伦敦以及一些不发达国家的城市，我觉得我们历史文化名城的保护工作显然还有很大差距，就拿历史上西安和罗马对比，都是著名的古城，历史上西安发展水平应该说远远超过罗马，唐长安城按隋大兴城规划已经建成后，罗马城还处于自发发展的时期，但是后来罗马对历史建筑的保护，却远远超过西安。西安历史留下的实物比罗马少得多。在古城中新建的东西和古老的建筑怎么统一起来，在这个问题上更有不少值得认真研究和解决的矛盾。

我国历史留下的文字记载很多，有人统计，中国古籍现存5000万册，古书描述的过去的东西也特别丰富，但实际上能看到的东西已不多了。究其原因很多，但主要的，恐怕还是观念上的问题和认识上的问题，我们不能设想，也不能要求我们古城里都是古老的东西，这是不可能的（除了特定的城市）。但总是要有一个新旧的综合安排（总是要形成历史博物馆那样的情况，能让人们既看到现在，还能看到过去，让人们有一个历史的延续感），让先人的智慧能够继续保留下来，教育后代。法国为此规定有"全国文化遗产日"，每年免费开放博物馆及历史性建筑，几乎全民要去"赴约"，把国民的求知热情引向对祖先的文化遗产的认知，受到实实在在的爱国主义教育。这一经验值得我们深思。把保护城市的传统文化特色作为人类持续发展的重要内容。这是当代全人类经验的总结，我们不能掉以轻心，这一步错过了，历史再也不能挽回了。

历史文化名城的保护问题，各方面都应关注，这是全社会的问题，但不用讳言，关键还在于我们的领导，保护工作搞得好和搞不好，主要根子都是现在当政的领导。保与不保，老百姓是左右不了的，外国人也是左右不了的。最近三年来，有三个实例，考验了我们工作的力度和效果，一个是北京的东方广场；二是杭州的西湖饭店；第三个是南京中山陵前的高速公路引入线问题，这三件事引起许多专家和学者的关心，也做了许多的工作，应该讲有积极的效果，但效果不大，关键问题都在领导的认识问题。影响最大的是北京的东方广场，接受了专家的意见，进行了较大的修改，但不少专家还不满意，还在进一步做工作，效果就比较好。杭州和南京都听不进专家意见，过去的老领导万里同志曾对建设部一再强调要把苏州和杭州管好，苏州、杭州管不好，全国其他城市的历史文化保护就很难说了。

从这三件事来看，我们的工作难度是很大的，必须引起我们加倍的重视，充分估计这件事的困难，下更大的力量来解决。当然，我认为解决这件事情不是没有办法，保护历史文化这是世界性问题，而且已经是历史的潮流。外国已经有很多成功的经验。中国是一个泱泱大国，历史又如此丰富，而我们的城市看起来却到处都是一个样，很多最具特色的东西没有了，这个历史的经验教训我们必须认真研究，切实改进，只要我们转变观念，提高认识，多做工作，用立法、规范的办法，同时动员群众参与和监督，还是可以做好这项工作的。

我们即将进入21世纪，预计21世纪世界上对中国都是看好的。不久前，全国政协召开21世纪论坛会，很多国家的代表都讲了，如果中国不发生动乱、不解体，中国的经济肯定将超过美国。有的政治家说中国的发展主要靠两条：一是中国的文化，二是中国的人口，最大的力量是中国文化特色。由此可见摆在我们面前的历史责任是非常严峻的，对于这次会议，我非常感兴趣的地方是，许多城市的市长来参加会议，市长、专家和实际工作者一起来讨论共同关心的历史文化。名城保护问题，是一种比较好的形式和方法。要解决历史文化名城的保护问题，不仅要靠大方针政策，还要落实到低层次的政策规定。有时候低层次的政策规定在某些方面可能比大政策更起作用。我衷心希望这次研讨班取得成功，能够进一步推动我们国家的历史文化名城保护工作。

本文为周干峙先生1996年9月9日在中国历史文化名城高级研讨班开幕式上的讲话。载于1997年第一期《中国名城》。

谈谈建筑学的发展趋势和方向

——在浙江大学建筑工程学院成立会上的讲话

新中国成立50周年及新世纪即将来临之际，浙大成立新的建筑学院在我国建筑科学和建筑教育事业发展中是一件大事。在这总结过去、承前启后、继往开来的历史时机，我衷心祝愿新学院建成一个具有厚实专业基础、广泛知识涵盖和综合融贯能力，能从多方面解决人居环境问题的广义建筑学科的基地。关于建筑学的未来多年来已在专业队伍中引起广泛讨论，最近国际建筑师联盟UIA在北京召开的第20次世界建筑师大会上又集中讨论了这个问题。中心思想是要把建筑学从传统的比较狭窄的观念中伸展开来，用广义建筑学的观点去适应人居环境建设的需要，大会通过了一个吴良镛先生主持起草的文件。最近刚出了一本吴先生写的书《未来建筑学的凝思》。今天我想讲的，离不开此总纲。只是借此机会，也谈几点自己的看法，供参考。我主要讲四点：

一、我国的建筑学50年代既学西方，又学苏联，已经开始从狭义的建筑学伸展开来。

和人类文明几乎同样古老的建筑活动，总是伴随时代变化而变化。建筑学的内容和建筑师的业务也历来都随时代发展而拓展。历史上的建筑学大体上经历了由宽到窄，再由窄到宽的过程。古代的能工巧匠、达官贵人是建筑活动的主角，他们往往融设计、施工、雕塑、绘画于一体，集规划、决策、建设、管理于一身。连最早的理论性文献，包括西方的《建筑十书》，中国的《周礼·考工记》，都并没有区分建筑设计、工程构造、城市规划、园林绿化等等。只是到近代工业革命以后，社会分工和科学技术划分细化，建筑学才形成后来的专业领域，和结构、测绘等区分开来。

20世纪50年代以及前几个五年计划，新中国的建筑事业，可以说是在学习西方的基础上又学苏联，在实践中从狭义的建筑学中开始伸展。说基础是学习西方，是因为当时主要的技术力量和建筑教育是学习西方的。1947—1950年清华建筑系学生上建筑概论，第一课讲建筑诸要素的教材就是用梁思成先生从美国带回的24张图板，第一张就是讲空间（Space is Nothing），以后是比例（Scale）、权衡（Proportion）、对比（Contrast）、机理（Texture）、色彩等，总的要求是实用、经济、坚固等。建筑学的主要内容包括建筑设计、建筑历史、美术技艺、工程知识（即材料、结构、设备、构造、测量）四大主要部分，学生的主要参考书是美国的Fourm、Record和英国的Progressive Architecture，崇敬和模仿的大师是F.L.Whright、LeCorpecei、W.Gropies、Nemieye等等。设计追求的是现代建筑、有机建筑。当时梁先生已注意到城市规划、风景园林以及工艺和室内设计的重要性，1949年开设了城规组、园林组和工艺组。

1952年，苏联专家来华，带来社会主义国家当时的理论观点，现在看来影响深的有两条：①强调了建筑的群体性，重视了城市规划；②强调了民族性和建筑的文化内涵。同时也由于其局限性，带来了机械的计划经济思想和复古的形式主义倾向（苏联建筑学术受法国古典主义影响较大，其根子也是西方建筑）。现在看来，有一句话是有道理的，即"城市规划是建筑艺术的升高点"，把规划和建筑结合起来，从学科思想上向前展宽了。新中国大量的建设实践，使建筑师不只局限于搞单体建筑，当时小区规划，成街设计、大规模的总体设计，在八大重点城市和一些省会城市中任务很多，不久区域规划问题也提出来了。实际上学科和行业的领域已逐渐展宽。建筑师中也很少有人再讲我不懂规划了。连文物保护实际上也是先期以古建筑保护提出来的（如第一批国保单位）。建筑思想、建筑文化发展了，建筑经济、建筑社会学等分支也开始建立起来（经济地理专业搞了城市规划）。应该说，是实践推动了学科、理论的发展。

二、20世纪80年代生态环境问题的提出，促进了从建筑到人居环境和广义建筑学的概念的形成。

对生态链和环境保护的认识，可以说是20世纪人类的一项重大进步。1972年，我国就接受了这一科学观点，吸取了世界上发达国家的经验教训，当时在周总理亲自安排下，召开了第一次全国环保大会，意图是吸取别人的经验教训，在发展中免走和少走人家老路。科学的实践总是和科学的理论相互推进的，环境科学院、环境专业从此相继成立。有意思的是从事新事物和提出新观念的人，总是从相邻的老专业中派生出来。筹建环境保护事业，最主要的力量来自城市规划和给排水专业。因为城市问题和环境问题的解决是并行共存的。

随着改革开放的深入，人们越来越认识到城市环境治理问题、城市化问题、城市住房问题等密切关联，一件事情的群体性、整体性越来越强。还有两个客观条件，对建筑学科的发展有相当影响：第一，由于土地紧缺而造成的比较密集的开发，不同于国外普遍疏散的布局。建筑物之间如此，城镇之间也是如此，传统的孤立的设计思想已解决不了问题。第二，建设速度快了，不仅一个建筑，一个住宅区，一条街，以至一个市，几年十几年就形成了。人们可以看到一个相当规模的实践过程，加深了对事物的整体性认识。以城市规划，风景园林和传统建筑学组成的广义建筑学的思想逐步形成。在当时全国协同编写《中国大百科》全书时，建筑、规划、园林三大学科作为建筑学的"一束学科"已确定下来；1983年在中科院技术科学部的报告上吴良镛教授提出，这一束学科或学科群总归起来可以叫它为"人居环境学"。"要在已有经验基础上，不断总结经验，在更高的层次上，更深的内涵中，更有水平地去解决矛盾"，还提到"客观方面的问题影响深远……应该进一步研究全局性问题"。从我们的实际工作，已经是从R—R（Room→Region），从工作体会来讲，已发现自己"一会儿要当孙悟空，一会儿要变小爬虫"（既要在几万分之一以至几十万分之一图上作业，又要能深入房屋构造细部去解决问题）。同样，在实践中世界上对人居环境有共同的认识，"建筑学的内容和建筑师的业务历来都有随时代而拓展"，"旧的建筑学解决不了新的矛盾"，现代的建筑学不能局限在传统的范围内，必须既要在纵向空间层次上伸展，也要在横向相关方面交叉伸展，即与自然科学、社会经济科学和人文科学交叉，吸取新知识，才能解决好新问题。建筑师不只在设计图板上起作用，还要在规划、决策、组织、协调中起作用。值得高兴的是最近UIA北京会议已经把这一认识写进《北京宪章》（有提"北京宣言""北京之路"）成了历史性文件。

三、相关学科的交叉发展和科学哲学认识上的飞跃，也推动了建筑科学的新发展。20世纪信息论、控制论和系统论等重大科学理论的发现深刻地影响了各个学科的发展。

钱学森先生为提高对科学的认识，为科学的系统和发展系统的科学，研究了"人类智慧之大成"，把所有学科（及其群体）归纳（集中）为11大门类（包括自然科学、社会科学、教学科学、系统科学、思维科学、人体科学、地理科学、军事科学、行为科学、建筑科学和文艺理论。见1996年11月6日《人民日报》），建筑学（有一度提城市学，后考虑习惯概念，仍改为建筑学）为11大门类之一。钱老这一重要研究的目的，我的体会就是要改变长期以来统领科学思想的还原论的局限。按还原论的观点，要认识世界，只要把整体细分，认识了其细部（局部），集中和叠加起来，就可认识其整体。所以各学科越分越细；专业越分越多；但事实是没有认识的系统和综合，反而不能正确认识客观世界，也谈不上有效改造客观世界。特别是对于系统的复杂性的科学认识，形成了复杂科学、协同科学等分支学科；把复杂系统的整体问题分割开来，造成认识上的狭窄和破碎，就越来越不能解决实际问题。建筑和规划的实践完全能证明和深刻体会这一思想的重要性。从建筑到城市及其区域就是大大小小、层层叠叠的系统（有叫做开放的、复杂的巨系统），必须以综合集成，协同发展的观点和方法，也即广义建筑学的观点和方法，才能提高对问题的认识和真正找到问题的解决办法，才能建设好人居环境这一综合大目标。

四、我们正面临一个大规模建设的大好时机。

这方面，可讲的很多，我认为蓝图相当明确，问题也相当清楚，经过九个五年计划的努力，我国建设能力已大大提高，正在向现代化方面大踏步迈进。十多年来，国民经济平均每年增长都在8%—10%，物质建设规模越来越大，固定资产建设投资每年已达3万多亿元（大体上60%—70%用于城市中的土建工程），城市化还将加速发展（解决所谓"城市短缺症"）。在基本生活需求解决以后，必然要向提高生活质量，提高建设品质方向发展（即从温饱到小康）。但是，新的目标和客观条件之间还有一定的差距——最近全国的创新会议深刻地提示了这一问题。

从建筑规划工作看来，可列出一大堆问题，诸如缺少精品，千城一面，建筑观念要更新，质量要提高，城市环境要大大改善，城市设计要加强，基础设施要先行，城市文化因素要重视，城市管理要大大加强等等。这些问题我认为既是压力，也是动力，为我们学科的发展提供了最好的机遇。最近出国去，看到人家也在发展，滞留在那里的建筑专业人士有事可做，但与国内相比，实践机会少多了。我不可能拉他们回来，但相信他们大部分人将来会回来，因为有了用武之地，能更多贡献于社会。现在多学一些，学宽一些，对将来会有好处。

一个以广泛的人居环境科学为基础的建筑学在知识爆炸、信息爆炸的时代是否因要求太宽而难以实现呢？什么都懂是不可能的，但多懂一些总有必要，关键还要看实际需要和实践可能。事实上，一专多能、综合性的建筑师越来越多。当然也不排除对专业化越来越深的建筑师的实际需要。我们历来提倡个人要有专长，有风格。但重要的是观念，建筑观念一定要是广义的，只有具备广义建筑学的观点才能处理好无论总体还是个体的建筑活动，才能有整体思考和协同精神做好哪怕是独立的部分的工作。

客观事物有无穷的相互联系。特别是与环境问题相联系以后，世界上以环境为目标、为中心的学科也在发展，这是学科定义与交叉科学的问题，我认为有交叉不等于混同、混合，我不赞成把建筑科学和环境科学混同起来，甚至随便冠以环境学院等名称。

建筑学仍有自己的基础。《北京宣言》中讲"一法得道，变法万千"，"一思百虑，殊途同归"，我们不能忘记专业的根本目的和基本原理——营建美好、宜人的人类家园。传统建筑学的精髓还是我们这一学科的根本，建筑教育中，如果没有基本训练，没有坚实的学科基础，即使以后补课，也是很困难的。

归结到上面所讲的主题，我主张建筑学科的发展，首先还是"厚实的基础"，然后要"广泛的知识"，知识窄了不行，然后要有"综合融贯能力"，这是解决问题的核心。从多方面，包括专业方面和组织、决策、协调等方面解决各个空间层次和时间序列上的人居环境问题。

最后，我想讲一下大建筑业、广义的建筑学在国家建设中的重要地位：

1. 没有（或很少有）一门学科，影响如此巨大的国民经济投资；

2. 没有（或很少有）一门学科，如此直接影响所有人（老老小小）的日常生活；

3. 没有（或很少有）一门学科，如此广泛影响文化传统和深远的未来（民族兴衰根本在于文化）。

对未来，虽有困难，总的应当乐观。此乃经天纬地，图画江山，福祉当代，荫及子孙之业，既有无穷的矛盾，又有无穷的乐趣，对于这样的事业要充满激情，要有思想、理论的准备，要坚持不懈的努力。

祝新学院的成立为之做出新的贡献。

本文为周干峙先生1999年9月16日在浙江学建筑工程学院成立大会上的讲话。

要控制城市中硬地面所占的比例

——在城市发展与生态建设论坛上的讲话

　　我非常高兴有机会跟很多老朋友、同行们研究城市生态这个问题。很明显，我们当前城市发展中最严峻和最长远的挑战不是别的问题，就是生态问题。我说它是最严峻的，因为这个问题最不容易解决，尤其在中国的现实条件下，也是一个长期的问题，绝不是几年或十年八年所能解决的。全世界认识到生态问题，认识到生态链这个规律，被认为是人类在20世纪最大的进步之一。人类认识世界是不断的，认识到世界原来是这么互相关联的，这在过去是没有的，因而引起了全世界的关注。而且，首先关注这个问题的是一些发达国家，因为这些国家的知识水平高，越是发达国家越是重视这个问题，他们率先在研究并注意解决这个问题。相比之下，大家可以看得出来，我们国家讲生态，跟美国、跟欧洲讲生态是不一样的。人家的生态基础比我们要好得多，比我们要强得多。我们所讲的生态比人家要严重得多，这是非常明显的一件事情，这是我们国家的一个特点。

　　另外，我觉得，虽然这些年来我们国内各方面也在重视生态问题。但是，我们一方面是重视生态，另一方面我们干的背道而驰的事情却不少，比外国要多得多。我们口头上讲重视，但是我们恰做了许多不符合生态发展的事情。所以我觉得这个问题有相当的严重性，恐怕更要引起注意，更要引起比人家加倍的注意。大家现在都讲究宣传，这我不反对，因为我们的生态环境不好，但是依我看，我们还在做不少有悖于生态健康的事情。我们讲生态讲了很多，现在盖房子，动不动说是生态住宅、生态城市，还有生态省，这些都不错，都是美好的理想。但问题是，光有美好的理想不行，要实实在在地做，要有落实的措施，这是我们国家又一个特殊的重要的问题。可能有人认为出点问题在所难免，但问题是不能老这么下去。现在全世界在卫星上看不见的城市中国最多，那些污染的城市过去都讲是"局部改善，重点没有解决"。是不是局部都有所改善呢？我看恐怕改善的城市不多。所以我认为，现在的问题是贵在要认真研究，要落实推进。

我们现在都能感觉到，城市气候有了变化。气候对人类是至关重要的，气候变化的原因很多，有我们人类控制不了的地球的因素，但是也有一些是我们能控制得了的局部的因素，有在城市里头我们能控制的小气候，我认为这个问题值得注意。昨天我在山东临沂，临沂是过去单独的一个流域，它既不是黄河流域，也不是长江流域，它是一个小盆地，靠海，一个流域直接入海的，现在这个城市的人口是130万。很奇怪，那里的气候比北京、比上海、比济南，比别的地方都要好，生活在那儿的人长年的感觉是比较令人满意的，这不是官员们讲的，是老百姓自己讲的，看来这也是事实。那里的气温比较适中，这当然有大的地理的关系，因为它是独立的一个流域地区。但是很显然，其中很重要的一条就是这个城市的高楼还不是太多，建筑不是太密集。而且这些年来也形成了一些大的水面，大的绿化地带，所以小气候跟大气候差异不大，城市里头跟城市外头差异不大。而我们的北京，非常明显，北京这个时候（恐怕任何时候）城市中心地区的气温比郊区要高好几度，大概是3度到5度。我们建设部自己住的小区就可以感到这一变化。建设部是1955年建成的，是一个大院。1955年建成的时候，前面是一栋办公楼，后面是一栋栋住宅，当时人口不到2000，标准的街坊设计，中间栽了树，冬天还有溜冰的地方，后来树木长起来以后，应该讲环境是相当好的。经过50年也就是半个世纪的发展，现在50年代盖的四五层房子大都被拆掉了，变成了20多层的肥胖的塔式住宅。生活在小区里面，很明显，通风不如以前了，温度也比以前高了。一个最突出但是大家又看不见的变化就是，真正意义上的绿地基本上没有了。为什么呢？盖成塔式住宅以后，底盘都扩大了。因为要利用地下室停车，但是没有绿化不行啊，于是就在车库的顶上铺土搞绿化，这在北京现在已经是很普遍了。毫无疑问，这样比以前漂亮，车库顶上的绿化高高低低，灌木、乔木、花卉，小路曲曲折折，比以前好看了。但是这样一来，所有裸露的地面全部变成了水泥板。即使上面搞了点绿化，也是花盆式的绿化，这在现在的住宅区里头是很多的。其中一个大的变化就是硬地铺装越来越多。现在建设部大院除了还有12棵50年代长起来的大树大家不敢去破坏以外（其实下面也占了一点人防工程，只有这里还留了一点真正意义上的大树和草皮），其他裸露的土地也好，真正的草皮也好，都已经所剩无几了。这就是讲硬地率越来越高，我们住在里头的人都非常明显地知道，过去这个院子里头的穿堂风是非常好的，未必要用空调，有个电扇就解决问题，现在每家每户没空调不行了。这个现象不是孤立的，咱们北京的住宅区大体上都是这样。在北京，现在还有一个问题，就是一下雨就淹，特别是立交桥下，一些低洼的地方。而我们的设计是有排水的，设计的泵到时候会自动打开，应该是不会淹的。但是暴雨一来就来不及排走。这里面一个重要的原因就是，硬地范围越来越大，雨水的径流情况变了。过去雨水有一部分是渗到地下去的，有一部分是集中从马路的下水道排走的。现在全是硬地，它去不了地下，到地下去的很少很少了。所以，暴雨一下以后，管道系统汇集的水量大大增加。所以就造成了普遍淹水现象。

　　前一段北京圆明园的问题引起了大家的关注，在北京引起大讨论。其实依我看，弄了半天，问题的要害不在于这个水池下面搞不搞防渗，问题是大环境问题。北京现在水面不搞防渗的很少，不是人工防渗，就是胶泥垫底，因为如果没有这些措施，北京的水根本剩不住，一下雨就吸干了。就整个水循环来讲，大气降的雨部分是排入下水道，部分是渗入地面，长期以来保持一定的地下水位，但是现在情况变了。因为北京就是大面积的一块大饼，水循环的系统在城市里头被"一块水泥板"隔断了。热循环也是一样，我们的热从来都是跟大气、土地、地下（一直到相当深层的地下）形成一个大循环的，我们的大气候中最冷的天气不是太阳跟地球距离最远的那一天，这就是因为有大地在调节，在放热。我们城市里的气温也是这样。白天如果晒得非常厉害，土壤就吸热，它放热慢，所以就形成了天然的热循环，大地是集中了这个因素的"一张地毯"。形象地说，原来我们的城市是建在一个多孔的、比较湿润的地毯上，我们的房子都盖在这个上面，所以它依靠大自然的水跟热循环调节，有利于我们稳定的气候的变化，而且我们也适应了。现在我们全生活在一块大水泥板上，看起来有树，但是只有少数几个坑的土跟大地是通的。可以计算一下，过去我们的规划控制建筑密度，比如说从20世纪50年代开始北京是25%。25%的建筑基地的面积再加上住宅区的道路、小路，这些小路也要占一定的比例，也是硬地覆盖。但是总的来讲，硬地覆盖率不会超过50%，总有50%左右是天然的地面，我们可以把它们称为软的地面，不是硬地。现在，我从我们部后院的厂房拿图来一看，不用算，硬地率肯定超过80%，剩下的只有百分之几了。这样一来，我们就从过去生活在"湿地毯"变到生活在"水泥板"上了，这个变化很大了，而且，这还不止影响到水循环、热循环，可能还要影响到生物链，影响到虫、细菌、病毒。北京现在昆虫比以前多，现在单是灭蟑螂的问题就不得了。不知道从哪里来的那么多蟑螂，北京以前没有大蟑螂，南方都是大蟑螂，但是北京现在好像到处都有大蟑螂。当然，这跟人多了也有关系，生物状况跟它的生存条件总有关系。我们生活的城市，不仅仅是我们眼睛看到的地方，有很多宏观的东西我们看不到，比如说刚才讲的大气循环，好多微观的东西我们也看不到。现在我们每家每户的装修看起来都很不错，但是如果用1000倍的放大镜去观察，这里头就热闹了，我们会看到有小动物，有昆虫，有螨虫……所以说生态问题不注意不行。

真正从建设生态城市来讲，我觉得真是任重道远，而这又是极端重要的。说老实话，这个问题比什么都难，必须认真对待，持之以恒，必须少说空话，多做实事。这是一个全社会的问题，首先应该由我们学术界认真地提出，认真地呼吁。所以我建议，以后我们能不能再研究一下，提出在城市规划里头，除了要控制建筑密度、容积率以外，还要增加一个控制的内容，就是要控制硬地率。应该规定硬地率不能超过多少，比如我觉得理想的应该是一半，如果不行，也可以规定硬地率不能超过60%或者70%（据说，德国就有城市硬地率不得超过45%的规定）。不能把我们的大地像砌墙倒过来一样铺得满满挤挤的，这绝对不符合生态发展。

今天我就借这个机会讲一些观点，提一点建议，谢谢大家。

本文为周干峙先生2005年7月8日在"城市发展与生态建设论坛（北京）"上的讲话。载于《科学决策》2005年第8期。

优秀的建筑文化和城市文化是

中华文化中的重要组成部分[*]

炎黄文化研究会在这世纪之交汇集大家讨论研究中华文化的发展问题，深有意义，极为重要。

据报道，不久前，有70多位诺贝尔奖获得者联名呼吁，在重视科技迅速发展的同时，一定要重视文化和精神文明的建设，这是人类健康发展不可缺少的条件。中华文化的继承和发展问题可以说就是中华民族的继承发展问题。

在中华文化中建筑和城市文化有着相当重要的地位。中国建筑、中国城市，长期以来对维护当时的社会制度、政治思想、文化教育、技术艺术……起了重要作用。在世界上独树一帜的建筑艺术和城市形态，影响了一代又一代的人和社会。特别是其中一些长期积累的经验，屡经考验的精华，至今仍在启迪于人。世界上很少有中国这样一脉相承的城市和建筑、有些城市历经几千年至今还屹立在同一位置上，至今还有古都十余处、历史文化名城（国家批准的）99处，有关城市文化的典籍浩如烟海。我们必须取其精华，去其糟粕，自觉地吸取一切国家、民族之长，继承和发展好的传统思想；许多国外专家学者都公认对待历史文化掉以轻心、故步自封不行，照搬照抄也不行。只能按照各自的社会经济、文化、历史等条件，发展各具自己特色的、多姿多彩的城市和建筑。

总之，按自己的文化来建筑，用自己的建筑文化来丰富中华文化是至关重要的、必须要解决的重大问题。

---

* 本文根据周干峙先生手稿整理，由内容推测时间应在1999年前后。

辑三

城市住区与房地产

从土地需求看改革土地制度和土地法的重要性

朋友们，女士们，先生们：

很高兴有机会参加今天的"日本土地法学会全国大会"，由于我的专业是城市规划，一切工作都建立在土地上，很愿意和朋友们交流两国的情况。我准备在这里讲的题目是：从土地需求看改革土地制度和土地法的重要性。

一、中国经济发展有着对土地使用的巨大需求

土地是经济发展的基础的基础。随着增长速度加快，中国对土地的需求也越来越大。十年前，全国建设用地每年用几百万亩，近十年来每年达千万亩。近三年达几千万亩使用土地主要是三个方面：1. 城市扩展，由于城市化城市人口占总人口的百分比每年以1.4%左右的速度递增，城市用地的增长比例当大于此数。2. 交通、水利建设。高速公路地方公路的建设正在连片成网。水库、输蓄水工程也仍在不断增长。3. 村镇建设和农房建设也占用大量土地。

不断增长和陡然增长的土地使用，必然造成用地紧张，客观上就要求充分利用和合理利用土地，要求集约使用土地，用地标准也不能过高。

二、可开发利用的土地很有限

中国陆地国土面积960万平方公里，总量不算小。但所谓"七山、一水、二分田"。

1. 自然条件规定了可开发的面积有限，而且为了保护生态，许多沙漠、荒地、湿地、山地、滩地都不能利用。可开垦和已开发的土地已接近极限。不少地方已经在退耕还林、退耕还草，甚至保护沙地、湿地。

2. 国家的粮食安全决定了必须保持一定的基本农田，即使全国人口高峰控制在15亿左右，农业靠科技增产，16亿亩基本农田仍是不可缺少的。

所以对一切建设用地，必须通过规划，做到充分利用和合理利用。80年代以来，我国先后组织开展了两轮土地利用总体规划，目前已着手启动新一轮的土地利用总体规划。主要目标是确保必要的基本农田不低于10860万公顷（即16亿亩），同时满足必要的建设用地。预计"十五"期间农用地转用于建设用地不超过110万公顷（6000万亩）（其中占用耕地不超过1050万亩），要积极开展土地整理和复垦，适度开发土地后备资源，"十五"期间土地整理复垦和开发补充耕地130万公顷，力争做到"占补平衡"。

三、当前改革土地制度和土地立法的紧迫性和长期性

土地为民生之根本、财富之泉源、文明之基石。由于历史原因，目前中国土地有两种所有制，即城市土地为国家所有、乡村土地为农民集体所有。个人、企业、集体单位可以有使用权，使用权依法可以出让和转让（已有一个土地管理法）。理论上通过国家计划，用政策杠杆，调节到合理使用。这几年土地二元制在实际操作中已发现很多漏洞，主要是不能充分保证原土地使用者权益，开发利益、公共利益不能合理分配，往往是强势集团得利多，弱势集团得利少。而且土地使用要求总是着眼局部的、现实的，而长远的、全局的问题往往被忽视，所以生态、资源、环境很容易被"透支""失衡"。最近，中国经济发展中出现的一些过热现象和土地透支过多（我们叫土地流失）是分不开的。特别是和两种所有制在转换过程中失去应有的控制分不开。当前土地使用中的种种问题，其重要原因之一，就是有关土地的法制不健全，立法工作还处于初级阶段，执法情况也往往很不严格，如针对上述多占、早占、囤积土地现象，《土地法》第37条规定，如征用出让土地后，土地使用者必须在两年内投入一定数量和建设，否则政府可收回其土地，但实行这一条，往往旷日持久，难以实现（各地情况很不一样，上海较好）。看来根本解决的办法还在于牢固树立社会法制观念，加强立法。根本的还在于改变计划经济和权属关系，发挥土地所有者的积极性和市场的作用，推进土地制度的改革。

最后，讲讲我对土地制度的一些个人看法。我认为需要立法和改革是一

方面，另一方面由于土地制度涉及广大农民和市民的根本利益，非一日之计，也非一蹴而就。

首先，中国农民与土地的关系可算是血肉相连，几千年的社会争端都在土地上。从孙中山建立民国，最重大的改变之一就是要"平均地权"，经历了旧民主主义革命到新民主主义革命，花了几十年时间，农民才稳住了自己的一片土地。如果就农村土地而言，要由全民所有制和集体所有制转变为私人所有或××所有制，从计划经济到社会主义市场经济，两大复杂变革不可能一步到位。

显然，所有权问题不是一下子能改变的，其中关系复杂，改革过程绝非一步两步的事情，慢了不行，快了也不行。必须循序渐进，经过试验，不断总结改进完善。

在改革和立法方面，我想应排除完全私有化和市场化的土地制度。从许多国家的经验来看，完全的私有化和市场化，不可能解决社会公平问题和公众利益问题——就像早川和男先生论述的要靠市场经济去解决老年福利问题都是不可能的。

当然也必须部分地市场化，同时加以适度的社会调控。

最近，有两件事我认为对解决这一矛盾有些启发：

1. 为解决林业衰落问题，全国林地（都是国有土地）实行了包产到户、分片包干，几年来过度砍伐得到控制，全国森林覆盖率由13%提高到16%以上。

2. 按国家规定，今年进行宏观调控，整顿土地市场，1—7月清理各类开发区6800多个，其中撤销不合法的4800多个，核减其用地面积近2.5万平方公里，即64%的规划面积被撤销。应该讲城乡建设中的过热现象比较快地得到了控制。充分发挥了政策杠杆作用，经济软着陆的目标有可能实现。

初步结论是：土地市场的作用必须加强，但政府政策调控的作用也不可或缺；改革和立法是紧迫需要，但体制和机制又是渐进过程。所以必须"摸着石头过河"，从实践中总结经验，重大决策太着急了不行，必须看到问题的紧迫性和长期性，兼顾速度与稳定，也就是用科学发展观，掌握好协调发展，持续发展，走社会主义市场经济的道路。

谢谢各位倾听。

本文为周干峙先生2004年10月8日在"日本土地法学会全国大会"上的报告。根据周干峙先生手稿整理。

在全国房地产综合开发管理工作经验交流会上的讲话

同志们：

全国"房地产综合开发管理工作经验交流会"今天开幕了。党的十三届七中全会提出的、经全国人大七届四次会议通过的今后十年和第八个五年计划规定了今后综合开发的任务，即要"通过住房制度改革，适当加快房地产综合开发和住宅商品化的过程""动员各方面的力量，加快住宅建设"，并"根据城镇住宅发展的需要，配套发展商业网点、教育和医疗设施，文化和体育场所，提高公用设施的普及水平"等等。像这样详细、周密地提出有关住宅发展的要求，特别是提到要综合开发和配套建设的问题，在中央高层次的文件中还是第一次。我们这次会议，就是要认真贯彻七中全会精神，按照全国人大的决议，系统地总结多年来综合开发取得的经验，研究、探讨如何进一步把综合开发工作做好。

这次会议主要有三项任务：

第一，总结交流经验。同志们都知道，"六五"和"七五"期间，我国各方面工作都取得了举世瞩目的成绩。在城市建设、住宅建设方面，我们所取得的成就超过了前30年的总和；我们不仅完成了大量的建设任务，而且还取得了改革和开放的经验。在各级政府的领导下，在有关部门的支持下，经过房地产综合开发行业全体职工的共同努力，综合开发事业也取得了很大成绩，得到社会各方面的关注。最近两三年，虽然综合开发遇到了一些困难。但这一方面锻炼了我们的队伍，另一方面又取得了新的很重要的经验。去年一年，通过清理整顿开发公司、评选国家二级企业、抓住宅小区建设试点等工作，我们在加强行业管理、加强企业内部制度建设、提高住宅小区规划设计水平与工程质量等方面都取得了不少成绩和经验。综合开发的整体管理水平、开发队伍的素质也有了比较大的提高。这些，都需要我们认真总结，加以推广，促使综合开发

118

事业进一步发展。

第二，为召开房地产工作会议做准备。部里准备在下半年召开住宅建设与房地产工作会议，主要研究如何贯彻七中全会精神，加快住宅建设，促进房地产业发展的问题。大家知道，"八五"计划定了以后，我们的目标是明确了，但在贯彻落实上还有大量工作要做，有许多问题要解决。所以，为了开好房地产工作会议，还要做一些必要的准备工作。一方面要总结以往的经验，另一方面还要及时向国务院报告我们的情况。我们正在起草一个向国务院上报的关于加快城镇住宅建设的政策措施的报告，提出我们对落实"八五"计划的意见和建议。综合开发是发展房地产的第一环节——生产环节，其产品（商品房）是房地产市场最基本的组成部分。大家从事综合开发的管理工作，比较了解综合开发与房地产业发展和住宅建设的关系。因此，想请大家围绕着综合开发的情况和问题，谈谈对住宅建设与房地产工作会议的意见和建议；此外，我们还准备了几个法规文件，请大家讨论，修改以后，再提交住宅建设与房地产工作会议讨论。

第三，研究、部署下一阶段的工作。特别是1991年的工作。七届人大四次会议以后，全国的经济形势会进一步好转，各地建设工作量也会增长。随着工作量的增长，对我们工作的要求也会不断提高。在前一段工作中，综合开发的工程质量和经济效益的问题，已经充分暴露出来，需要很好地加以解决。同时，随着综合开发事业向纵深发展，我们的内、外部关系也在不断变化，进一步理顺工作关系，仍然是一个重要课题。

由于我们这次会议的主要议题是交流如何提高管理水平等方面的经验，所以我想以管理为重点，谈谈几年来综合开发取得的成绩和经验、存在的问题，以及对今后工作的初步设想，供大家讨论时参考。

一、成绩和经验

最近几年，综合开发事业发展很快，在为社会创造财富、为政府提供积累、为加快住宅建设和城市建设等方面，做出了一定成绩。在过去两年市场情况不理想的条件下，大家抓住时机，进行内部整顿，在建立科学的管理体制、提高企业队伍素质等方面，做了大量工作。

1. 综合开发工作取得了实质性的进展。

据不完全统计，自1987年到1990年的四年间，全国各类开发公司共完成开发工作量926亿元，平均每年完成近232亿元；施工房屋面积共44068万平方米，平均每年施工11017万平方米；竣工房屋面积20439万平方米，平均每年竣工5110万平方米；其中竣工住宅16739万平方米，约248万套，占四年间城镇住宅竣工总面积的35.7%。

1987—1989年，综合开发工作量平均年递增39.3%，施工房屋面积年递增27.3%，竣工房屋面积年递增19.7%。1990年，在压缩固定资产投资规模的大形势下，综合开发工作没有出现大的滑坡。在城镇建成的住宅中，开发公司建成住宅的比例从1987年的20%提高到了1990年的41%以上，商品住宅中向城镇居民个人出售的比例，也从1986年的14%提高到了30%左右。

目前，我国已初步形成了一支有一定经济实力的综合开发队伍。到1990年上半年为止，国营开发公司已拥有开发基金35.04亿元，各项专用基金19.91亿元，固定资产11.93亿元。开发公司拥有的资金加上可以通过开发公司吸收的社会资金、银行贷款，构成了城镇住宅及其配套设施建设的一个重要资金来源。

各地通过综合开发除了建成大批住宅小区外，还为城市配套建设做了很大贡献，四年间共建成了近2600万平方米的工商、文教等用房，以及大量的城市基础设施，取得了明显的经济效益和社会效益。近几年，综合开发为城市基础设施建设提供的资金大约相当于同期城市维护建设税的50%—60%。例如常州市，由于推行了综合开发建设方式，促进了城市基础设施的全面发展。几年来，增辟道路，改善航道，增设公交线路，城市煤气从无到有、气化率达到33.3%，城市供水由每日9.37万吨提高到25.14万吨，城市污水处理能力达到1.35万吨，并建成了一批通信、文化、体育、医疗、教学设施。又如广州市，通过综合开发，使城市建设的投入远远超过了城市维护建设税收入。从全国来看，城市建设资金大约是城市维护建设税的两倍，而广州市收一元城市维护建设税，最多可投入4—5元的城市建设资金。几年来广州市面貌发生的巨大变化，就是通过综合开发、扩大城市建设资金来源所取得的。

综合开发取得的成绩，最主要的是完成了大量的住宅建设工作量，完善了住宅配套设施，提高了住宅的使用功能，并为城市建设做了很大贡献。同时，综合开发还直接向国家财政做了贡献。1989年全国部分国营开发公司已向国家纳税4.68亿元，平均每个职工纳税6000元（当然，这个水平还是很低的）；1988—1990年，开发公司通过向城镇居民个人出售商品房屋，已回笼货币121.65亿元。若能进一步理顺城市建设资金渠道，适当降低商品住宅价格，综合开发在回笼货币、引导消费、活跃房地产市场、增创税收方面，还会起更大的作用。

2. 综合开发管理工作开始纳入法制的轨道。

几年来，各地在综合开发管理的法规、制度建设上做了大量工作。如山东、吉林等省，广州、武汉、牡丹江等市，已有了综合开发基础性法规或一套比较完整的综合开发管理的规定和政策性文件。这些规定和办法是在地方工作实践的基础上形成的，是我们制定全国性政策法规的重要依据。

去年，我们根据地方同志的意见，组织起草了《房地产综合开发条例》，现已初步定稿，准备进一步修改、论证。尽管在综合开发的提法、开发公司的性质、归口管理部门的确定等问题上，还有点不同意见，我们还是希望在求大同、存小异的前提下，进一步统一认识，尽量照顾不同的发展阶段和不同地区的特点，争取早日把这个条例拿出来。

到目前为止，国家、地方颁布的有关综合开发工作的法规、政策已覆盖了计划、立项、资金、价格、公司管理等几个方面，对我们的各项工作起到了保证和促进作用。

3. 综合开发的科学决策问题已提上议事日程。

科学决策是现代管理的一个重要问题。如何在综合开发活动中进行科学决策，大家在实践中也取得了不少经验。我们体会，重点是计划、立项问题。

由于综合开发改变了过去城市分散投资、分散建设的建设体制，因此也必然要求改变原来的建设计划管理体制。为了使综合开发与城市综合财力（或者说城市财政、企业、个人的经济承受能力）相适应，通过综合开发来更好地实施城市总体规划。去年在研究制订"八五"计划和十年规划时，我们要求各地按项目编报了综合开发五年计划。这是对综合开发实行科学管理的一项探索。现在已经收到了近20个省市的综合开发五年计划表，其中山东、天津、武汉、云南等省市根据本地区城市总体规划，把建设和投资计划落实到了每一个项目。说明这些地区在组织综合开发活动过程中，已经做到了规划先行、管理部门心中有数，也说明我们的管理工作开始步入科学的轨道。实施五年计划还有一个与住宅建设计划和年度固定资产投资计划衔接的问题。最近，我们在向国家提出加快住宅建设步伐时，建议把住宅建设计划纳入国民经济和社会发展计划，作为一项重要内容。另外，住宅建设的指标，不应只是平方米，还要有套数，以体现实际住房水平。大家反映，现在的商品住宅投资计划管理体制不适应综合开发的特点。这是因为人为地将商品住宅建设从综合开发计划中分离了出来，造成计划的脱节。这个问题经过我们共同努力，是可以解决的。关于综合开发计划问题，有的省市已开始结合实际情况，在工作中采取了补救措施。如洛阳市实行统一计划，年度综合开发计划由市开发办根据开发企业的承建能力，经过综合平衡后，统一编报，经市计委审批，按商品住宅计划下达，这样就把商品住宅计划与综合开发计划联系起来了；无锡市为避免由计划部门单独审批开发计划造成"只建住宅不管配套"、城市规划难以实施的弊端，在制定年度计划时即与计划部门及时联系，商品住宅年度计划由开发办和计划部门联合下达；常州市为杜绝分散建设，在计划管理上，先由计、经、建三委根据建设项目的重要性，条件的成熟性，资金和材料的落实情况，编制初步计划，提交各部门充实完善后，上报市政府，经市长办公会议通过后下达，做到全市计划上下一本账，群体建筑一次审批。在这次会上，这些城市还要详细介绍他们的做法。我们准备在大家工作的基础上，同有关部门继续研究改进计划管理的问题。

为了在综合开发管理工作中引入科学决策的机制，去年我们对综合开发的立项审批工作做了一些规定，提出编报项目建议书、进行可行性研究。主要是考虑综合开发要在实施规划、配套建设方面体现政府意志；另外，在商品房进入市场以后，又要求我们按照市场规律去考虑问题、处理问题。我们提出搞可行性研究，不仅是为了防止因商品房滞销而造成资金积压，更重要的还是要求开发主管部门从较高的层次考虑城市的经济实力、社会承受能力、住宅与配套设施之间的比例关系等综合性的问题，充分发挥综合开发的积极作用。立项审批是搞好行业管理的前提。对开发项目进行研究、管理，有助于开发主管部门安排、掌握规划实施和配套建设情况，有助于了解资金筹集情况，有助于分析市场供需趋势，有助于指导开发公司的开发经营活动。有的省市已经转发了我们关于立项审批的文件，并开始建立这套制度；有的省市实际上原来就是按照项目对开发活动进行管理的，现在只是一个规范化的问题。为了搞好这项工作，我们还将继续和有关部门协商，明确各级建设部门在立项过程中的职责。

4. 清理整顿开发公司的工作已取得初步成效。

在前一两年各地对开发公司进行资质审查的基础上，去年又根据国务院办公厅转发的建设部关于清理整顿房地产开发公司的文件的要求，对开发企业进行了清理整顿。到1990年底，上海、浙江、辽宁、吉林、广东、湖南、湖北、云南、贵州、宁夏、新疆等11个省、区、市已基本完成了开发公司的资质审查和清理整顿工作。据对其中8个地区的统计分析表明，清理整顿后批准保留的开发公司占原有公司总数的67.4％，决定撤销或取消开发资格的占15.5％，核定为一次性开发（即不再承担新的开发任务）的占3％，决定合并的占1.7％，有待于批准或进一步清理的占12.4％。此外，黑龙江省已公报了两批资质审查合格的公司，北京、江苏、安徽等省市的清理整顿工作正在抓紧进行，还有一些省市的清理整顿和资质审查工作已进入收尾阶段。通过清理整顿，撤销了一批资质差、业绩小、经营管理混乱的公司，取缔了一批无证开发、无计划开发的公司；查处了一些公司的违法行为，纠正了一些行业不正之风。可以说，这些地区已初步扭转了开发公司过多、过滥的局面，正常的开发市场秩序正在逐步建立。通过这次清理整顿，一些省市还建立了对开发公司定期考核、审查的制度，有的还把资质审查与计划管理、项目管理有机地结合了起来。一个有利于综合开发事业健康发展的企业管理秩序正在形成和完善。

5. 开发企业的素质已有所提高。

去年，我们首次评出了四个国家二级开发企业。它们是北京房地产开发经营公司、哈尔滨房屋土地开发公司、中房常州公司、天津房地产开发经营集团。这四个公司无论在管理水平、产品质量、服务质量、经济效益、降低物耗等方面都居于先进行列。这四个公司中，人均房屋开发面积最高的是全国平均值的6.15倍，人均创利税最高的是全国平均值的9.36倍；天津房地产开发经营集团开发的体院北小区、川府新村以及中房常州公司开发的清潭三村住宅小区，都获得了国家优质工程奖。这次会上这四个公司还要向大家介绍他们抓管理、上等级、全面提高企业素质的经验和一些具体做法。

除了这四个公司，各地还评选出了一批省级先进开发企业。大家对这次经验交流会十分重视，我们已收到了各地主管部门与公司送来的50多份经验交流材料。这次会上将请20个单位作典型发言，此外还向大会推荐了一批交流材料。希望大家通过这次会议，能够互相学习、互相促进，把好的经验带回去。

二、需要解决的问题

综合开发尽管已经取得了很大进展，做出了很大成绩，但毕竟还是一个新事物，只有短短不到十年的历史，加上改革还在不断深化，所以，过去和现在综合开发存在着不少问题，今后一个时期也可能还会出现一些新的问题，这都是正常的。事物发展的规律，就是要在不断解决问题的过程中前进。当前，需要采取措施加以解决的，主要有以下几个问题：

1. 市场问题。

1989年，商品房屋竣工面积和可供销售面积都大于1988年，但实际销售面积却少于1988年，实际销售面积只占可供销售面积的65.5%，呈滞销状态。据了解，1990年商品房销售情况有所好转，特别是目前，房改的大气候已逐步形成，将会进一步推动商品房的销售，但是开发工作量却明显下降，原因是资金投入减少。我们考虑，出现上述情况主要有五个方面的原因：一是国家压缩固定资产投资规模，行政事业单位可用来购买商品房屋的资金明显减少；二是部分地区、行业生产滑坡，企业亏损，因而购买商品房屋后劲不足；三是商品住宅价格上涨过快，超过了中等收入水平城镇居民的承受能力，影响了个人投资的积极性；四是销售计划控制过严，不但单位买房要经过严格的审查、纳入计划管理，有的地方个人买房也要纳入计划；五是一部分商品住宅的使用功能、质量、建筑标准和地段位置满足不了购房者的需求；六是市场信息不灵。

商品房滞销是暂时的，因为住宅的总需求超过总供给的格局短期内不可能改变。当经济逐步回升，住房制度改革逐步推进以后，用于综合开发、商品住宅建设的投资还会增加，市场还会活跃。但是价格问题，则是必须认真研究解决的。现在商品住宅价格构成包含了不同程度的配套项目和地价因素，应分别厘清。但目前不论是房屋本身造价和综合造价，都确有一些人为的不合理的因素，使价格超过了人们的承受能力。价格上涨一方面是由于外部条件还不成熟，地价隐含于房价之中，一时还理不出来；另一方面是城市建设系统本身的原因，主要是成本费用的提高。其中，如人工和材料涨价是正常的；有一部分涨价则是由于配套项目增加、摊入成本的费用增加所致；还有一部分是摊派或重复收取不合理的费用，如商业用房就有重复收费的问题，是不合理的。当然也有很多是由于缺乏精打细算，经营管理不善，组织设计施工和选用材料、设备不当所造成的。多方面的原因使房价的差异很大，如一般中等城市的房价每平方米是600—800元，这个价格有相当一部分人还是可以承受的；但有的城市房价达到1000元以上，繁华地段价格更高，就很少有人能够承受了。虽然后一种情况还是少数，但造成的舆论影响是很大的。我们主张，首先要从加强主观努力、改进内部条件着手，狠抓经营管理，千方百计降低成本。另外，综合开发的配套标准要与我们的经济发展水平相适应，不能搞超前消费。要根据我们的国情，提倡少花钱、多办事，争取用有限的资金多解决一些居住问题。为控制商品住宅价格的上涨，我们还打算在价格管理办法出台之前，搞一些试点，与地方同志共同研究、配合，公布取缔一批明显不合理、不宜摊入商品住宅价格的收费项目，这是当务之急。希望大家能支持我们的工作，一旦公布后就要严格执行，千方百计把商品房价格降下来。这次全国人大开会时，大家最关心的一个问题就是企业效益问题。提高企业效益虽然是个综合性的问题，但核心还是如何降低成本。房地产企业当然不例外，也要在提高效益、提高质量、降低成本上下功夫。另外，关于销售计划问题，1090号文件已经明确，个人购买商品房的计划管理由各地制定办法。在这个问题上，各地要在政策放宽上积极地做工作。

2. 开发公司的数量问题。

虽然各地清理整顿公司的工作取得了一定成绩，但公司数量过多的问题仍然存在。每个城市有多少公司合适，一方面取决于长远规划和五年工作计划确定的开发工作量，另一方面取决于我们对开发活动的政策导向，以及如何防止综合开发收益的流失。根据中央七中全会的精神，房地产综合开发要适当加快进程；建设部提出"八五"期末综合开发率要达到50%，2000年以前达到80%。根据这样的发展规划，开发工作量应该是稳步增长的。但近期内还是要控制开发公司的数量。因为，我们近几年来商品房施工面积最多时不过一亿多平方米。按照"八五"计划和十年规划，到20世纪末达到小康水平，前五年每年需竣工城镇住宅1.5亿平方米，后五年是1.7亿—1.8亿平方米。十年就是这样一个总体水平。而我们开发公司已有3000多家，现在平均每个公司年施工不超过4万平方米，只是一个小区或组团的水平，建设总量与公司数量已经不平衡了。我们搞的是综合开发，是集约经营和规模经营。开发公司过多只可能出现一个结果，就是一批小企业以开发的名义搞见缝插针、分散建设。这种局面与我们搞综合开发的宗旨相悖，也不利于国营大型骨干企业的发展。因此，还是希望大家借这次清理整顿的大好时机，克服困难，下决心撤并一批开发公司。北京市已决定将原有的42家开发公司撤并为23家，除允许区县各保留一家、中房公司保留一家外，市各委办所属开发公司共保留4家。他们的做法各地可结合实际情况学习、借鉴。

3. 行业管理工作还很不适应。

在行业管理工作中至少要解决两个方面的问题：

一是管理机构的综合协调职能有待于加强。综合开发无论是新区建设，还是旧区改造，从计划立项、征地拆迁，到工程建设、配套建设、经营、交付使用，涉及的环节多、部门多。主管部门不但要与建设系统内的规划、设计、市政公用、园林绿化等部门打交道，还要和建设系统外的计划、土地、电力、通信、商业、教育、文化、体育、公安、街道等部门、单位打交道。综合开发工作的关键在于搞好内外部的协调工作。为此，一方面要通过，加强宣传，使各有关部门逐步了解和支持综合开发工作，减少关卡、简化程序，提高工作效率；另一方面迫切要求建立起能够协调内外部门工作关系的综合开发主管机构，更好地为基层服务。

二是行业管理的基础性工作还十分薄弱。法规建设还处于起步阶段，特别是国家一级的法规，目前还是个空白；说明行业基本情况的经济技术指标及其考核办法、制度，都还没有建立起来；与综合开发、小区建设相适应的质量标准、管理责任和检查办法都还没有形成；主管部门不掌握行业的生产计划，指导生产不力；行业的统计工作，统计指标体系等，也亟须调整、完善。

4. 开发公司内部管理需要进一步加强。

主要有三个问题：

一是企业在生产经营中质量意识不强，缺乏切实可行的质量保证体系。工程从规划设计开始，质量低下，是当前综合开发中暴露出来的最主要的问题之一。这里面有外部的原因，比如：一些参加开发的施工队伍素质低、基础设施专业施工队伍与开发公司未能很好合作等；但开发企业内部管理松弛，对施工质量监督检查不力，则是质量低下的主要因素之一。1989年全国商品住宅质量监督检查，合格品率只有51.25%，1990年为60%。从理论上讲，合格品率应达到100%，这次部里搞试点小区，有的地方提出合格品率达到80%就行了。我们认为还是得坚持100%的合格品率标准。虽然开发公司管质量确实存在着一定的困难，但是必须要求开发公司树立对用户负责的思想，建立质量管理体系，行使质量监督权和甲方应有的质量否决权，不能"层层转包"，或"以包代管"，把质量管理的责任完全交给承包的施工企业。

二是企业管理大都仍属粗放型、经验型，市场适应能力差。前几年房地产市场看好，开发任务量大，一些开发公司忙于揽任务、争地盘，忽视了市场对商品房质量和使用功能的要求，没有能够就一个项目拿出规范、全面的可行性研究报告。因而当市场情况发生变化时，一些企业就无所适从，除了向政府要政策、要"倾斜"以外，没有实实在在的应变措施。反映了我们企业的管理水平还很低，经营机制也很不完善。

三是各种类型的经营责任制还需要进一步摸索、健全。特别是，为加快住宅建设的步伐，解决资金问题，我们提出在沿海部分国营大中型企业中试行股份制的试点，或发放债券。进行这类较深层次的改革，迫切需要企业的经营管理水平有一个明显的提高。

前面谈到的是综合开发工作中需要解决的四个主要问题，还有一些问题是需要和有关部门进一步协商的，如价格、计划、契税、土地问题等；需要在今后管理工作中给予重视的，还有职工培训、人才培养等问题。

三、关于下一阶段工作的意见

房地产业司制定的1991年工作要点中关于综合开发方面已提出了我们要抓的几项工作。其中包括做好国家下达的290亿元商品住宅投资计划的资金筹集和项目落实工作。清理不合理的摊派费用，鼓励个人购买商品住宅；结合小区试点工作，制定有关的质量管理责任规定，把质量管理落到实处；研究、制订鼓励用房地产经营的方式改造城市旧区的政策；结合质量、品种、效益年活动，促使开发企业注重商品房质量、使用功能问题，继续搞好企业的资质审查和清理整顿工作；制定修改房地产综合开发条例等，对下一步工作的安排，除了房地产业司的工作要点外，我想谈一个指导思想，请大家研究。

综合开发和房地产业是密不可分的，都还处于方兴未艾的初级阶段。严格地讲，有许多外部条件还不成熟，而争取外部条件的改善，不是一厢情愿的事。因为综合开发和房地产业本身涉及方方面面，不仅涉及各行业、各部门的利益分配，涉及整个经济工作，而且住房问题更是涉及千家万户、每一个居民。所以，搞综合开发、搞房地产业要有一个全局的观点。我们的效益观不是局部的，也不单纯是经济的，而应该是全社会的，包括经济效益、社会效益、环境效益。而且从现在来看，综合开发起步不久，要想尽快发展起来，还应该把长远效益、社会效益放在首位。不但管理部门不能只看一时一地的经济效益，开发企业也要端正经营方向，考虑长远效益。有了这样一个指导思想，我们就会高度重视社会上对我们的一些反映，比如质量不好、房价高等等。特别在开创阶段，"优质价廉"是一个非常重要的问题，关系到我们的信誉，也是综合开发优越性的具体体现。提高综合开发率，不能单靠行政上的强制，而要让社会、企业、个人都体会到综合开发的好处，支持我们搞综合开发，这才是一个健康发展的道路。

前几年，我们部里一直提倡优质优价，这从商品经济的规律来讲是合理的。但是，这个问题实行起来还有一定的难度。比如我们现在搞试点小区，目的是要提高质量，可是我们的房价水平已经很高了，如果试点小区的房价再提高百分之几，社会舆论就很难接受了。不过从长远来看，还是要走优质优价这条路。所以，我主张开发公司要下功夫提高经营管理水平、提高决策水平，千方百计降低成本、提高质量；另外内部分配也不要搞得太多，还是要尽量多做贡献。

同志们！1991年国家的经济形势将会进一步好转，特别是七中全会提出了加快住宅建设、适当加快房地产综合开发和住房商品化的进程的方针，无疑会对我们的工作产生巨大的促进作用。我们要抓住这个有利时机，依靠各方面的支持，争取解决一些我们工作中长期得不到解决的难题，进一步提高综合开发率，提高住宅小区建设的整体水平。

目前，有一些城市综合开发的重点已从新区建设逐步转向旧城改造，面向棚户区和危房的改造，面向解决困难户的住房问题。这一转变，必然会给我们的各项管理工作带来新的课题，包括如何运用房地产经营手段，如何因地制宜地坚持综合开发的方针，如何使各类指标、标准反映出旧城改造的特点，等等。在这方面，应该说是大有文章可做。而如果我们抓得不紧，我们的管理就将落后于实际工作的需要。

今年是"质量、品种、效益年"，要求我们的开发企业从以前的追求产量、产值、速度，转向追求质量、品种、效益，以低投入、低消耗，生产适销对路、高质量的产品。我们目前抓住宅小区建设试点，就提出今后盖住宅要更新换代了，不能搞老一套的住宅建筑。根据综合开发工作的特点，我们应该在深化改革、降低成本、提高效益、普遍提高质量意识基础上，重点抓好住宅小区建设试点工作，推出一批优秀的规划、设计和受城镇居民欢迎的商品住宅。搞住宅小区建设试点，要本着这样一个原则：造价不高质量高、标准不高水平高、面积不大功能全、用地不多环境美。同时，我们还要继续抓好清理整顿、资质审查和企业升级工作；加强企业内部建设，努力提高现代化管理水平。

总之，我们现在的时机还是很好的，完全有条件在过去经验的基础上，使我们的工作上一个新的台阶。

本文为周干峙先生（时任建设部副部长）1991年4月15日在"全国房地产综合开发管理工作经验交流会"上的讲话。

在城市住宅小区综合试点新闻发布会上的讲话

女士们、先生们、朋友们：

今天，很高兴有机会告诉各位关于城市住宅建设方面的一个重要信息。即我部为了更好地提高广大城市人民群众的居住水平和质量，决定在今后一个时期内，分期分批地开展城市住宅小区的建设综合试点，力求在与我国社会经济发展相适应的情况下，在不增加造价的基础上，通过精心规划、精心设计、精心施工，依靠科学管理，综合开发和科技进步，把我国城市住宅的环境、功能、质量，提高到一个新的水平。而且要通过住宅建设，振兴建筑业，为国民经济的新发展做出贡献。

朋友们知道，我国自改革开放以来，党和政府非常关心人民群众的生活，十分重视改善群众的住房状况，并为此做出了很大努力。十多年来，国家每年安排的住宅建设投资都在200亿元以上，1987年高达310亿元。每年竣工的城镇住宅面积为1.2—1.3亿平方米，十年中各地建成2000多个规模不同的住宅小区，建房总量相当于新中国成立后前30年的70%，城市人均居住面积已从1978年的3.6平方米提高到1988年的6.3平方米，1989年的6.5平方米，部分群众的住房紧张状况得到一定程度的缓解。即使在当前的治理整顿时期，国家对住宅建设视同农业、能源、交通一样，在计划和各项政策上仍给予优先考虑，1990年安排了商品住宅建设计划220多亿元，大体上保持了去年的水平。总之，近十年来我国住宅建设规模之大，资金投入之多，都是空前的，成绩也是应当肯定的。但在发展过程中也有很多不足，概括说来，就是水平不高。主要是规划设计粗放，工程质量不好，不少小区规划不尽合理，建设不同步、不配套、不适用，建筑造型呆板、单调，住宅设计功能不高，以上种种问题，实际上是很大的浪费。

我国设计建造的一些公共建筑，已经达到相当高的水平，而住宅建设水平却长期上不去，原因是多方面的，主要的，恐怕还是我们有关部门，包括一部分领导同志，对住房建设还没有足够的重视，没看到它的综合效益和战略意义。

实际上，住宅小区可以说是一个城市和社会的缩影，它的规划设计水平，反映着人民在文化上和生活上的追求，关系到城市的面貌，是社会物质文明和精神文明发展的重要标志；住宅也是国家投入最多，物资消耗量很大的建设项目，它的水平如何，在很大程度上可以影响和带动建筑、建材、轻工等相关工业部门的发展；住宅又是使用年限很长的社会商品，人生的一半时间几乎是在住宅中度过的，其功能质量关系到人民的身心健康，影响到社会的秩序和安定。所以，搞好城市住宅小区的综合开发，提高住宅的建设水平，其社会经济意义是非常重大的。

为了适应我国社会经济发展的需要，逐步改善人民群众的居住状况，探索提高住宅建设水平的途径，1986年开始，我们曾在天津、济南、无锡组织安排了三个城市住宅小区的建设试点，虽然还不很完善，但在规划设计、建筑功能、施工质量、新技术应用等方面有一定突破（对这三个小区的宣传介绍还很不够，如天津川府新村大家如去看了就会知道）取得了一些经验。这就告诉我们，只要各级领导和有关单位给予足够重视，通过大家精心工作，依靠科技进步，提高住宅的建设水平，实现经济、社会、环境三个效益的统一是完全可能的。因此，去年部务会议决定，进一步扩大城市住宅小区建设试点，并分期分批组织实施，一方面是要逐步建立一批各具特色的住宅小区样板，另一方面要从中创造、总结出一些新鲜经验，以带动面上住宅建设水平的提高。经过半年多时间的准备，目前已有6个大区，14个省、直辖市、自治区的21个城市住宅小区的规划设计方案通过逐级评审，正式纳入我部第二批城市住宅小区建设试点计划。

提高住宅建设水平问题，是群众关心的一件大事，也是一项综合性很强的系统工程，它涉及许多层次，各个方面，从客观到微观，从硬件到软件，从政策到技术，从规划设计到产品生产等，工作上有许多困难。为了协调有关方面的工作，建设部已建立了由两位副部长担任组长，由九个司、局级单位的领导干部参加的城市住宅小区建设试点领导小组，并成立了试点办公室。一些省、直辖市、自治区的建设主管部门也对此作了相应的布置和安排。但是，仅靠建设部门的努力是不够的，建设部应当做好一些后勤服务工作，主要工作在地方，我们希望各地政府把它作为关心人民生活的一件实事，认真组织有关方面的力量，把试点小区抓好，在90年代，把我国的住宅建设提高到一个面目一新的新水平。我们希望社会各界，特别是有关部门给予配合，在资金安排、政策措施上给予支持，并提供优良的材料、制品和设备等物质条件。同时，我们也愿意和国外的有关部门、企业和组织，开展技术交流与合作。这里，也请新闻界的朋友们给予关心和支持，帮助我们及时沟通和转达有关的信息。

还有些具体情况请办公室同志介绍。

谢谢各位！

本文为周干峙先生（时任建设部副部长）1990年7月在城市住宅小区综合试点新闻发布会上的讲话。根据周干峙先生手稿整理。

总结经验　深化改革　加快房地产业的振兴发展

——周干峙副部长在全国房地产工作会议上的工作报告

同志们：

全国房地产工作会议在各方面的关心和共同努力下，今天开幕了。这次会议的主要议题是，认真贯彻邓小平同志南方谈话和中央政治局会议的精神，总结交流20世纪80年代以来房地产业改革与发展的经验，研究确定今后几年房地产业发展的目标和工作任务，并对今明两年的工作进行安排和部署。在我国，房地产业是一个新兴产业，召开这样的工作会议还是第一次。开好这次会议，对于进一步认识房地产业在经济、社会发展中的重要作用，深化房地产业生产、流通、消费环节的各项改革，加强房地产业的各项管理，促进20世纪90年代房地产业的进一步振兴，具有重要的意义。

下面，我从历史的简单回顾、对房地产业的认识和下一步要抓的工作等三个方面讲一些意见，供讨论参考。

一、20世纪80年代以来，在改革开放方针的指引下，我国房地产业迅速发展，房地产市场逐步发育

房地产业在我国是一项新兴的产业，而在世界上房地产业已有相当长的历史。各国名称有所不同，日本叫不动产业，香港叫物业或简称地产业，但具有共同的概念，即房地产业属于第三产业，一般不包括规划设计和建筑施工。房地产业是商品经济的重要组成部分，是经济发展的先导性产业，在国民经济中处于支柱产业的地位，而且是经济发展的"寒暑表"。6月16日"中共中央国务院关于加快发展第三产业的决定"中已把房地产业列入"投资少，收效

快，效益好，就业容量大，与经济发展和人民生活关系密切的"重点行业。

我国房地产业是在党的十一届三中全会以后，随着经济体制的改革和商品经济的发展而迅速崛起的，几年来，房地产业各个环节的改革相继展开。目前，我国房地产业已经初步形成为一个包括房地产的开发、经营、管理、服务等多种经济活动的高附加值的综合性产业。

我国房地产业之所以能取得迅速的发展，主要是做了以下六个方面的改革和开拓，解决了产业发展的前提和基础：

一是坚持推行国有土地有偿使用和房屋商品化两项基本政策。由此，国家对城市土地的所有权在经济上得以实现，用地结构也得以通过经济手段而调整。加上房屋商品化，改变了以往的房地产只有投入没有回收的产品经济模式，起到了完善生产要素市场，增加市场的商品流通量，调整居民消费结构，回笼货币的作用。土地有偿使用和房屋商品化有着不可分割的关系。土地经过开发，完成"七通一平"，把"生地"变为"熟地"，然后在上面建造房屋和各种设施，房屋与土地作为整体的生产要素和生活资料进入市场，在各个产业部门和人民生活消费领域中实现其价值的使用价值。土地有偿使用和房屋商品化这两项基本政策结合起来推行，才能培育我国的房地产市场，才能使我国的房地产业完成从产品经济向商品经济的转换。

二是坚持推行城镇住房制度改革，调整住宅建设投资结构，发挥国家、地方、企业、个人四个方面积极性，解决城镇居民的住房问题。目前，住宅建设投资中，企业占3/5，个人已占1/5。商品住宅的发展，使城镇住宅建设资金开始滚动循环。

三是坚持推行房地产综合开发这一社会化大生产的房地产生产方式。这几年我们房地产财富大量增加，城市的面貌有了很大的改观，关键的一条是坚持了综合开发这一先进的组织建设的方式。从全国各城市来看，大体上每年基础设施建设资金的50%以上是通过综合开发提供的。可以说，没有综合开发，就没有我们现在的投资环境和居住生活环境。

四是坚持"开放市场、严格管理"的原则，积极培育房地产市场体系。引导房地产巨额财富进入市场，搞活流通，积极发展房地产咨询、信息、估价、保险、金融、代理和中介服务等房地产综合服务体系，同时，通过行政、法律手段，加强市场管理。

五是加强房地产管理的基础建设。1985年，我国进行了每一次全国城镇房屋普查工作，基本摸清了全国城镇房地产的家底，建立了比较完整的档案和数据库。在此基础上，开展了产权登记发证工作，推行了房地产产权产籍管理的现代化、规范化，并出现了物业管理和委托代管等房地产管理的新形式，推动房地产管理（存量房地产的管理）朝着社会化、专业化的方向发展。

六是促进房地产管理部门的职能转变和企事业单位经营机制的转变。房地产管理部门逐步地从过去只管理一些直管公房和直属企事业单位的小圈子里跳出来，面向行业、面向市场、面向社会。房地产经营企业开展了"一业为主、多种经营"，由过去靠政府补贴为主逐步转变为通过经营创收向国家提供越来越多的财政积累。

另外，我们还抓了落实私房政策、人才培训、科技进步等工作。这些工作，都对房地产业的发展起了促进作用。

十几年来，在各级政府的重视下，在有关部门的支持下，经过房地产业战线广大职工的共同努力，我国房地产业取得了很大发展，主要表现在以下五个方面：

（一）房地产综合开发成绩显著

"七五"期间共完成房地产开发工作量1027亿元，每年平均递增26%；每年商品房施工面积1亿平方米左右，竣工面积5000万平方米左右。建成了总建筑面积在5万平方米以上的住宅小区2600多个；通过综合开发为城市提供了2600万平方米工商文教用房以及大量的城市基础设施。十年前才起步的房地产综合开发，现已成为城市房地产生产的主要方式。1991年，城镇住宅的综合开发率达到47%，房地产开发企业完成开发工作量336亿元，比上年增长32%，占全社会固定资产完成投资的6.36%；施工房屋面积1.25亿平方米，比上年增长19%，其中新开工房屋面积增长57%；经营总收入达到283亿元，比上年增长29.2%；人均完成利税达1.2万元。已经形成了一支拥有资金238亿元的有一定实力的房地产开发企业队伍。有3700多家开发公司，一级公司已批57家。

（二）城镇住宅建设发展迅速

城镇住宅是房地产业的最大宗产品。改革开放以来，我国城镇住宅建设结束了长期徘徊在每年平均二三千万平方米的历史，1979年达到7500万平方米，1980年突破了一亿平方米大关。1980年以来，我国城镇每年平均新建住宅

1.2亿平方米，用于住宅建设的投资累计已接近4000亿元，是新中国成立后前31年住宅建设投资的五倍多。总计15亿平方米的新建住宅投入使用，是新中国成立后前31年新建住宅投入使用总数的二倍多。目前，我国城镇住房中，有一半是在改革开放以后建起来的。人均住房居住面积已由1979年的3.6平方米提高到了7.1平方米。1991年统计完成1.1亿平方米，至今没有积压的商品房。

（三）房地产市场流通日趋活跃

到1991年底，已有17个省、自治区、直辖市开展了土地出让工作，共出让地块1071幅，面积2500公顷，收取出让金24.7亿元。"七五"期间，全国商品房销售达1.32亿平方米，销售收入近700亿元；其中个人购买的商品房达4166万平方米，回笼货币150多亿元。存量房屋交易5833万平方米，交易总额124.6亿元；其中1990年，房地产交易已接近30万起，成交金额70多亿元。一个包括土地使用权出让、转让，房屋买卖、租赁，房地产抵押等各种经济活动在内的房地产市场体系正在逐步形成。

（四）房地产产权产籍管理制度基本建立

我国已在全国范围内建立健全了房地产产权产籍管理机构。并已基本完成了1987年开始的城镇房屋所有权登记和核发产权证的工作，建立了比较齐全的产权产籍资料。到1990年底，已完成了1772.11万户、房屋建筑面积46.5亿平方米的房产产权登记工作，占预计登记总建筑面积的99.33%；通过审查确权，已核发产权证1473.11万户，房屋建筑面积40亿平方米，占预计发证数的85.41%。结束了我国城镇房地产产权不清的历史，并正在大力推广运用电子计算机进行现代化方式的产权产籍管理。

（五）房地产业对于促进国家经济发展和增加财政收入的作用已日益显示出来

据统计，1991年全国城镇土地使用税收入31.7亿元，房产税收入37.2亿元，房产交易的契税收入1.87亿元，房地产开发企业纳税20.45亿元，仅这几项就占当年财政收入的2.3%。通过综合开发，以实物地租形式贡献的占全部城建资金的1／3以上（60亿—70亿元），总计共在150亿元以上。沿海商品经济发达的城市，房地产业创造的财政积累的比重更高一些。广州市1991年房地产开发企业的税收占当年市财政收入的4.55%。深圳市近几年房地产开发企业的税收超过每年市财政收入的10%，加上国有土地使用权有偿出让的收入，占深圳市财政收入的14%到18%。同时，房地产业还以实物和货币的形式，向城市建设提供了大量资金，有力地促进了城市的建设和发展。深圳市能在短短的十几年里从一个边陲小镇发展到现在的规模，城市基础设施建设能基本跟上经济发展的需要，很重要的一条是搞活了房地产业，通过房地产的开发、经营和流通，为基础设施的建设积累了资金。

一方面我们取得以上成绩，另一方面我们还应该清醒地认识到，我国的房地产业仍处于产业发展的初级阶段，还存在着一些相当突出的问题和矛盾。主要是：

（1）房地产业作为一个重要的产业部门，在国民经济中的地位尚需进一步确立。虽然在产业分类当中把房地产业列为第三产业的第二层次，但房地产业的各项经济指标以及产业发展的目标和有关政策仍有待于明确。特别是在观念的转变上，不少人仍将房地产业看作是单纯的收收房租、修修房子的简单服务行业，对房地产业的性质、作用和任务的认识还很不充分。

（2）总供给和总需求矛盾突出，其中，住宅和第三产业用房的供需矛盾尤为突出。以住房为例，据1991年统计，我国城市仍有缺房户486万，其中人均居住面积在2平方米以下的住房"特困户"有32.8万户。另外，有50%以上的住房设施不配套，还有危房3000多万平方米亟待改造。住宅建设任务相当艰巨。

（3）房地产市场还很不发育。城市土地使用制度改革刚刚起步，实行有偿出让的地产数量只占国有土地的很少一部分，配套改革措施也亟待跟上。商品房屋占城市房屋生产量的比重还较低，尤其是个人购买商品房在大多数地区数量仍较少。房地产的抵押、房地产金融都刚刚起步。对于房地产市场的运行规律，我们还没有完全认识清楚。对于房地产市场的行为规范和管理，也未形成完整的体系，城市地产的价格体系尚未建立。

（4）房地产业的管理机构不健全，特别是省和县两级房地产管理力量亟待加强。许多地方还存在着政、企不分，以企代政的现象。许多城市的建委和房地产管理局、开发办职责也没有完全理顺。

（5）法规不健全。近几年我国在房地产法规建设上花了很大的力气，国家出台了《土地管理法》《城镇国有土地使用权出让和转让暂行条例》《城市房屋拆迁管理条例》《城市私有房屋管理条例》等几个法律；行政规章、部门规章有十几个；地方性法规也发布了一些。但从总体上说，房地产业经济活动和房地产管理的许多环节，都缺少必要的法规。根据前几年的实践，我们在去年设想了一个房地产业的法律体系构架，体系中法律和行政法规有12项、部门规章有24项，但已出台的只有8项。而且这个法律体系从现在的形势看，尚有不完善之处。因此，法制建设远远跟不上房地产业发展的需要。

（六）领导体制不顺，政出多门。房地产业在我国是一个新兴的产业，目前的领导体制与这个产业的发展很不适应。政令不一，互不协调，甚至造成矛盾对立，使各项具体工作无所适从。虽然通过几年的实践，有些城市总结经验教训，本着房地不可分的规律，逐步理顺了领导体制，有些城市正在理顺，创造了许多好的经验。但中央有关部门的分工合作关系还没有理顺，大多数地方的部门关系，也没有理顺。领导体制不顺，各项管理工作被割裂，也使各项法规、政策不能根据客观需要及时出台。总之，现行的房地产业领导体制严重不适应，制约了房地产业的发展。

二、充分认识房地产业对推动经济发展的重大作用，抓住时机，加快发展

目前，我们国家的经济面临着一个新的发展高潮，而经济的发展必然首当其冲地对房地产业提出大量需求。实践已经证明，房地产业总是显示出对经济升温的敏感性和超前性。商品经济较为发达的珠江三角洲，从20世纪80年代起就呈现了一条规律，即经济建设的高潮来临时，最先的投资热点总是在房地产。现在的形势也反映了这个特征。广州市今年一季度签订的引进外资500万美元以上的项目合同中，房地产项目占57.67%；福州市今年5月份在香港召开引进外资洽谈会，所签订的合同中房地产项目合同占88%；海南省1—4月份外商投资房地产1.2亿美元，占全省外商投资的38.7%。从全国来看，今年1—4月份，与去年同期相比，工业总产值增长18.3%，全民所有制固定资产投资增长38.6%，社会商品零售额增长14.6%；而商品房完成投资增长78%，商品房销售额增长63.3%。这也表明房地产的投资热潮较其他产业投资热潮更早到来。认识这个规律，把握住这个机遇，我们才能够积极主动地加快发展房地产业，把它作为启动经济发展高潮的杠杆。

现在来看，加快发展房地产业具有多方面的重要意义：

第一，发展房地产业能够促进经济体制的深化改革。经济体制改革的一项重要内容是积极发展商品经济、培育生产要素市场。房地产是基本的生产要素，无论从事哪一项经济活动，都需要以房地产为依托；人们的生活更离不开房地产。房地产市场是生产要素市场不可缺少的组成部分。历史的经验已经告诉我们，建立起符合商品经济规律的房地产业，把房地产开发、经营和流通搞活，则生财聚财，则增强整个生产要素市场的活力，促进商品经济的发展。据估计，在20世纪的后九年里，为了满足经济和社会发展的需要，我们需要开发和再开发大量的各类建设用地，需要新建30多亿平方米的城镇房屋，需要改造近30亿平方米的城镇旧房屋，另外还需要大量城市基础设施的配套建设。这些建设的总投资得以万亿元计。如此巨大的投入，搞活了，形成投入产出的良性循环，加速建设资金的周转，就会对经济发展产生重大影响。大家知道，资金周转问题是发展经济的极大问题。一元钱，只投入，不回来，是一种情况；投下去，一年收回，是另一回事；如半年就收回，就等于两倍的效益。

第二，发展房地产业能够促进对外开放。一方面，沿海城市在引进外资中已反映出一种迹象，即外商热衷于投资房地产。在沿海对外开放的进程中，封闭房地产市场是不可能的。房地产业是对外开放中的一个有吸引力的领域。另一方面，要扩大对外开放，要引进外资搞工业和高科技项目，很重要的是改善投资环境，房地产市场必须为之提供必要的生产经营和居住生活的场所。所以，无论是"筑巢引鸟"，还是"引鸟筑巢"，都需要发展房地产业。房地产业发展了，就为对外开放创造了最重要的基础条件。

第三，发展房地产业能够启动市场、带动其他产业的发展。房地产商品的生产、流通和交换，与建筑业、建材、冶金、纺织、化工、机械、仪表、森工等50多个物质生产部门紧密相关，并直接影响到家用电器、家具、装饰产品以及金融业、旅游、园林、运输业、商业、服务业的发展。根据国外经济学家的分析，房地产商品的销售额每增加一元钱，就可以带动其他商品销售额相应增加1.34元。目前房地产市场中，仅商品房屋的销售额一年就达245亿元，存量房地产的交易有100多亿元，加上引起相关商品销售额的增长，上千亿元的资金在市场中就会流动起来，这样就可以大大促进经济的进一步搞活。

第四，发展房地产业能够有利于解决城市建设资金短缺问题，较快地改善城市的投资环境和生活环境。长期以来，城市建设由于资金不足，跟不上经济、社会发展的需要。从这几年房地产业发展的实践中，我们可以明白一个道理，城市建设的资金原来就在城市房地产这个"金饭碗"之中，即可以通过房地产的开发和经营来生财聚财。城市基础设施建设就是城市土地开发的成本投入，理应从土地级差效益中得以回收，并体现社会公平分配。城市土地的级差效益是由于人类劳动的投入得以提高的。荒原一片，土地不值钱；路修好了，地价就上涨；盖上房子，搞好各项配套设施，环境进一步改善了，房地产价格上涨的幅度就更大。交通干道附近的和交通干道纵深地带的房地产价格相差很大，市中心和郊区的房地产价格相差很大，悬殊的能差上百倍，甚至上千倍。新中国成立前，上海、天津、武汉等城市就是如此。温州最近繁华地区每平方米楼面价已达8000多元，而一般群众住宅区只售300多元，差20多倍，级差拉开，看来是合乎规律的。城市土地级差收益主要是用来搞城市建设。同时也是实现国家宏观控制、合理社会公平的重要手段。地价问题、房地产市场问题，是和整个商品经济密不可分、相辅相成的。目前沿海地区条件比较成熟，但即使在一些商品经济不发达的地区，住宅、商业、服务业的发展也还是相当快的，也有条件把发展房地产业与发展住宅、商业、服务业结合起来，一方面可以满足经济发展的需求；另一方面可以收回投资，循环、滚动用于城市建设。

第五，发展房地产业能够促进我国产业结构的调整。调整产业结构、发展第三产业，是我国加快现代化建设的一个重要对策。近几年来，我国第三产业尽管发展很快，但产值只占国民生产总值的27%，从业人数不足社会就业人数的20%。而在发达国家，第三产业的生产总值和就业人数都占60%左右；发展中国家也占40%左右（印度为41%，印尼39%，菲律宾43%，泰国47%）。第三产业是带动我国经济上一个新台阶的关键产业，而房地产业又是第三产业中的重要组成部分。在日本国民总资产的评估值为6854万亿日元，不动产业（即房地产业）的价值占37%（2525万亿日元），仅次于金融业，日本在GNP中房地产业为钢铁业的两倍，从业人员也是两倍。房地产业的振业，不仅可以有效地加大第三产业在国民经济中的比重，而且还可以带动第三产业其他部分的发展，从而促进我国产业结构的合理化。

今后若干年内，将是房地产业大发展的极好时机，我们要充分认识房地产业发展的必要性和重要性，抓住机遇，胆子更大一些，步子迈得更快一些，使房地产业有一个大的发展，起推动国民经济和社会发展的作用，成为真正的支柱产业。

三、深化改革，奋力开拓，促进房地产业上一个新台阶

我们要发掘房地产业的潜力，使之成为国民经济的一个支柱产业，除了深化改革，别无他途。实践证明，房地产业的活力在于遵循价值规律，在于把房地产作为商品经营的对象，使房地产经济和商品经济的发展密切结合起来。作为资源概念的房地产，自身是不会形成产业的，它只是产业活动的基本要素。只有把这个基本物质要素投入于商品经济的循环过程中去，房地产资源在经济活动中的巨大能量才能得以释放。我们要转变观念，开阔思路，努力做好发展房地产业这篇大文章，更好更快地上一个新台阶。关于加快房地产业改革和发展的总体规划，我们制定了《住宅建设与房地产业十年规划和"八五"计划》，已印发给各位代表。总的思路是：要紧紧抓住城市土地使用制度改革和城市住房制度改革两项重大改革，贯彻国有土地有偿使用和房屋商品化两个基本政策，坚持综合开发这一社会化大生产的生产方式，积极培育房地产市场，相应地加强房地产业的行政管理和行业管理，具体说我们要着重抓好以下七方面的工作：

（一）进一步改革房地产的投资体制，扩大房地产的生产、流通、消费资金来源，保持住宅建设的合理规模和增长速度。

发展房地产业需要大量资金的支持。其中，实现2000年小康居住水平目标，不仅需要新建大量的住宅，而且还必须改造大量的旧住宅，要结合各地实际情况落实资金来源。特别是住房水平较低，政府财力困难的地区更应该依靠社会力量筹集资金，政策措施要更灵活一些、大胆一些。

这里有几个问题需要强调：

一是要保证住宅投资在年固定资产投资计划的比重不低于20%。城市政府用于解决中低收入城镇居民的住宅建设资金不低于住宅建设总投资的20%。当然，随着房改的进展，这笔投资可以日益增多地收回一部分，但关键是要保持稳定的资金投入规模。

二是要把发展商品房、鼓励集资建房、合作建房、企业建房和个人建房

的各项优惠政策真正落到实处。计划、用地、规划、材料、信贷、税收等方面给予倾斜。对解决住房困难户和危房改造的集资建房和合作建房，应不受固定资产投资规模的限制。用于中低收入家庭的住宅建设用地应实行优惠价格，并由政府或企业承担大配套设施的费用。中低收入居民购买商品房，继续享受减免部分税费的优惠。深圳、珠海、广州等市的做法，就区分解困房、职工用房、商品房和外销房四种房价。

三是要结合住房制度改革，加快住宅投资、建设、分配体制的转换，抓紧配套的政策法规的出台。要逐步开放个人购建房抵押贷款市场，鼓励居民进行多种形式的住房储蓄。要建设各种档次的商品住宅投放市场，增加小套型、粗装修、大厅小居室和灵活布置住宅的比重，以适应城镇居民家庭小型化、功能要求个性化、自费装修热的社会发展趋势。要避免二次装修时破坏房屋结构和造成浪费，自费装修也要有组织地进行，各地应制订管理办法，对优惠价格的住宅，应严格控制住宅面积标准和建筑标准。从福利分配的住宅到商品住宅，对设计是一个深刻变化，要抓紧改进住宅设计，改变老一套的设计思想和方案思路。最近已有不少实践反映这一改革，是广大居民的需要。搞好了可以促进售房和住房制度的改革。

四是必须与银行密切合作。房地产业是金融业的最大客户。近几年来，国家建设银行累计向房地产开发公司发放流动资金贷款368.73亿元，为开发公司预收购房款余额251亿元，代理开发公司发行住房建设债券22.6亿元。从1989年到1991年还向有支付能力的城镇居民发放个人建房贷款46亿元。发展房地产金融业务，搞好集资、融资和抵押贷款，就可以大大加速资金周转。这一条是全世界的普遍规律。

（二）切实加强对城镇国有土地使用权转让、出租、抵押等经营活动的引导和管理，有步骤地推动城镇国有土地有偿使用。

城镇国有土地实行有期有偿使用，是我国城镇土地使用制度的重大改革。搞好这项改革，对于提高城市土地的配置效益，开辟城市建设稳定的资金渠道和增加财政收入有重大意义。城市用地制度改革和住房制度改革一样，是一项根本性的重大改革，既要积极，又要稳妥，要创造配套条件，分地区、分地段逐步推进。用地制度改革涉及住房制度改革的所有方面，另外还涉及企业制度和外经贸制度，涉及企业的承担能力，国家仍在试点。我个人看法，它不同于住房制度改革，不宜于也不可能在全国同时推进，在全国范围内和一个城市范围内都有一个"梯度发展"的过程。用地制度改革中的一个核心问题是土地价格问题。特别要慎重地决定地价，不是越高越好，也不是越低越好，要有统一规划，能够动态调节。看来，房地产、规划、城建必须密切结合。最近我们了解温州的经验，主要是以规划为龙头，统筹开发建设，为市政府开辟了"第二财源"，促进了城市建设发展。现在市内各方面都满意，走上良性循环的道路。

各级建设部门和房地产部门要抓紧抓好城镇国有土地使用制度的改革。要履行国务院赋予建设部门、房地产管理部门对城市土地开发经营管理的职能，采取切实有效的措施，加强对城市土地开发利用和土地使用权转让、出租、抵押等经营活动的管理，并积极配合土地管理部门做好城市土地使用权出让的有关工作。要职能到位、职责到位、机构到位。

这里我想强调一点，房地产开发经营必须和城市规划工作紧密配合。要深化城市规划，适应城市土地有偿使用的紧迫要求。希望有条件的城镇都应抓紧做好城市分区规划和控制性详细规划，确定土地的分等定级、评估土地的使用价值，为编制土地开发计划（包括新区开发和旧区改造）提供基本依据。

城市房地产开发的一个重要目标是要促进城市土地优化使用。目前城镇国有土地共约2.5万平方公里。通过社会经济的发展和城市开发建设的大量投入，其价值不断增值。应当促进这笔巨额资产在流通中生财、聚财，在国民经济中发挥应有的作用。最近上海已配合浦东新区规划建设，对南京路、淮海路做出了城市土地使用结构调整的规划，准备逐步把一部分工厂、住宅搬迁出去，空出的地皮搞金融和商业，提高城市土地的配置效益。这是上海城市建设中长期难以解决的一个问题，这次看来有可能解决了。在土地优化使用过程中，应当逐步理顺国家、企业和个人在土地收益中的分配关系。我们在物价部门的支持下，已经提出了在存量房地产交易中收取国有土地收益金的办法，就是根据国情，逐步地向有偿使用过渡。对原行政划拨的土地，应通过试点，逐步转入有偿、有期使用。土地全部进入市场，至少在眼前看来尚无必要，还会有一部分仍要无偿划拨（公园、机关、医院、学校等等）。

（三）坚持推行房地产综合开发，提高商品房建设水平。

通过房地产综合开发实现城市规划，解决了长期以来由于分散投资、分散征地所造成的经济效益、社会效益很差的问题。我们要坚定不移地推行这一建设体制，从建设项目的用地审批、规划控制、计划管理等环节，综合地组织城市的各项建设和房地产的生产。城市建设是由各项具体的房地产综合开发汇合而成的。经过十几年的实践，我们已经认识到房地产综合开发的组织管理和实施两个层次的特点。今后，城市建设主管部门要从组织管理层次的角度，把主要精力放在提高综合开发比例、改善房地产开发企业内外部环境、提高企业活力和效益方面，做好组织、协调工作，以行政手段促进综合开发的发展，以经济手段调节实施层次（房地产开发公司）的具体生产、经营活动。

在今后几年，我们面临着一个房地产开发的新高潮、大量的资金会涌向房地产开发，房地产开发企业会有新的发展。企业发展，当然是产业发展的伴生物；但是过度发展，就会出现企业生产规模过小、市场秩序混乱等问题。我们考虑要建立这样一种房地产开发的市场环境，即只允许少量的国营房地产开发公司拥有城市土地开发权，保证城市土地开发收益的正确流向，其他房地产开发公司从事房屋的开发；对住宅小区等重要项目，以指令的方式由骨干房地产开发公司承担，计划指标和项目一起下达给开发公司；对一些房地产开发项目应该实行招投标制，商品房屋建设计划随项目走，在审查投标资格的基础上，适度放开市场，允许符合资格的企业从事项目型的房地产开发。我们正在与国家工商行政管理局、建设银行联合会签一个文件，明确房地产开发专营公司和项目公司的管理办法。

要建立符合商品经济发展的商品房屋价格管理体制。对非住宅的商品房屋，要逐步放开价格，实行市场调节。在商品住宅的价格管理上，我们要逐渐建立这样一种思路：第一是以比较低的地价促进住宅建设，调节住宅价格；第二是把政府解决住房问题的行为与房地产开发企业的经营行为有所区分，政府以指令性的方式委托开发企业建设住宅，对其中用于解困的住宅，政府以成本价向房地产开发公司收购，由政府统一调配，对一般职工住宅，则由开发企业根据成本投入确定价格，并实行最高限价制，另外应根据市场需要，推出一部分全商品价住房，对外销售的住宅则可按照市场情况随行就市，放开定价。

还要把各种旅游区、工业区、商业区的开发建设纳入房地产综合开发的轨道。一方面，各种旅游区、工业区、商业区的开发建设，是城市发展的组成部分，以综合开发这种科学、合理的方式组织建设，是实现城市规划的有力保证。另一方面，这种区域性的开发，也是房地产开发、经营的良好舞台，对促进房地产业的发展是大有可为的。

要严格进行综合开发的质量监督和管理。小区规划要坚持合理的配套标准，同步建设，同步进入使用。住宅工程质量达不到国家合格标准的，不得投入使用。售后管理维修资金、人员不到位的住宅，不能推向市场销售。质量问题严重和对住户不负责任的建设单位和施工单位，要公开"曝光"，追究领导和当事人的责任，给予必要的经济处罚。北京市为此做出了榜样，收到很好的效果。

（四）要积极引进外资开发房地产，抓紧制定有关管理办法。

对外商投资开发房地产，我们已经与有关部门取得了基本一致的认识，即在以国营房地产企业为主导的前提下，适当放宽对外商投资房地产的限制。外商投资房地产开发经营，对我国经济发展有利的，要创造必要的条件给予鼓励和正确引导。在项目选择上，应主要安排与国家规定的鼓励类项目相配套的房地产投资项目，以及高难度、高档次的房地产开发项目。国家和地方通过项目审批工作对外商投资房地产进行宏观控制。

要改善对房地产外资企业的设立和立项审批工作。房地产业管理部门要会同有关部门建立统一、高效的办事程序和科学的管理体制。

要抓紧制定办法，控制地价。防止竞相以土地作为优惠条件吸引外商，避免无限制地压低地价，保证国家得到合理的土地收益。

在引进外资搞房地产开发经营时，我们一定要解决好几个问题，即项目的投资导向问题，土地收益流失问题（要实事求是分析，什么样的"流失"？"流"到哪里去了），商品房的销售方向问题，以及内外资房地产开发企业的平等竞争问题等。浙江、上海、广州已经颁发了外商投资房地产开发、经营的地方性法规，可供其他地方参考。我们总的想法是，引进外资要根据经济、社会的发展，有一个宏观控制规模；外商投资于房地产要有利于工贸项目、高科技和外向型项目的引进；要着眼于弥补建设资金和技术的不足；要有利于开拓海外房地产市场；涉外商品房屋主要应外销。对外商要实行国有土地使用权有偿出让制度，签订土地使用权出让合同；要拟好开发项目的规划控制要点，按项目引进外资，按项目招标由外商开发；要防止炒卖地皮、房屋和"楼花"，要保障境内外购房者的合法产权和利益。

（五）加快房地产企业经营机制的转换，进一步搞活房地产经营。

现在公司很多，经营效益大不一样。世界上这一产业的变动性很大，要努力增强房地产开发、经营企业活力。采取切实措施，扭转一些企业管理不力、经营不善的状况。要抓紧推进事业单位向企业化转轨，按照政事企分开、两权适当分离的原则，分期分批完成向企业化的过渡。要尽快完善企业经营责任制，改善企业经营的外部环境，真正建立起自主经营、自我积累、自我发展、自我约束的经营机制。要有计划地组建一批跨地区跨行业的企业集团，实行优势组合，使企业整体效益有一个新的提高，出现一批在国际市场有竞争力的企业群体。

要发挥房地产业对社会资金的强大吸引力和集聚力，开展发行债券、股票的试点。要充分利用金融杠杆为房地产筹资、融资，建立一个雄厚的资金市场，开展房地产储蓄、抵押贷款、信用贷款等业务。

以上是讲增量的房地产，还有一块就是"存量的房地产"也很重要。因为：①在房地产总量中存量总是占主要比重，其完好情况有重大经济意义。②市场从根本上讲受存量房地产状况影响，存量决定着供需。目前许多城市已有了一批以管理和修缮服务为主的企业，近期由于公有房地产的价格水平还很低，因此要分步进行房屋维修管理体制的改革。随着房租的逐步提高，房屋大中修项目逐步推行招标制度。小修养护应逐步实行费用自理制度或费用包干责任制。要按照"统一管理、专业承包、方便用户、合理收费"的原则，搞好小区管理服务，制订维修服务的收费价格和减免税费的政策。对出租公房中的营业性房屋租金，今明两年内应达到八项因素计租，新增加的营业用房，也可以实行市场价格计租。在商品经济比较发达的地区，可以采取竞投方式确定租赁价格。其增加的收益原则上留给企业用于解困解危和补贴公房维修费。在租金不到位的情况下，房地产企业的税种、税率应与其他工商企业有所区别，给予适当优惠。

积极发展各种所有制形式的房地产修缮、管理、信托、装饰等经营实体，发展物业管理和委托代管，提高房地产经营管理、维修服务的专业化和社会化程度。

（六）建立规范化的房地产市场管理体系。

要尽快建立健全包括土地使用权和房屋所有权流通转移的完整的房地产

市场，形成一个开放、规范、分层次和可调控的房地产市场，促进房地产巨额财富进入社会主义商品经济的轨道。要完善房地产评估制度，使房地产的出售、出租、抵押以及股票发行等市场活动规范化，建立符合我国有计划商品经济运行机制的市场管理体制。原则上对国有土地的使用权的供给即一级市场要实行政府的垄断经营；对房地产的开发经营即二级市场要以计划指导为主；对存量房地产交易的三级市场，要逐步实行以市场调节为主。在市场的经营主体上，要坚持以全民所有制、集体所有制的房地产开发经营企业为主，同时允许一部分私营企业和个人参与房地产的维修和一部分中介服务。

要建立健全房地产交易所，形成一个以传递信息、展示行情、促进流通的交易场所。要严格交易秩序和交易当事人的资格审查，打击非法倒买倒卖行为，保护合法收入，调节过高收入，取缔非法收入，把市场纳入健康发展的轨道。房地产交易所负责房地产估价、办理具体的房地产交易手续，包括交易登记、审核、立契等手续，提供有关法律、政策、信息咨询，以及交易双方的各种代理等中介服务。房地产交易所应是事业单位性质，起房地产行政管理部门的参谋助手作用。在房地产管理局内要设立市场管理处（科），对市场活动进行行政管理。制订房地产市场管理的有关政策法规，对房地产市场活动进行指导和监督，调控市场价格，进行价格管理。现在这一套市场管理和服务机构的职能还未完全理清楚，专业经纪人和经纪组织也还要取得试点经验。今后要本着政、事、企分开的原则逐步规范化。要通过多种方式和途径，组织和吸引房地产开发、经营企业和使用人进场交易，扩大供需见面机会。要充分利用各种现代化手段，加快房地产市场信息的传递，提高利用率。完善交易所的各项服务措施，希望各市抓紧建立交易所的工作，看来早抓早主动，早得益。

（七）提高房地产行政管理和行业管理水平，加强房地产行业的基础建设。

房地产行政管理与行业管理，是房地产业管理的重要内容。应该承认，我们在这方面先天不足，队伍素质不高，力量薄弱，因此要切实健全法制，加速房地产管理的现代化进程。

今后几年，要在调查研究的基础上，抓紧房地产立法工作，重点抓好《住宅法》《房地产法》，同时抓好相应的配套法规。各地也要根据自己的实际情况，抓紧制订急需的地方法规。要通过各种形式的宣传。使房地产政策法规深入人心。房地产系统的职工更要认真学习、深入理解法律法规的内容，依法行政，依法办事。

我国社会主义的房地产业，有不少理论问题没有解决。要加强房地产的理论研究，借鉴发达国家和地区的经验，结合国情建立我国自己的房地产业的理论体系。

目前，在实际工作中，要进一步加强产权产籍管理，巩固登记发证工作的成果，建立正常的产权产籍管理秩序，并搞好房地产仲裁工作，维护当事人的合法权益。

要进一步抓好房屋修缮管理，提高房屋的完好率。争取用5到10年时间，把危险房屋改造完。

要进一步调整充实房地产业管理机构。逐步解决政出多门、机构重叠、职能交叉、互相扯皮等问题。各市、县的机构问题尊重地方决定。从世界情况来看，一般管好房地产是市政府重要职能，特别在资本主义国家，私人财产神圣不可侵犯。有很大一摊人管房地产。已建立房地局的市、县要搞好机构的"三定"（定职能，定编制，定级别），在建设部门内部理顺建委、开发办和房地局的职能分工，把属于房地局的职能明确归于房地局。建立有利于房地产业发展的统一、精简、高效的房地产业管理体制。

要切实提高职工队伍的整体素质，建设一支思想素质好，文化水平和专业知识较高及专业配套的专业技术及管理队伍。要大力推进房地产业的科技进步，尤其要加强软科学的研究，及时地把科技成果转化为生产力，提高投资、管理、生产的效率和开发、建设、经营、管理、修缮、服务的质量。要把职工教育作为发展房地产业的基础和先导工作来抓，到2000年，县以上房地产业职工队伍中的专业人才的比例应达到15％。部分岗位规范的管理岗位工作人员全部达到岗位规范要求。所有管理人员均达到中专或高中以上文化程度。

要大力加强职工思想政治工作，加强廉政建设，端正行业作风，树立良好的行业形象。

要加强与有关新闻单位的联系和对房地产报刊的业务指导，大力宣传发展房地产业的意义，及时报道房地产业改革和加快住宅建设的经验。

同志们：90年代，房地产业改革和发展的任务是很艰巨的。我们既面临着经济发展要求房地产业加快发展、房地产业政策和各项改革措施不断完善的机遇和有利条件，也面临着在理顺体制、转换机制过程中的各种困难。有一些问题，不可能在一个晚上都解决。我们要坚持不懈地从理论、政策、法规、体制和宏观调控等方面扎扎实实地进行艰苦细致的工作，一步一步地解决突出矛盾和关键问题。我们既然已经认识到发展房地产业在国民经济工作中的重要性、迫切性和艰巨性，我们就一定要有明确的目标，坚定不移地为实现目标而奋斗。许多事情，许多矛盾问题，不能等、靠、要，而要根据自己的条件去争、闯、办。要坚持正确方针，坚持按政策办事，主动地大胆地去创新局面，我们的发展方针是奉献政府，造福人民，完善产业，推动经济。我们的产业政策是：房地统一，培育市场；垄断大局，放开经营；规划指导，优化配置；金融支持，法制保障；面向社会，维护产权；健全税收，调节收益；逐渐推进，逐步规范。我们只要坚持正确的方针政策，按小平同志精神，大胆地干，积极地闯，谁干上去了，谁就是好样的。我们在80年代还没有今天这些认识，也没有这样明确的精神，但边干边学，边学边干，还是取得了很大进展；所以，在90年代，只要我们继续努力，胆子更大一点，步子更快一点，我们就一定会取得更大的进展，在振兴房地产业新的征途中取得更加丰硕的成果，走出一条具有中国特色的发展房地产业的新路子，为实现我国2000年的战略目标做出更大的贡献。

本文为周干峙先生（时任建设部副部长）1992年6月25日在"全国房地产工作会议"上的工作报告。根据周干峙先生保存的文件资料整理。

在全国房地产工作会议上的总结讲话

同志们：

这次全国房地产工作会议今天下午就要结束了。刚才，六个小组代表分别讲了话，汇报了各组座谈讨论的情况，提了很多很好的意见，实际上已经对会议作了小结。同志们普遍反映，在各地区、各部门认真贯彻落实邓小平同志南方重要谈话和中央政治局全体会议精神、改革开放掀起新的高潮的形势下，召开这次全国房地产工作会议，研究加快房地产业改革与发展中的重大问题，是非常及时的。许多同志是带着问题来的，所以讨论得比较深入、比较具体，会议开得是好的。

四天来，侯捷同志天天到会，在会议上作了几次重要讲话，侯捷同志的讲话是代表了建设部上下一致的，经过长期思考、酝酿的意见和态度，是有理、有力、有节的。这次会议还交流了很多地方的好经验，广东、浙江、山东、北京、哈尔滨等13个省、市在大会上进行了经验交流，代表们分别对这些讲话、报告、经验（共70多件）以及待议文件（十多件）等进行了认真讨论。会议开始时还对174家全国房地产业先进管理单位和180家产权登记发证先进单位进行了表彰。这次会议尽管时间不长，看来是有收获的。但对房地产这样一个新兴的、比较复杂的产业，一次会议的收获、所能解决的问题必然是有限的。这次会议的重点是总结交流了20世纪80年代以来房地产业改革与发展的经验，讨论了当前碰到的矛盾问题，对许多问题的认识通过讨论有所深化，有了认识基础，就有可能较好地考虑今后的目标和任务、安排好今明两年的工作。希望代表们回去后应即向省市政府汇报，认真组织传达贯彻。山东准备近期召开全省房地产工作暨理论研讨会，从理论和实践的结合上研究探讨房地产业改革与发展中的一些重大问题，并结合贯彻此次会议精神对发展山东的房地产业做出部署。江苏省建委提出准备召开有房地产、规划、城建等几个部门共同参加的开发建设会议。他们的这些设想都是好的。总的看大家都积极起来了。

我先讲一下今后部里怎么办？几天来，会议的气氛很热烈，大家发言很踊跃，对我们提出了许多很好的意见和建议，充分反映了各地同志对建设部工作的关心和支持，对房地产业的关心和支持。对于大家的意见和建议，将进行认真研究，作为今后改进工作的出发点。会后，我们准备在全面贯彻落实此次会议精神的基础上，重点抓好这样五件事：一是抓紧拟定《关于加快发展房地产业的报告》，报请国务院转发。最近，中共中央、国务院做出了关于加快发展第三产业的决定，把房地产业列为第三产业中的第一类重点产业，充分说明了房地产业在我国经济与社会发展中的重要地位，也体现了党中央、国务院对房地产业的关心和重视。我们一定要抓住这个有利时机，加快房地产业的发展。这是形势对我们提出的迫切要求。二是拟定房地产产业政策，这也是早就提出来的，现在条件具备了，我们要尽快报请国务院审批。三是积极做好协调工作，抓紧理顺房地产业的管理体制。四是加强组织建设和行业管理，着重抓好房地产经营管理、房地产交易所的建设和有关专业队伍的建设（如经纪人、经理人、评估师），并逐步推进物业管理。五是抓紧把提请此次会议讨论的几个待议文件认真加以修改，特别是关于开发企业管理、三资企业管理、交易管理的文件，要力争早日印发执行。

关于对当前和今后一个时期的房地产业工作的主要精神侯部长报告和讲话中已讲得很透彻了，我不再多讲，这里，只就大家关心的几个具体问题补充讲一点意见。

一、关于理顺管理体制的问题

管理体制不顺是大家反映最激烈、最迫切期望解决的一个问题。房地产业作为一个完整的产业，无论是吸引外资，还是实行商品经济下的综合开发，要起到比较全面地促进经济发展的作用，就必须克服这个障碍。应该说，经批准的建设部"三定"方案和国务院国发〔1990〕31号文件中，对于建设主管部门的职责早已做出了明确的规定。管理体制越来越不顺的问题我部曾多次向国务院和国务院领导同志汇报，邹家华副总理有过明确的批示，目前国务院也在就有关问题进行协调。最近，家华副总理将亲自听取建设部有关管理体制方面问题的汇报。这说明国务院领导同志对这个问题是很关心的、重视的，也是了解的。但彻底解决依然需要有一个过程。我们要坚持不懈地进行工作。我认为，我们的工作总是在矛盾中发展的，问题迟早要解决，时间也不会太久。

我的看法是：（1）当前时机很有利，经济发展正呼唤着房地产业作为一个完整的产业在经济发展中比较全面地发挥作用，坚持产业的完整是经济发展全局的需要。（2）经过几次协调，证明我们是按政府已经赋予我们的管理职能和明确了的职责分工工作的，我们应该在自己的职权范围内理直气壮、旗帜鲜明地把工作抓起来，而且要抓实、抓细、抓紧、抓好，尽快使工作上轨道。如果我们对应该抓、应该管的工作没有抓进来或管起来，那就是工作上的严重失职。从一定意义上说，理顺管理体制的基础还是在城市。只要城市的管理体制理顺了，许多问题都可以迎刃而解。

目前，已经有一些城市较好地解决了这个问题。如成都市，也曾有过一个时期对地产经营管理职能分工意见不一致，关系未理顺，但他们积极主动地向市委、市人大、市政府等领导机关宣传和汇报，让有关领导了解国务院国发〔1990〕31号文件的有关规定，介绍北京、云南等一些兄弟省市的情况和经验教训，把实践结果的利弊讲清楚，并积极进行协调，坚决抵制有些部门的越权行为。通过大量的宣传和协调工作，基本统一了认识，明确了分工，现管理职能已经基本到位。武汉市房地产主管部门加强土地经营管理的经验，代表们反映也是很好的。因此，理顺管理体制一是不能等闲视之，二是不能坐等观望，还是要积极主动地通过多种方式、多种渠道去协调，扎扎实实地把工作抓起来，努力打开工作的新局面。

二、在加快发展加大开放的同时，加强宏观控制问题

最近几个月来，随着经济发展速度的明显加快，房地产开发迅速热起来，开发公司迅速增多，城市土地大片出让、转让，由沿海到内地房地产业已成为普遍关注的热门话题。我想首先应当肯定，在我国经济发展新高潮的到来而出现的"房地产热"，从总体上看是正常的，是好的发展势头。作为房地产业的各级行政主管部门，正如侯部长讲的，要跟上势头，及时把握机遇，加快改革和开放的步伐，积极主动地促进房地产业的发展，充分发挥其推动经济发

展的杠杆作用;另一方面,我们在热潮中还应当保持清醒的头脑,要及时发现新情况,研究新问题,提出新对策,正确地引导房地产业健康有序地向前发展。这里首先是宏观控制问题。

许多同志都提到应如何对待新一轮的"争取土地热"和"开发公司热"。面对这"两热",上海市提出了"放开、管严"四字方针;深圳市提出了"放有度,管有法,活有序"的九字原则。基本精神就是市场要放开,管理要严格,放开和管严是对立的统一,应该正确处理。事实上,广州、深圳开放时间早、开放程度高,但他们的管理也是严格的。深圳去年出台的房地产法规就有8项之多,包括如何调节外商过高收益等,都有办法来调控,并通过立法来把它们明确下来。

我们加强宏观控制的基本目的无非有两条,一是开发建设与经济发展规模相适应;二是对超额利润能够实施宏观调控。调控的基本手段也无非是行政的和经济的两个方面。从广东、深圳等地的经验看来,以下一些具体办法是行之有效的:

一是严格控制土地开发供给量,就是从考虑市场总体出发,确定总供给量。不搞大面积的一次性划拨或批租。

二是严格执行资质审查制度,无论是房地产综合开发企业,还是土地开发或房屋开发企业,都必须严格按照资质审查的规定,经建设主管部门进行资质审查。凡未取得资质证书的单位和个人,一律不得从事房地产综合开发或土地开发、房屋开发。

三是严格城市规划管理。不论是城镇土地使用权的出让,还是土地使用权的转让,都必须符合城市规划的要求,服从城市规划的管理。凡不符合城市规划要求的,城市规划管理部门应当依照《中华人民共和国城市规划法》的规定,不予办理"两证一书"手续;对于未经办理手续而擅自出让、转让土地使用权的,应当依法追究其法律责任。温州、杭州等市的建委和规划部门,充分发挥了规划在开发工作中的龙头作用,积极主动地开展工作,保证了房地产市场健康而有序地发展。

四是制定必要的经济规定。如:为防止炒卖地皮,规定开发公司取得土地后,两年内必须开工建设,否则政府可收回土地;还要求开发公司必须在合约签署后保持一定比例的资金存放当地银行;任何公司每年都要预交一定数量的合约执行保证金，在上缴税金中扣除，徒有虚名者不予退回；对于开发未完成前转让土地或"楼花"者必须交纳一定额度的契税，使半截工程易手困难，等等。

五是加强房地产交易管理，并与产权产籍管理紧密结合起来。产权产籍的管理，最终在房地产管理部门，凡不合手续的，可以不发产权证。在这方面，一些省市已经取得了很好的成绩和经验。如山东省，现已有88个市（地）、县（区）成立了房地产交易监理所和房地产交易市场，有13个市、地以政府或行署的名义颁发了房地产交易管理办法，使过去分散的、地下的、非法的交易变成集中的、公开的、合法的交易，结束了长期以来房地产交易有市无场的历史。福州市房地产管理局为加强对房地产交易的监督和管理，主动与工商、物价、土地等部门联系，成立了以房地产管理部门为主体，有关部门各司其职、齐抓共管的房地产市场管理委员会。在具体管理中，房地产管理部门负责搞好市场的组织管理，办理各种房地产交易登记、监证及权属转移手续；物价部门负责制定价格政策和各种收费标准，查处违反价格政策的行为；工商部门负责查处黑市交易，打击地下经纪人和投机倒把行为，核发营业执照，协助把好租赁监证关；土地部门负责办理土地使用权变更；建委则负责协调有关部门之间的关系。北京市严格房地产市场管理，各有关部门在市政府统一领导下，严厉打击各种非法交易活动，也取得了很好效果。南京市始终坚持房地产交易管理与产权产籍管理相结合的原则，明确规定商品房未经市登记发证办公室办理产权登记、领取《房屋所有权证》和《国有土地使用权证》的，不得进行交易。这些经验和做法，很值得各地借鉴。

加强宏观控制根本办法还是要加快立法步伐，坚持依法行政，部里正在抓紧起草《房地产法》《住宅法》及有关法规的论证和报批工作。《房地产法》经过五届人大代表提出后，法工委已经把它列为迫切需要解决的立法之一。各省、自治区、直辖市、省会城市和经国务院批准的有地方立法权的城市，要针对本地区的问题，加快立法步伐，推动工作开展。许多省市已经颁布了不少地方性法规和地方规章，房地产业司要及时组织交流。对于已经发布的部门规章和政策性文件，要检查贯彻执行情况，认真组织实施。通过加强立法，严格执法，推动工作的开展，还是会做出成效的。

三、关于加快房地产业改革步伐的问题

经济体制改革中，房地产业改革最根本的任务就是要引入商品经济的机制。房地产业的改革要涉及许多环节，首先应当大力推行房屋商品化和土地有偿使用两项基本经济政策。其次，应当使房地产业从生产、流通、消费各个环节同步协调地推进整体的改革。在生产环节主要是抓好两项改革：一是房地产投资体制的改革，要在发挥国家、企业和个人三个积极性的方针下，采取切实有效的政策措施，包括与住房制度改革的有机结合，落实好计划、用地、规划、材料、信贷、税收等方面的倾斜政策等，广泛吸收社会资金特别是居民个人消费资金，以解决房地产开发经营资金短缺的问题，同时，还要大力发展房地产金融业务，通过金融机构发放抵押贷款和发行债券、股票等方式，为房地产开发经营融通资金。二是大力推行房地产综合开发，积极改革城市分散建设的落后方式。住宅、商业服务设施、办公楼以及能够纳入综合开发的工业建筑，都要力求纳入综合开发的轨道，努力提高综合开发率。

在流通环节主要也有两项改革：一是要下大力气抓好房地产经营，尤其是地产经营。通过开展城市土地出让、转让、抵押和房屋租赁、买卖、抵押等活动，开放和发展统一完整的房地产市场。二是要严格房地产市场管理，抓紧制订房地产市场的有关政策法规，对房地产市场活动进行指导和监督。建立健全房地产交易所，形成一个传递信息、展示行情、促进流通的交易场所，严格交易秩序和交易当事人的资格审查，打击非法倒买倒卖行为，保护合法收入，把市场运行纳入健康发展的轨道。还要完善房地产价格评估制度，建立起一支具有一定水平的评估队伍，以适应房地产市场发展的需要。

在消费环节，一要积极发展各种所有制形式的房地产修缮、管理、信托、装饰等经济实体，特别要注重发展物业管理和委托代管业务，努力提高房地产经营管理、维修服务水平，扩大专业化和社会化程度，提高经济效益，为城市居民提供多种方便服务。二要积极发展住房合作社，加快推进住宅投资、建设、分配体制的转换。这几年包头、武汉等地都有很好的经验，从全国来看合作社发展的还不多，只有百分之几，有很大的潜力。

引进外资开发房地产，是房地产业发展的重要组成部分，也是当前我国

对外开放的一个"热点"。我们总的态度是，既要积极又要慎重，既要鼓励又要加以正确引导。从目前情况来看，广州等地已有很好的经验，完全可以把握好政策上的"度"。看来主要问题是要注重解决好：（1）项目的投资导向；（2）合理的土地收益；（3）商品房的销售方向；（4）内外资房地产开发企业的平等竞争等问题。主要的方向有：一是引进外资要根据本地经济、社会的发展搞好规模的宏观控制；二是外商投资房地产要有利于发展工贸项目、高科技项目和外向型项目的引进；三是要着眼于弥补建设资金和技术的不足；四是要有利于开拓海外房地产市场。

四、关于加速企业经营机制和行业管理机制的转换问题

党中央、国务院多次强调提出，深化改革，要把重点放在转换经营机制上，这是整个经济改革的中心环节。从全国来看，各行各业也都把转换经营机制作为深化改革的重点。做到企业有生有死，职工有进有出，干部有上有下，工资有高有低，从而强化企业和职工的竞争意识，推动企业技术进步，增强活力与动力，争取更快的速度、更好的效益。应该看到，我们的企业经营机制仍不适应改革的要求和形势的发展，特别是有的企业效益不好，产品质量不高，还不能为政府做出大的贡献，这将成为阻碍企业发展的一个重要因素。因此，房地产企业要以全面提高服务质量和经济效益为中心，完善企业内部经营机制、改革分配制度，强化管理基础，力争企业管理再上一个新台阶，经济效益再上一个新水平。

要大胆学习借鉴国外一切有用的管理经验，要依照国际惯例开展对外经营，以适应对外开放的需要。这次会上沈阳市房地产公司介绍了他们模拟"三资"企业的管理机制，学习和引用"三资"企业科学管理方式，着重在用工制度、分配制度、劳动纪律、社会保障、职工福利等方面深化改革，取得明显成效，很值得借鉴。目前，组建企业集团，建立跨国公司是国际上的一个发展趋势。我们也可以采取股份制和联合、兼并等形式发展集团公司，以壮大竞争实力。有条件的还可以组建跨国房地产公司。

房地产管理的机制转换问题，主要是要明确，一是要由单纯管直管公房向行业管理过渡，二是要由房产管理向房地产管理过渡；要避免把房地产管理

割裂开来，城市地产经营管理是房地产经营管理的重要组成部分，是推行城镇国有土地实行有偿有期使用的重要手段。加强地产经营管理，用经济手段控制城市土地的合理配置，为政府回收应该回收的土地收益。从目前来看，城市土地使用权实行出让、转让等项工作刚刚起步，土地价格问题、土地收益的合理分配问题、土地市场管理问题等都还存在不少问题，90年代要加速发展房地产业，必须要解决好这些问题。希望各地一定要勇于开拓，积极进取，取得实际成效，巩固统一的房地产业。

五、关于加强学习、转变观念的问题

要加快改革开放，促进房地产业的更大发展，最重要的是要加强学习，转变观念。江泽民同志最近在中央党校讲话时指出：要把经济建设搞上去，要使社会主义中国在世界上永远立于不败之地，全党同志任重道远。我们要积极学习借鉴资本主义国家对我们有用的管理方法和经验，加速我国社会主义现代化建设步伐。应该讲，国外有许许多多的东西是我们不熟悉不懂得的。或者过去懂得的、熟悉的东西，随着科学技术的迅猛发展和知识的迅速更新，又变得不懂得、不熟悉了。所以，唯一的办法就是加强学习。只有加强学习，方能做到日新月异，跟上时代前进的步伐。需要学习的东西很多，同志们都很忙，是不是挤出时间主要抓好这几方面的学习：一要加强对马列主义、毛泽东思想和邓小平同志的有中国特色社会主义理论的学习，并用以武装我们的思想，使之成为我们加强党性修养，做好本职工作的行动指南。学习马克思主义理论要精，要学以致用，不能搞本本主义。要重点学好小平同志的著作，因为这是最新的发展了的马列主义、毛泽东思想。二要加强对经济知识和经济工作实践经验的学习。经济建设是我们的中心任务，不懂得经济学知识，不懂得实际经济工作经验，怎么能做好经济工作特别是经济领导工作呢？不直接从事经济工作的干部，同样应加强这方面的学习，不然也不可能做好为经济建设服务的工作。我们不仅要学习马克思主义的经济学，还要注意读些西方经济学著作，其中也有我们可以借鉴和利用的有益东西。我们现在懂经济的干部不是多了，而是少了，这方面的人才很缺乏，但这样的人才既不可能从天上掉下来，也不可能一个早上就都生长出来，还是要靠学习，靠长期坚持从经济理论和经济实践两个方面去学习。三要加强对现代文化知识的学习。一个革命干部，必须有丰富的社会常识和自然知识，以为从事工作的基础与学习理论的基础，工作才有做好的希望。没有这个基础，其社会常识和自然常识限于直接见闻的范围，这样的人，虽然也能做某些工作，但要做得好是不可能的；虽然也能学到某些革命道理，但要学得好也是不可能的。现代科学技术的发展日新月异，如果我们的干部不学习不掌握现代科学文化知识，虽然也能勉强做某些工作，但要做得好是不可能的。同样，虽然也能学到某些建设和改革的道理，但要学得好也是不可能的。加强学习，为的是增加知识，更新观念，解放思想，做好工作。现在不少人存在着一种僵化的思维方式，很简单化，因而束缚了思想，阻碍了深化改革、扩大开放。

我认为，当前转变观念最重要的是树立商品观念、市场观念、经济观念。发展房地产业是把开发出的土地和建成的房屋作为商品，通过房地产市场，实现商品交换，获取经济效益，这就要求更多地靠经济手段去调控，不是单纯靠行政手段去推行。现在发展第三产业，房地产业的队伍下一步需要量很大，因此必须要有一支具有一定水平和知识的队伍，只有加强学习，有点战略眼光，才能适应发展的需要。

六、关于加强与兄弟部门的协作配合问题

房地产管理工作涉及工商、税务、财政、物价、银行、国有资产、土地等部门，与各方面关系十分密切，特别是部门之间有的职能重复交叉，这里有的是技术上的问题，有的是体制上的问题，有的是完全重复的问题，要区别情况，认真对待，但一定要坚持充分协商，主动搞好协作，团结办事。这应该成为我们处理与兄弟部门关系的一条重要原则。事实证明，相关部门之间都围绕把经济建设搞上去这个大目标来想问题、做工作，是完全有可能取得一致意见的，即使是一时意见不一致，也要以事业为重，求同存异，协同共事，争取形成合力，才能把工作做好。

同志们，90年代将是我国经济迅速发展的新时期，这就为名副其实的、能为国民经济发展做出多方面贡献的房地产业有一个大的发展创造了极为有利的条件，我们一定要不失时机地抓住这个良好的机遇，立足本职，面对全局，不

怕困难，大胆创新，齐心协力，开拓奋进。"好事多磨"，一定要磨出一个宏大的房地产事业来，努力走出一条具有中国特色的发展房地产业的新路子，为改善城市综合环境和使经济更快发展做出更大的贡献！

　　本文为周干峙先生（时任建设部副部长）1992年6月28日在"全国房地产工作会议"上的总结讲话。根据周干峙先生保存的文件资料整理。

在沿海城市房地产工作座谈会上的总结

各位代表，同志们：

四天的会议就要结束了。会议的主要内容：一是交流经验；二是讨论修改五个文件；三是探讨发展房地产业所面临的一些问题，都已基本进行了。广州的经验，是我们会议的一个主要内容和组成部分。广州市的同志，很好地总结了几年来发展房地产业的经验，组织了土地开发的开标定标大会，给了大家一个亲临观摩的机会。沿海省、市的同志也在大会和小组会上交流了房地产开发、经营、管理方面的经验。会上，代表们对提交会议讨论的几个文件，提出了很好的意见。大家认为，为了促进房地产业的发展，制定这些政策性文件是很有必要的。但大家趋向于，全国性的规定都要订得原则一些，便于各地结合自己的具体情况贯彻执行。会后，我们将根据大家的意见对这几个文件作进一步修改。

很多同志提到，多年没有开这样的会，要讨论的问题很多，不能设想开一次会解决所有的问题。如一篇大文章，不容易在非常短的时间内一气呵成。我们的房地产业既是一项老的工作，又是一项新的事业，重要的是开好头。在会议开始时，我提出了一些问题，看来这些问题也不是几天所能讨论解决的，还需要我们进一步通过工作、实践，去研究解决。

下面，我根据会议情况，讲三个题目。

一、沿海城市发展房地产业的一些基本经验

从这次交流的经验来看，我国沿海城市房地产业已经出现了很好的发展势头。这个势头说明，商品经济越发展，房地产业的发展就越快，反之亦然。看来，不同城市有不同特点。福建的同志谈到，他们通过理顺综合开发管理体

制，使城市建设的活力大大提高，同时，发展了外向型的房地产业。山东的同志介绍了制定综合开发计划管理办法，强化政府职能，搞好征地、拆迁等方面工作的经验。天津也有自己的特点，特别是市政府，对综合开发、旧城改造领导有力，对城市规划和房地产业采取统一管理的办法，为城市建设积累了资金。他们的管理，集中统一，效率很高。重庆在完善房地产经营机制方面也积累了一些好的经验。会议介绍的经验是很丰富的。特别是这个会在广州开，使我们能够实际看到广州市综合开发的各项成果和他们发展房地产业特有的一些办法，也就比较系统、比较直观地看到了沿海地区房地产业面临的形势。看来大家对广州的经验非常感兴趣，给予了肯定的评价。所以，我想对广州的经验多说一点。

广州房地产业的发展起步较早。1980年，国务院在批复《第二次城市规划工作会议纪要》中，明确地提出了要实行城市建设综合开发和土地有偿使用这两个方针。广东省政府对此很敏感，看到了这个方针的重要性和潜在意义。他们抓住时机，大胆实践。1981年，省委领导确立了"以地养城"的指导思想，注意把城市综合开发和土地有偿使用有机地结合起来。广州市建委组织了土地利用调查和测算，包括对建成区的用地收取土地使用费的测算，并在1984年开始实行对新建区的土地实行招标投标。在1985年、1986年两年，又结合国家提出的住房商品化方针，根据单位和个人购房的要求，推行了向单位、个人卖房的工作。广州市的同志，创造性地把城市建设综合开发与土地有偿使用这两个方针结合起来，而且，在结合中，抓住了发展房地产业这个重要环节，制定了一些发展房地产业的办法。从昨天的开标定标现场会可以看出，新的形势还在发展，新的事物还在出现。我觉得，广州的经验可以归纳为以下三点：

第一，广州市发展房地产业，坚持走"统一规划、综合开发"的道路。从广州市建委戴志国同志介绍的情况可以看出，在这几年的实践中，他们反复强调了"规划是龙头"的指导思想。我们参观了天河、芳村开发区，体会到，这样大规模的投资建设，如果没有城市的总体规划和详细规划，肯定不能取得良好的效益。因为城市规划总是比较全面、比较综合地体现国家对城市发展的指导。一个地区的土地利用、基础设施的配置等大的框框，必须要由统一规划来确定。所以，城市规划还要有为城市建设超前服务的思想。龙头摆得正，龙身、龙尾才能活起来。另外，他们在综合开发方面是比较开明的。在发展房地产业过程中，他们把综合开发看作是开路先锋，采取"放水养鱼"的政策，给综合开发企业以优惠，放手让他们去经营，发展和提高综合开发企业的活力，不怕他们有积累。这一点，我认为是很有远见的。昨天的土地开发竞投活动有这么多企业参加，这就很能说明，在广州已经成长起一批有相当实力、能完成规模巨大的开发建设任务的企业群体。

第二，广州在发展房地产业过程中，及时进行了必要的立法工作。大家可以看到，广州的房地产经营很灵活，房地产的经营企业也多种多样，有独立的公司，有内联的企业集团，有中外合资的，有银行参加的，也有旅游饭店参加的。这次花地湾居住区竞投，中标者是省信托房地产公司，这里就有银行的参与，而且银行处于重要地位。这些公司的资金来源也是多门路、多渠道的。他们既有自有资金，也有利用外资、银行贷款、联合出资、股份、发行债券等等。看来，要发展房地产业，必须要有高度灵活的市场机制，同时还要有相应的、必要的法制。在这方面，广州市做出了很大的努力。据初步了解，在近几年内，有关房地产开发的规定、条例，广州市就搞了十多个，包括《商品房及有偿转让开发土地的价格管理暂行办法》《居住小区配套设施建设暂行规定》《城市建设综合开发公司管理实施办法》《私有房屋租赁管理暂行规定》《房屋交易暂行办法》《铺面房屋管理暂行规定》《城郊地区租赁房屋暂行管理规定》《国家建设征用土地拆迁房屋实施办法》《征用土地拆迁房屋纠纷仲裁暂行办法》《拆迁用地动迁工作管理规定》《房地产纠纷仲裁试行办法》等。这些办法覆盖面比较大，其中的许多办法都是在国家还没有统一规定的情况下，根据实际需要而制定的。我觉得，这种主动精神是很宝贵的。他们在开放搞活的同时，坚持从实际出发，在总的政策和客观条件允许范围内，制定适合自身特点的政策法规，促进了房地产业的健康发展。

第三，有一个比较健全和合理的管理体制，这是广州房地产业之所以能够比较顺利地健康发展的重要保障。广州在这个问题上，尊重事物发展的客观规律，尊重历史的经验，把房地产业工作放在城市建设主管部门的统一领导下。正是由于有一个协调的管理体制，才能够组织有关各方，同心协力地来搞好工作，才能大有作为。这种管理体制，符合"精简、统一、效能"的原则。广州的经验，没有照抄哪家的模式，也没有拘泥于某些理论。广州土地有偿使用的做法，在理论上讲也许并不完全符合，但从实践效果看，是符合生产力发展要求的。通过这次交流，我认为，房地产业是一个地方性很强的产业。重要的是，要善于在国家政策规定下，探索自己的模式，而不是强求一律。广州市通过土地有偿使用，通过房地产开发，大大地加快了房屋和城市基础设施建设的速度。今年，广州城市建设的总规模比去年还有所增长，大体为5亿元左右。这里面，国家给的钱很少，城市维护费仅占1亿元，80%要靠"以地养城"的办法。这对我们如何解决城建资金短缺是有很大启发的。房地产业的发展，带动了建筑业、建材业的发展，也为城市第三产业的发展提供了物质条件。所以，在过渡阶段，在很多关系没有理顺的情况下，要结合自身情况，找出自己的路子来。

二、关于对房地产业的基本认识

要发展房地产业，就要弄清楚它的含义和构成。我想在这个问题上，讲讲自己的看法。

房地产业是从事房产与地产的开发、经营和管理的产业。我们现在，搞了一点房地产，盖了一点房子，卖了一点房子，这与形成我国的房地产业还有相当大的差距。国外是怎样搞的，我们还不完全清楚。但是，我们能清楚地看到，在世界上许多国家，房地产业是产业结构中的一个重要组成部分。而过去，房地产业并没有列入我国产业结构。我们有建筑业的概念，但没有房地产业的概念。要形成房地产业，必须以房屋和土地（使用权）作为商品，按照价值规律，通过房地产生产、流通、消费三大经济活动，实现循环、增值，并使其在国家的整个经济活动中占有一定的地位，在城市建设中起到一定的作用。房地产业的发展建立在土地有偿使用、房屋商品化、住房制度改革三大政策的基础上，涉及五个方面的主要内容，即综合开发、房地产市场、房地产经营、房地产的管理和房屋维修服务、房地产金融业务。同时，需要有一套相应的管理体制，实力雄厚的企业队伍，较完整的法规体系，专业化的管理队伍。从整体角度上看，具备了以上条件，达到了这样的局面，才能说形成了较为完整的房地产业。

生产、流通、消费三个环节中，首先是生产环节，这一环节的前提条件是获得土地。市政府可以代表国家征用集体所有土地，也可以依法收回城市土地使用者的土地使用权，然后，把土地有期、有偿出让给土地使用者。这是土地所有者的行为，并形成国家垄断的土地一级市场。市政府通过协议、招标、拍卖方式，将土地有期、有偿出让给房地产开发公司，由开发公司组织开发、建设，成为这一环节的主要生产活动。但是，在目前土地有偿使用制度还没有正式确立的情况下，也存在着有些开发公司无偿获得土地使用权，占有了土地收益的问题；还有很多开发公司，实行事业单位企业化经营的管理体制，长期依赖于减免税收的优惠。这样，企业难以提高生存竞争能力。我们相信，在土地有偿出让、转让办法出台后，开发公司必然要向企业化方向过渡。开发公司不但要承担组织房地产生产的任务，还要从事房地产的经营活动，逐步扩展到流通、消费环节中去。

其次是流通环节。流通环节也就是房地产市场活动，包括土地的出让、转让、出租，房屋的出售、出租，房地产的抵押。从现在的情况看，房地产市场活动主要有两种形式。第一种形式是房地产经营企业的买卖、租赁、抵押活动。现在，除开发公司租赁、出售一部分房地产以外，专业从事房地产买卖、租赁的企业还很少。一些房地产经营公司，实际上是代政府行使所有者的职能，经营国家直管公房。这实际是一种不完全的资产经营公司。第二种形式是，产权所有人之间的交易活动。近几年来，企业、团体之间的房地产交易活动，随着企业承包、租赁、拍卖、兼并等资产流通形式的出现而日趋频繁。目前的问题是，还没有把企业之间的不动产的转移纳入房地产市场活动的范围，这些交易缺少科学评估，转移的价格往往是由双方协商拍板确定。今后，产权所有人之间的交易活动会越来越多。据广州市房地产交易所统计，每月到市交易所办理房地产交易的有40多起，仲裁案件每月有200—300起。这也说明市场的交易活动日趋发展，但流通还不活跃，环节还不很畅通。从发展房地产业这个角度看，进一步开放流通环节，是我们产业发展的一项重要工作。

在流通环节中，房地产抵押是一项重要活动。而抵押贷款的出现，将对房地产业的流通产生重大影响。抵押活动开展以后，房地产的经济活动就不只限于本产业范围以内，它将涉及整个经济领域。一位世界银行的顾问曾对房地产抵押活动做过这样的比喻，他说，要搞房地产市场，必须要有抵押，抵押对房地产业的意义就好比蒸汽机对产业革命的影响。为了说明这个问题，我搜集了两个例子，一个是温州市最大的一家私人轧钢厂，厂长姓章，28岁，此人懂点轧钢知识。1985年，他发现轧钢利润大，就将他过去的多年积蓄，会同兄弟、岳父等筹资20万元。但资金还不够，就将三家全部房产向温州建行抵押贷款25万元，另向民间信贷借款15万元，一共60万元，办了个轧钢厂。1985年创产值430万元，1987年产值大约1000万元。据银行等各方面检查，没有发现不合法的地方。这个例子说明，房地产业抵押贷款，在经济上会形成虚拟资本，加快资金周转、促进企业的发展。另一个例子是今年7月10日《人民日报》刊登的，宁夏一个搞科研的个体户有三项发明，其中一项卫星电视接收播放设备，获得了专利。他与温州那个个体户不同的是，所需资金采取借贷方法取得，后来由于不能及时还款，被起诉而进监狱。他在狱中继续搞科研，最后，在一次技术交易会上，他的成果被人认买，他才用专利款还清了债款。这两个例子很能说明一个问题，前者能很快地发展，不仅个人发家致富，也提高了社会生产力；而后者，即使他更有本领，但还是倒了霉。对社会来讲，生产力受到束缚，发挥不出来。所以我感到，房地产的流通，放得还很不够，打开这个环节是房地产发展的关键。经济学的常识告诉我们，发展经济的重要一条，就是加速资金周转，以促进生产和消费的发展。讲流通，把房子盖起来，经过交易，把资金收回来，再投入到生产中去，才能使生产和消费这两头具有活力。总的来看，对流通环节要大力开拓。

最后是消费环节。很显然，没有消费，就没有生产。没有合理的消费，就没有合理的生产。房屋建成以后，如何合理地经营和管理，这个问题在过去吃"大锅饭"的情况下，一直没有得到解决。目前，有许多新建小区老化很快，十年二十年就不像样子，这对社会是个极大的损失。究其原因，有诸多方面，主要是维修资金不足，管理服务跟不上。房改以后，私有住宅的数量越来越多，住宅能否得到及时的、价格合理的维修服务，越来越受到人们的关注。如果房屋的维修服务不能实现专业化经营，不能靠收费维持企业的扩大再生产，那么，房屋商品化将是不完善的。所以，房地产的生产、流通、消费这三个环节是缺一不可的。房地产业的现状是，生产环节有基础，流通环节很薄弱，消费环节刚刚开始受到重视。

总之，我们要建立商品经济运行三个环节的观念，跳出过去房管房修的老概念。我们搞房地产，不仅仅是为了盖房子、卖房子，不仅仅是为城市建设积累资金，我们要使这一产业自身形成良性循环，推动整个经济的发展，最终使它成为支柱产业。

三、当前发展房地产业的几项主要工作

从会上反映的情况看，沿海城市房地产业发展虽然较快，取得了一定成绩，但毕竟还是一个新兴的产业，处于发展的初始阶段。我们面临的情况是，由于经济发展水平的差距，体制改革进展的差异，各地房地产业的发展很不平衡，这就要求我们结合各地的实际情况，抓住主要问题，勇于探索，走出一条适合本地区房地产业发展的路子来。

当前要做好以下八项工作：

1. 积极开展试点工作，将房地产业纳入商品经济的运行轨道。

在我国有计划商品经济的体制下，发展房地产业的战略目标是：将房地产巨额财富投入商品经济生产、流通、消费的循环中去，使其不断增值，使房屋和土地的开发形成良性循环，使房地产这个生产要素在国民经济中发挥重要的作用。实现这一目标的关键，是将房地产生产要素投入流通领域。通过土地的出让、转让，房屋的买卖、租赁，房地产抵押贷款等，加速资金的周转、循环，并在周转、循环中增值。房地产业的发展在很大程度上取决于国家投资体制、财政税收体制、金融体制、产权制度等的改革进程。因此，房地产业的改革必须纳入整个经济体制改革的轨道，有个通盘考虑。沿海开放城市和特区城市在经济体制改革方面处于先行地位，有比较好的基础。所以，要求沿海地区的政府在实施改革、开放的同时，抓好房地产业改革的试点工作，进一步探索房地产开发、经营、管理的模式。对土地有偿使用，住房商品化，住房私有化，加快房地产资金周转等项工作要积极地进行试点。

2. 制定措施，做好出售公有旧住宅工作。

出售公有旧住宅是推动住房制度改革、加快住房商品化、住房私有化步伐的一项重要措施。为了保证这项工作的顺利进行，各城市要抓紧做好几项工作。一是要做好公有旧住宅的价值评估、测算工作，为确定出售价格提供一个比较科学的依据。二是要切实采取一些有效措施，推动现有公房的出售，包括解决抵押贷款、分期付款年限、利息等问题。三是要制订房屋售后维修、服务、管理的办法。房屋的售后维修、服务工作，直接影响着个人购买住房的积

极性。为促进个人买房，可由旧公房原产权单位实行公用部位的维修、服务统筹，建立维修制度，在资金上给予一定的扶持，以解除购房者的后顾之忧；条件成熟后，售后维修服务要逐步实现社会化、专业化。四是为了促进住房制度改革，要做好宣传舆论工作。出售公有旧住宅是当前一件很迫切的工作，中央已经有明确的要求，不能再议来议去，要尽快组织实施。

3. 有计划、有步骤地实行土地有偿出让、转让。

国务院关于土地出让、转让的条例即将出台，我们应当积极做好准备工作，如基础资料的准备，人才的培训，以及研究、制定具体实施办法和实施步骤等。从广州的经验来看，土地的出让离不开规划、市政建设、房地产等方面的工作，城市建设主管部门要把各方面的力量组织起来，搞好协调，把这项工作做好。

实施土地有偿出让，要区别不同使用者和不同类型的用地，采取不同的出让方式。要研究、制定调控地价的措施。地价问题是很敏感、很复杂的问题，各地要把地价问题与城市经济的发展结合起来考虑，避免短期行为。

4. 开放房地产市场，加强市场管理。

对房地产市场，一方面要开放，另一方面要健全市场的管理体制。在讨论中，有的同志提出，目前房地产市场总的来讲，还没有完全形成，还是开放得不够，我觉得是很有道理的。我们既要开放，又必须管理好。国外的经验是，交易应该很开放、很自由，管理应该是很周密、很严格。如何确定和管理市场价格，是房地产市场的核心问题。关于新建商品房价格的确定，我们已有个初步意见，大家也进行了讨论。但是，对于量大面广的现有房地产的交易价格的确定和管理，我们还没有成熟的政策措施。随着公有旧住宅的出售，房地产的交易量将会大幅度上升，各地要抓紧培训、建立房地产评估队伍，以便科学地评估房产、地产的价值，确定价格，保证房地产交易的顺利进行。同时，要加快房地产交易所的筹建工作，扩大服务范围，简化办事程序，提高工作效率。

对于是否允许外国人进入房地产市场，从事房地产开发、经营活动的问题，在经济特区、改革开放试验区和沿海开放城市，应该实行较为开放的政策。福建省实行的资金、市场两头在外、房地产在内的外向型房地产业，取得了较好的经验。沿海地区可在借鉴广州、深圳、福州等沿海城市经验的基础上，积极引进外资，开放房地产市场。

5. 抓好房地产产权、产籍管理工作。

对这个问题大家反映很多，主要矛盾是房、地由两个部门管理。关于这个问题，我认为应该从全局出发，从国家利益出发，通过协商研究解决。我们要把对产权、产籍的管理，看成是一件严肃的事情。过去，我们许多同志对其重要性认识不足，把它看成是单纯的技术性工作。现在看来，随着房地产业的进一步改革，产权、产籍管理的重要性会更加突出。因为，这是一项基础性工作，是房地产权属的依据，这也是一个严肃的法律问题。一万多亿元的房地产的权属体现在哪里？就体现在这些权属证书上面。财产所有者对此是看得很重的，有了它，房地产就有了合法的所有权身份。历史上，房产与地产都是统一管理的，而且是一张证。香港也是把房产与地产作为统一的法律问题来处理的。从长远看，两家发证，肯定会存在问题，甚至，所有权证和使用权证都很难发。如果权属产生误差，将会遗留给子孙后代。两家发证不仅是对国家财力的很大浪费，对人力也是很大损失。因为，每个城市都要花上百万元资金、需要上千人做这项工作。证出多门，也损害了政府的威信。我建议，地方政府根据自己的实际情况，决定自己的办法，从有利于产权、产籍管理出发，来确定管理机构。但是，不论哪家来管，都要经过有权威的测绘、核查，使权属证书准确地体现资产的实际情况。作为具有法律效力的权证文件，两个证要印证一致，不能有差错。否则，后患无穷，打起官司来没完没了。请地方政府务必认真对待这个问题。当然，我们也要积极地协调，向国务院领导反映，争取使问题得到合理解决。

6. 发展房地产金融业务。

房地产业是资金密集型产业，需要雄厚的资金作后盾。目前，在综合开发活动中，金融业已相当活跃，住房存贷业务也已经出现，房地产抵押业务也将会很快发展起来。针对这一情况，各城市要加强对金融业参与房地产活动的指导。对于国家发放的商品房贷款，城市政府应对其使用方向进行监督。要抓紧制定房地产抵押贷款的有关政策规定，以适应加快出售公有旧住房的新形势。同时，鼓励社会资金合理流向房地产业，如发放住宅建设债券、股票、开办个人住宅存贷业务等。要抓紧建立房地产专业银行或住宅储蓄银行，以支持房地产的开发、经营，为个人购房贷款提供方便。

7. 加快人才培训。

加快人才培训，是发展房地产业的当务之急。我国房地产业近几年刚刚振兴发展起来，从事专业管理的人员缺乏经验，产业队伍底子薄，难以适应房地产业迅速发展的需要。必须培养一大批房地产业专业人才，努力提高队伍的素质。现在，一些大城市还有一定的基础，但有些中、小城市房地产业的机构非常薄弱，比城建还要差。省一级的房地产机构也很不适应，必须加强。有了机构，才能把工作做好。在培养人才方面，我们寄希望于沿海城市。因为，沿海城市这方面工作历史比较长，国际交往多，经验比较多，对国际上的房地产业情况比较熟悉。希望广州、上海、天津、深圳等具有一定优势的城市，积极为本地区和全国培养人才，要组织人力尽快编写培训教材。要挖掘现有的专业学校的潜力，开办各种专业培训班。同时，要依靠社会力量开展专业培训工作，争取在三至五年内，使房地产各类专业人员的素质有较大的提高。

8. 加快立法工作。

房地产业既要放开搞活，又要严格管理，为此，要制定系统的管理法规，以保证房地产业的健康发展。这次会上讨论的几个政策法规文件，仅仅是立法工作的开头，还有大量的法规条例需要抓紧制定。如国务院的土地有偿出让和转让条例出台以后，马上需要制定实施细则，包括有偿出让、转让程序和批准契约等，都应有立法的规定。我们现在有很多的公司，公司形式也很多，但是到现在，还没有一个完整的开发公司管理条例。在行业管理方面，如交易所的性质，交易所的管理等需要有一定的章法。在全国性的法规出来以前，各地要结合本地情况，制定一些地方性法规。同时，要学习国外的经验，一些国家和地区已经有了比较齐备的法规，特别是香港，要积极引进、消化、借鉴。对一些适合我国国情的法规，做些修改就可以为我所用。

最后再强调两点。第一，要有探索精神。房地产业的发展和成长要有一个较长的过程，解决一个土地有偿使用政策，从研究收税、收费问题开始，花了近四年时间。所以，对房地产业的发展，要有一个正确的估计。我们的法制条件，干部条件，基础资料的条件，要达到国际的水平，还有很长的路要走，必须做长期的努力。要保持探索进取精神，要有艰苦奋斗的精神，才能不断把房地产业向前推进。

第二，要有学习精神。我们的队伍基础差，又遇到新时期、新问题，没有现成的经验，只有按照紫阳同志讲的，一方面以改革统揽全局，摸着石头过河，勇于探索、积极试点。另外必须老老实实抓紧学习。我个人体会，对于这个新事业，知识很不够。过去培养的技术型人才多，经营型、管理型人才少，特别是处于领导岗位上，"以其昏昏，使人昭昭"是不行的。学习问题是摆在我们面前的重要问题。在这次会前，我们与世界银行经济学院在天津召开了一个城建资金政策的国际研讨会议，中方代表都有深刻体会，面对国际上财政、经济管理专家的发言，听起来很吃力。对他们提供的论文，看起来感到很困难，很多名词、概念不懂，这是一个很大的问题。我们要搞外向型经济，参照国际惯例办事，就必须进一步加强学习。

我的讲话，作为一个大会发言，有不对的地方请大家批评。

这次会议，得到了广东省、广州市热情的帮助和大力支持，特别是广州市领导和同志们为会议做了精心、周到的安排，组织了丰富的参观活动，使会议开得很好、很成功。这里，我代表建设部和会议代表向广东省、广州市的领导和同志们表示诚挚的感谢。

谢谢。

本文为周干峙先生（时任建设部副部长）1988年8月28日在沿海城市房地产工作谈会（广州）上的总结发言。

在福建省建设、房改工作会议上的讲话

同志们：

刚才施性谋副省长对福建省的住房制度改革、旧城改造和建设领域的各项工作作了全面的总结与部署，我听后很高兴。福建省的领导对建设工作和建设领域的改革很重视。在这经济发展的重要时机开这样一个具有建设和改革双重意义的会议，十分重要。我首先要代表建设部对会议的召开表示热烈的祝贺。

我国进入90年代以来，对各方面的工作都进行了总结，去年党的八中全会、七届人大四次会议和各个部门召开的一系列会议，对"八五"和"九五"的工作都做了具体的安排。建设部在去年下半年召开了全国建设工作会议、施工工作会议、规划工作会议等，也同样对建设领域的工作做了总结与安排。应该说，我们工作的方向、目标、矛盾、问题、措施、办法等是比较清楚的。特别是最近，小平同志在视察南方后的讲话，从理论和实践上把我们当前的形势和任务都讲透了。现在看来主要问题是如何贯彻落实，如何认真去做，如何迎接和促进这个有利形势的发展。

在目前的好形势下，福建省具有一些特殊的条件。我认为有四条：一是福建处在90年代改革开放新趋势的前沿，党中央和国务院对于原定的东南沿海开放地区继续给予很大的支持，还要进一步加快步伐，进行更多的探索、加大改革开放的力度。因此，大环境是有利的。二是经过十年的建设，我们国家的经济实力已经有了很大的增强，从宏观经济角度来看，相对地比较宽松，这就为各省市提供了十分有利的外部条件。三是福建省有近台多侨这个优势，台湾同胞有80%的祖籍在福建，华侨有800万人，港澳同胞有80万人，随着海峡两岸关系的缓和，以及港台产业的更新，资金的转移，有很大的潜力。四是福建省十年来的建设积累了自己的经验，具备了一定的基础。所以，我相信福建省的建设工作将会进入一个新的发展较快的阶段，将比内地、比全国的平均速度要更快一点。

下面，我侧重讲三方面的问题。

第一，关于房地产业。目前，从世界上看房地产业都是经济发展的先导性产业，是经济的"寒暑表"。我们国家实行改革开放，首先房地产业是个热点，房地产业必然要有一个新的发展势头。但是，在我们国家，究竟什么是房地产业，世界上有共同的概念，有的同志还不太清楚，有些说法也不完全一样。简单地讲，房地产业应该是从事组织开发、经营、管理和服务的产业，房地产业的经营活动和其他产业一样，同样包括了生产、流通和消费全过程。结合我国实际情况，房地产业的内涵包括以下几个方面：首先是土地开发，然后是房屋建设，销售服务维修管理，还有土地使用权有偿划拨、转让、出租、抵押，和有关房屋所有权的买卖、租赁、房地产抵押贷款以及由此而形成的房地产市场。所以，房地产业既是商品经济的重要组织部分，也是经济发展保障体系的重要组成部分。由于房地产业作为不动产，要运用巨额资金作为"载体"，所以它在国民经济中处于支柱产业的地位。这些概念已经被许多国家的实践所证明。房地产业对经济发展来讲，是一把双刃刀，有两面性，搞好了会推动经济的发展；如果搞不好也会起相反的作用，也有可能会扰乱和阻碍经济的发展。日本、中国香港地区等地都吃过这个苦头。正因为如此，很多外国同行建议我们在它发展的开始，就要注意有严密的法律和科学的管理。我非常赞同施副省长刚才提出的要"加快培育房地产市场，大力发展房地产业"，"要加强房地产市场管理，尽快建立健全的管理机构和完善各项管理法规"。这些提法很准确。社会主义的房地产业，尚无先例可循，处于初创阶段，发展还很不平衡。但我们已经可以看到房地产业的重要作用，一是为国家回收应该回收的资金；二是促进了城市建设，特别是基础设施的建设；三是房地产业的发展还促进了旧城改造，优化了城市土地利用；四是带动建筑业和其他相关产业的发展。同时，也碰到了不少问题。特别是一些改革开放前沿城市，有些问题还相当复杂，比如：①房地产开发公司过多，全国有四五千家，一再压缩，现在还有3000多家。每家承担的面积很有限，不利于综合开发。②价格问题，特别是地价。③市场的管理问题，土地市场包括哪些。④涉外房地产，究竟开放到什么程度。⑤房地产收益如何分配，哪些是部门的，哪些是地方的，哪些是国家的。⑥管理体制究竟如何划分。⑦如何坚持城市合理规划，避免房地产冲击。⑧用地制度改革的步骤和进度；最终还涉及房地产业以及用地制度改革的根本目的究竟是什么？等等。有许多问题还有争议。建设部门应该积极主动地去研究这些问题，要"理"（指道理）"顺"了，才能"理顺"工作关系。我认为还有一些基本概念要弄清楚：一是结合我国实际情况，不能照搬别国的做法。二是一个城市的房地产、规划、建设三项工作必须结合起来，谁也离不开谁。三是房跟地不能分，房产和地产不能分。四是房地产业的改革，不管怎么进行，都要有利于解决人民的居住问题，解决住房困难问题。最近，很多城市地价很高，我很担心地价高了，将阻碍住房制度的改革。五是我们的价格政策不是定得越高越好，要有个适度。六是同样用地制度改革，从全局看也要有个适度，不是越快越好。七是城市土地没有必要都进入市场，还有划拨。根据国外的经验，对于进入市场的土地，不同的用地要有不同的政策。八是住房制度改革与用地制度的改革，要结合起来，两者有共同点，有不同点，都必须逐步推行。总之，对房地产业既要积极，又要慎重，既要积极探索，又要及时总结，不断完善，这样才能较快、较健康地发展。

第二，关于城市建设。城市建设主要是加快基础设施的建设问题。目前城市基础设施严重滞后的状况亟待改善。城市基础设施是一切城市活动的基础，是我们城市发展和生存的载体，特别是对外开放要吸引外资，基础设施往往是投资环境的决定性条件。我们讲市场的竞争、地区之间的竞争（包括国际、国内）、城市之间的竞争，实际上是基础设施的竞争。城市基础设施也是城市现代化的最主要的表现，我们通过世界上很多发达国家的经验可以看出，城市现代化主要不在于房子，不在于房子的外表形式，而主要体现在城市基础设施的水平。

城市基础设施的内涵，以前的概念无非是城市给水、排水、电灯、电话等，而现在是越来越复杂，还有煤气、热气、冷气，以及多种多样的交通、通信等，要求城市基础设施有更高的效率，要更加方便、更加安全、更加舒适。用于城市基础设施的投资比例也越来越往上增长。联合国有过调查，在总结发达与不发达国家城市发展中的一些经济规律的基础上，提出了发展中国家城市用于地上建筑物与基础设施的投资比例一般应在1∶0.5。随着经济的发展及现代化水平的提高，这个比例要逐步上升到1∶1。总结我国前30年的经验，我们对城市的配套建设有了认识，认识到基础设施的重要性，但还没有认识到基础设施必须超前的重要性。现代科学技术的发展，使城市发展的速度比以前大大加快了，基础设施如果不超前就必然要制约城市经济的发展。深圳特区建设的一个重要经验就是"七通一平"先行，保证了建设的发展。但是最近有两件事比较被动：一是水，二是交通，没有跟上进一步发展的需要。这两个问题各地都不同程度地存在。对于城市基础设施建设，我们不仅要考虑当前，而且还要考虑后十年，考虑发展的后劲，对大城市的能源、交通设施，恐怕还要考虑到21世纪。上海市已经重视了基础设施的建设，增加了大量投资，道路、桥梁等基础设施先上，否则，谈不上浦东开发。我们已有许多经验表明，城市基础设施要尽可能地解决得快一点、好一点。

城市的基础设施不仅是建设问题，还有个管理问题。今年初，建设部召开了全国城市建设座谈会，专门研究了市政公用事业问题。今年下半年还准备再召开一次城建管理工作会议，专题讨论城市建设的管理问题。

第三，关于城市规划工作。当前，城市规划工作面临的主要任务是，深化规划设计，贯彻落实《城市规划法》。城市规划是城市建设的"龙头"，但这个"龙头"跟不上各项改革的需要，包括一些过去工作基础较好的城市，仍处于严重滞后的局面。如果规划跟不上，也会拖房地产开发、城市建设及其他经济建设的后腿。我们一定要抓住时机，抓紧使规划工作跃上一个新的台阶。

要结合当前的各项建设，修改好城市总体规划，搞好专项工程的规划，尤其是要搞好分区规划、控制性详细规划。要通过规划，同房地产发展，同城市土地有偿使用改革结合起来。另外，要使城市建设具有特色，能够体现城市文明。特别是改革开放的重点地区，光有规划还不行，还要有比较深入的城市设计。这些工作由于规划部门的力量薄弱，仍跟不上去。对规划设计人员来讲，提高规划设计水平要在两个方面下功夫：一是抓好城市设计；二是除修改总体规划外，一定要搞好分区规划与控制性详细规划。通过分区规划和控制性详细规划，制订每一块用地的性质、界限、容积率、高度限制、建筑密度、必要的绿地、公共建筑用地、停车场用地、主要出入口等，并经政府批准，作为法规文体加以公布（国外通称"用地区划"——Zoning）。这方面，温州市抓得比较好，其经验是在城市改造与改革开放中，规划部门起了"龙头"作用，较早地完成了分区规划和控制性详细规划，而且经市政府批准变成法律性文件，既给外商投资提供了方便，也减少了许多扯皮和麻烦，而且还保证了规划管理部门工作的透明度，促进了廉政建设。广州、上海等城市也在这样做。我们应该深入下去，使规划工作紧密结合当前的建设和土地有偿使用制度改革的需要。

城市规划要深入考虑旧城改造问题。福建省的旧城改造工作已经总结出了五条经验，走出了一条路子。这对于今后的旧城改造十分有益。但是我想还应该注意几个问题：一是旧城改造往往只重视搞大楼，忽视城市基础设施的改造和建设，地上物搞好了如地下设施跟不上，会造成很大浪费和很多问题。二是建筑密度过密，建筑密度究竟怎样比较合适会有争议。我认为，我国土地短缺，要合理使用和节约使用土地，住宅区不宜过密，长远需要的绿化用地、停车场用地，一定要按规划和有关规定保留，否则将来城市环境问题非常突出。三是既要拆除一些旧的，还要保留一些有价值的、带有文化意义的旧的街区和房屋，使城市保留自己的特色，有一定文化气息。希望规划管理部门积极地做好引起和管理工作。另外，我想强调一下，要改进住宅建筑设计，在旧区改造和新区建设中，我们要大力提高居住质量和居住水平，住宅不仅要面积，而且一定要有好的质量，好的质量首先要有好的设计。住宅设计一定要搞得适用与耐用，因为住宅买下来以后，居户要用上两代人甚至三代人，所以要研究改进现行的住宅设计，特别是厨房、厕所，要精心设计，创造新一代的住宅建筑。

另外，关于重点工程建设。福建省"八五"期间重点工程建设任务十分繁重，共18项，总投资占基建总投资40%左右，这些项目都涉及经济发展的后劲问题，涉及经济发展的全局。因此，要结合搞活国营大中型施工企业，再接再厉抓好重点工程建设。据介绍，福建的重点建设项目在计划定了以后，全部是"一条龙"的，由建委系统来组织实施，这样建委的责任更重，更需要加强管理，严格按建设程序办事，进一步推行各项改革措施，搞招投标，抓好建设监理，提高设计、施工质量。部里提交全国建设工作会议的"关于进一步搞好国营大中型施工企业若干政策措施"的文件，希望在实施中进一步总结完善。

还有房改工作。这是这次会议的主题之一。从几个省的情况来看，早搞早主动，凡是推行房改的效果都是好的，希望福建省的房改工作迅速推开。房改抓好了，确实对整个基本建设将起推动作用。

其他，还有村镇建设、科技教育等方面的工作，也很重要，时间关系，不能一一展开。

最后，我衷心地祝愿处于改革开放前沿的福建省的建设工作进一步取得新的进展，进一步总结出新的经验，为我国加快经济发展做出新的贡献。

本文为周干峙先生（时任建设部副部长）1992年3月11日在"福建省建设、房改工作会议"上的讲话。根据周干峙先生保存的文件资料整理。

辑四

规划设计改革

做好区域规划 减少西部人口 坚持绿色开发

——开发西部的冷思考

首先要认识区域的特点：

我国西部，古时曾是林木茂密、水草丰盛之地，是多民族的发祥地，是中华文化的摇篮。由于长期的过度开发和自然灾害，昔日的繁华之乡逐渐变为荒芜、贫瘠、生态脆弱、民族存活困难的地方。

新中国成立50年来，在"一五"时期和"三线建设"时期曾两次举全国之力开发西部，西部得到了很大的发展。但由于种种原因，西部仍远远落后于东部。目前西部地区包括9省，总面积545万平方公里，人口约三亿；分别占全国的57%和23%；其中新疆、青海、内蒙古、西藏四省区，占国土面积近50%，而人口仅占4%。青藏高原、云贵高原、黄土高原，加上新疆、内蒙古的沙漠荒滩，海拔2500米以上缺氧、降雨量只有几十毫米、缺水，均为不宜人居和不宜开发地区。西部居住着50多个少数民族。全国的自治区、自治州、自治县绝大部分在西部。而人均收入水平，按购买力等价法，东部接近3000美元，最高已达4000美元，而西部仅为400美元。

在这世纪之交，中央审时度势，综合考虑了改善生态环境、发展民族经济、提高综合国力等因素，决定西部要大开发，这是从全局、从长远出发的重大战略决策。重提开发西部，不同于历史上的西部开发。就是要吸取世界各国古往今来的经验教训，要杜绝过去开发的负面效应，要综合考虑各种因素，人和自然相辅相成，实行文明、科学、系统、合理的可持续发展。

显然，开发西部既是国计民生之所要，又是国家长治久安之所要，有其特殊的复杂性、长期性和敏感性。几个月来，政府各部、社会各界，奋起响应，已有许多好建议、好想法。国家计划委员会将在年底提出西部开发总体计划草案。在具体计划制定以前，一般重在策划构思，只有重大决策思路严密正确，后续工作才顺理成章。为此提出以下若干思考和建议。

一、做好区域规划，把握适度开发

区域规划是综合部署地区内各项开发建设的一种宏观规划；区域规划的任务是合理空间布局，协同社会经济发展计划完成区域内各项开发建设在空间上合理进行。近代的区域规划是在城市发展规划、社会经济发展规划普遍实施以后的必要延伸，在发达国家虽尚不普遍，但在英、荷、德等国已行之有效。吸取我国东部开发的经验教训之一就是由于区域规划滞后，开发建设各自为政，产生了不少决策失配和重复建设等憾事。而编制区域规划，有利于从全局出发，综合集成，使科学决策多一层保证，协调控制多一种手段。西部的区域规划可以做好如下工作：

1. 区划不同的地区，采取有差别的对策。西部地方很大，西北与西南不同；西部又有"西部中的东部"（如西安、兰州、重庆、成都），"中西部"（贵阳、昆明、西宁、银川等），以及广大的"西西部"。显然，在开放政策、城市政策、财经政策等方面应有所区别。

2. 划出对全国以至全球有影响的生态保护区，作为绝对保护地区和不开发地区，如喜马拉雅山区、天山山区、祁连山区、青海江河源头、塔里木盆地、青海湖周围地区、可可西里地区，还有，具有特殊景观和文化价值的旅游保护区等等。

3. 控制地区内的环境容量。防止向大自然过多索取。西北缺水、西南缺土，都制约了人口的容量和开发的强度。并通过城镇规划、环境规划等量化实现。

4. 协调各项专项规划。农业区划、水利规划、交通（公路、铁路、航空）规划、能源资源开发规划、城镇规划，以及生态保护规划，六大物质规划至关重要，必须在空间布局上互相协调，只有通过计划、规划，综合平衡，才能形成合力，具有效益。

5. 通顺与周边地区关系，包括国内的和国际的。西南、西北有几十个口岸与南亚、西亚、西北亚十几个国家有越来越密切的经济联系。自古以来也有南、北几条丝绸之路，曾几度辉煌。区域规划作为一个开放系统，要与周边地区联系起来，促进地区间以至国际间的经济合作。

二、推行"新移民"政策，逐渐减少西部人口

"新移民"指的主要是从西部移出，但也不排除由东部移入，其目的是加速实现西部开发的两大战略目标，改善生态环境和巩固民族团结，提高少数民族生活水平。西民东移的前提是我国东部尚有条件接纳外来移民，沿海地区、河口、滩涂、土地整治增扩可耕地仍有潜力。实际上多年来的"民工潮"就是一种移民潮，移民往生存条件较好的地方不同于移往落后地区的强制性移民，它顺应自然，只要政策引导，顺水推舟，是现实可行的。

减少西部人口压力的必要性有二：

1. 脆弱的生态系统需要休养生息。古来文明进步，总是带来环境破坏。秦汉以来，西部地区几次大开发都带来植被的大破坏，植被破坏带来水患，大水灾导致大迁移，这是文明还不够发达、价值取向未能考虑可持续发展的结果。在人口不多（全国几千万人），土地资源相对还富裕的情况下，用一片、废一片，暂时还可行，而如今人口众多，土地等资源趋于枯竭的条件下就行不通了。特别是工业社会，再盲目地"改造自然"，逆自然开发，更是要受到自然的惩罚。联合国制定的干旱地区土地对人口的承载极限量为每平方公里7人，而我国西部地区超载严重，甘肃河西达15人；草地超载牧畜同样严重，青海省超载牧畜354.55万头，超载9.8%。不少调研证明，陕甘宁黄土高原、云贵川山区植被，只要人还在，就难以制止；可可西里、青海湖周围以及塔里木盆地等生态保护都要求严格控制人口进入，只要迁出和减少人口，生态环境、物种保护就自然改善。这一类地区占西部的很大比例。

在西部的"东部"西安、成都、重庆等首位城市，受水资源、土地资源限制，也应限制人口增长，鼓励迁出，但难免有必要增加外来人口，包括"梯度移民"，必须根据实际情况，实事求是对待。

还有一些省会城市、地区经济中心城市，条件许可时，可适当扩大规模，适度推进城市化，以促进社会经济加快发展。

2. 为巩固民族团结，不争地盘，不争饭碗，也必须减少西部人口。我国

少数民族偏集于西部，是历史上长期以来抑制少数民族政策的产物。新中国成立以来，政府实行了正确的民族自治政策，少数民族才得到了健康发展。为进一步巩固民族团结，根本在于普遍提高各少数民族的社会经济水平，在民族自治政策基础上加强民族融合，保持共同进步，共同开发西部，鼓励移民外出为这一目的提供了良好机遇。西部过多的人口东移、部分民族同胞出来学习、打工、经商等活动，使各民族在更广阔天地里，不断提高自身素质，一举几得。还有，有必要改变过去所谓生产力和人口均匀分布的观点。世界上很多国家人口分布并不均匀，往往偏集一方，移民移往适于生存或经过努力适于生存的地方。如北欧诸国以及加拿大、巴西、智利等等；民族的分布也并非只有分治一条路，欧美一些移民国家，经过长期混合居住，矛盾对抗并不因此增加。我国近代史上，北方民族融合加快，对形成统一国家的作用不可忽视。如果用几十年时间，有一半少数民族不固守内地，沿海省市都有各民族的舞台，内地的4亿人口能减至2亿，不可分割的民族团结和东西部经济水平的接近，就一定不远了。

三、摆正东、西部关系，坚持绿色开发

生态环境的恢复、保护，民族关系的密切融合是西部开发的生命线和主要目的。显然这是百年之计，千年之计，具有特殊的长远性和鲜明的全局性。

1. 西部开发还要东部的进一步开发，东西一盘棋考虑。我国的环境结构、产业结构、能源结构、资源结构，上下游是互补的，社会经济更是密不可分，一切开发、建设、投入、产出都必须从全局出发，考虑全局利益和长远利益，有时还要牺牲暂时的、局部的利益。作为开发主体，西部是主人，但东部同样负有责任。为西部开发，东部地区以及相对较发达地区要做出贡献。把西部开发看作是"一块大蛋糕""有无穷商机"的说法（某地方报纸）是不对的。开发西部，必须利用市场机制，但一切取决于市场恐怕也不行。许多经济关系、政治关系，不能由市场决定，还得运用市场加上计划，一些长远的、公益的开发建设项目，许多资源配置、系统建设，必须要有统一计划，甚至主要在计划指导下进行。一些平常的社会经济活动，如贸易往来、文化交流，不必都扯到西部开发上来，以免一拥而上，过分炒作，反而冲击真正的开发活动。

2. 生态环境，破坏很快，恢复很慢；做对了一点一点见效，做错了纠正很难。我国西部开发又是世界历史上数得上的一次大开发，必须步步为营，循序渐进，一环扣一环，把生态环境，扎实牢靠地环起来。当前必须要有所为，有所不为；为所能为，不为其不能为。

西部工农业生产有不少劣势，也有特有的优势。农业方面如旱作物、高寒作物，可以因地制宜提高生产，发展以色列型的知识密集型农业，还可发展运用高新技术的林产业、草产业、沙产业等等。无论西南、西北农业还是基础，本地区有特色的农、林、牧产品，大有可为。

旅游业，西部得天独厚，应大力发展。

工业企业，干什么、不干什么大有讲究。目前我国不少传统工业产品过剩，西部就没有必要求全重复。高新技术，除结合本地特殊条件者以外，也不宜与东部争夺。西部的现代企业，完全可以投资建设在东部。

凡耗水多，排污量大，污染环境的企业都不宜放在西部。

涉及资源开发和必要的初加工的产业，如石油、天然气、磷、钾等矿产，可就近配置，但必须保持环境、治理好污染。这些重大的资源开发东、西部共同利益所在，应在国家统一安排下共同开发、利益共享。

不少为当地居民服务的第三产业，具有很大发展空间。要有良好的基础教育和职业教育，但高等教育和科研机构，在西部没有必要样样齐全。要善于引进人才，用活人才，不一定要由本地培养。

总的要求，在投入可能，效益明显，有利生态，无碍环境，确保可持续发展的开发，亦即所谓的"绿色开发"，看准了就坚持去办，否则决不轻举妄动。

按上述指导思想，尚有以下具体建议：

1. 进一步加大环境治理方面的投入。目前十大工程中仅有一项为改善生态环境，力度不足。

2. 在九省、自治区做好本省本区的区域规划，在农业、交通、水利、能源、城市、环保六大部门做好各自的专项规划；然后条块结合，汇编成大西北、大西南的区域规划。

3. 国家设立区域规划专门委员会，督促规划的编制、实施和协调工作。

4. 东、西部定期、定点相互交流干部，以利于深入了解，密切合作。

5. 开发项目，尽量用当地人，确保当地职工利益。

6. 振兴新的南北两大丝绸之路，发展边境贸易和内地连接的国际旅游路线。

7. 采用生物治理等办法，消除内蒙古、青海草原鼠害。

8. 采用GIS系统监测西部植被情况，每年发放公报。

切实而不表面 均衡而不畸形 高效耐用而不勉强凑合 可持续发展而不停停打打地搞好有我国自己特色的现代化城市

今天主要谈谈在目前情况下规划目标的制定，即怎么样建设具有自己特色、适应社会主义市场经济需要的跨世纪的现代化城市的问题。这是个老问题，但至今认识上还存在很多误区。特别是进入20世纪90年代快速发展了几年之后，很多倾向值得探讨。如城市过大问题，往往一规划就讲究"大手笔""高起点"，一搞就是100万人口的城市规模。还有热衷于搞国际化，一说现代化，就要连带提出国际化。不少地方认为现代化就是高楼大厦、大马路、高架路、大立交，把这些当作现代化的标志。一搞城市设计、建筑设计，总喜欢用所谓的新材料，大量采用镜面玻璃、不锈钢柱子，提出要亮化城市，什么东西都要亮晶晶的才带劲。多用一些所谓后现代派的设计，我看实际上是搞构图游戏，更多的是照搬照抄国外的城市设计。在这种思想指导下，对于历史遗留下来的老街道、老房子，都认为是落后的，都要拆掉，加上现在攀比之风甚烈，所以城市面貌虽都有很大变化，但却变得越来越一样。近来工程质量滑坡，造成一些更加严重的现实问题。许多城市只能远看，不能近观；能好看，不好用；花钱不少，效益不高。

总之，城市建设有很大成绩，但也有不少地方钱没有用在刀刃上。这些都与我们究竟如何制定城市的目标、如何认识城市的现代化有很大关系。

究竟什么是现代化城市？我1986年11月19日曾在《市容建设报》上发表过一篇文章，现在看来，有些问题当时已认识到了，但认识得不全。现在应重新检视一下，进一步探讨这个问题。

什么是现代化城市，当时我的看法是，这是个相对的、历史的概念，并没有固定的模式和标准。一般讲，是否现代化城市要看城市的物质建设是否采用了当代世界的先进科技与材料设备，主要是指城市的住宅建筑、公共工程、基础设施及其管理的先进程度。评价城市现代化，按照《雅典宪章》提出的四大城市功能，应该就是工作效率高、生活居住舒适、文化休息富足、交通通信便捷。20世纪60年代后世界产生了环境问题，我觉得应加上一条：环境洁净优美。当代的现代化城市与历史上的城市最根本的区别应该是不仅考虑今天，还要考虑未来，即要可持续发展。

当时认为，国外现代化城市的实际水平主要体现在：

1. 有合用舒适的住宅。

2. 有良好的给排水、供电、燃气、供暖、垃圾处理等基础设施。

3. 有便捷的道路交通系统。

4. 有高度社会化的第三产业。除了一般的商业服务、文化教育、体育卫生等设施外，要重视满足社会一些新的需求。

5. 有合于生态要求的绿化环境，有更大的绿化覆盖率。

6. 有极为方便的通信与信息网络。

这几点在当时都已认识到了，且曾估计与世界先进水平的差距。当时估计城市规划设计方面差距较小，不超过20年；主要差在城市基础设施方面，尤其交通通信。现在看来，有些已赶上去了，如煤气、电话等，但交通方面差距很大，特别是地铁。

这篇东西反映了我们认识的发展过程。特别有两个问题我们当时认识不够：一个是质量问题，包括各方面的素质；另一个就是管理。应很好地总结一下，我们制定规划目标如何有一个正确的判断。目前世界上城市规划的形式越来越多，越来越复杂，各有特点。很难讲哪个城市可以作为我们的样板。我们国家搞城市的现代化，不必要、不可能，也不宜于亦步亦趋地照搬照抄别人。那么，究竟怎么办？

最近，我跟北京市的领导同志探讨了这个问题，我提出建设现代化城市要注意八个方面：

一、大大提高城市规划与城市建设人员的素质和工程质量。一切工作的质量都是由从事这项工作的人的素质决定的。最近出现的工程质量滑坡，是个非常复杂的问题，但最重要的原因是从业人员的素质问题。城市有一个综合质量与素质水平问题。

二、建设现代化城市，要保持良好的生态环境。这包括两点：一是城市不对周围地区造成危害；二是城市内部的生存条件不能恶化。

三、一定要保护好城市的历史和文化内涵。我国历史上城市科学发达较早，有很多很好的经验和遗产，但总体看，现在留下来的东西太少太少，联合国世界文化遗产现在有590多项，其中至少有10多个城市，但我国有5000年历史文化的城市，却没有一个列入。从最近收集的一些资料看，当前对文化名城的破坏还相当严重。

四、一定要大力发展城市交通通信。通信是目前现代化城市中最活跃的因素，它的发展影响着人们生活方式的改变。如果城市建设中不留有余地，将来会非常被动。搞现代化建设，这一项一定要走在前面，交通也是这样。

五、下大力改进住宅建设。住宅建设近年来发展很快，但在住宅区的规划设计上远远不够。我担心最近建设的大量小面积高层住宅要不了多久就会不适用了，设计的刚性又很大，改建起来会很困难。我认为应从结构体系上改变。目前这个问题还未引起注意。

再一个普遍问题是为提高出房率，住宅建设的容积率定得太高，将来很难适应现代化、可持续发展的需要。日本是个土地紧缺的国家，这方面做过很多研究。日本东京的23个区法定容积率平均是2.42，实际执行结果比法定的要低。我们现在有的城市容积率比日本东京还要高，是不应该的。不要造成一个城市表面很现代化，但居住条件很恶劣，像香港那样。

住宅建设的另一个问题，是旧居住区改造过急过快，目前改造旧城的速度已超过了经济、管理、交通、基础设施和居民所能承受的限度。旧城改造不是采取就地改善居民的居住条件，而是通过不同性质用地的置换来实现。这种做法值得推敲。世界上没有一个国家将多少年形成的旧城几年内改完。到底这么改造对不对，老百姓有利没利，还要看。无论从哪个角度，慢一点，好一点，都是必要的。

六、完善基础设施。城市现代化最核心的就是基础设施的现代化。特别是强调两个文明建设，精神文明建设要靠物质文明建设来支撑。这一部分规划中必须很好考虑。

七、要有良好的城市设计。现在城市中各个要素关系特别密切，如果没有一个综合的物质设计，光靠规划指标来控制，是不行的。我理解，城市设计既要将自己的意图与思想贯穿到社会经济规划方案中去，也要做一些范围不同的有体有形的体形环境设计。上海浦东陆家嘴地区建设、上海外滩改造都是城市设计很好的例子。

八、一定要大大提高城市管理水平。这方面要学习香港，香港有非常科学有效的管理。

总之，我们要探索有我们自己特色的现代化城市建设的路子。这种探索是多方面的，这就归结到这篇文章的题目：要切实而不表面，不是搞些形象的、外表的现代化，如亮晶晶之类；要均衡而不畸形，不能某一部分很先进，而其他部分很糟糕，如基础设施搞得不错，但居住环境恶劣；要高效耐用而非勉强凑合，一个城市要长久维持下去，建设要有一定的水准；要持续发展而非停停打打，不是一会儿过热一会儿过冷；要在坚持上述几点的基础上搞有我们自己特色的现代化城市。

本文为周干峙先生1996年4月9日在中国城市规划学会1996年学术年会上的报告，根据周干峙先生手稿整理，部分内容摘要刊载于1996年第11期《城市规划通讯》。

不能让进城农民成为新的城市贫民

在城市化进程中，如果侵犯了农民的利益，就会使城市化的有利因素变成不利因素——进城农民成为贫民，绝不是中国城市化的方向。

在一定的区域内实施城市化发展战略，是几乎所有工业化国家走过的路子；对我国当下和今后的经济与社会发展，当然也是必需的。但是以城市扩张为主要特征的城市化，必然会带来一系列十分棘手而又不得不面对的社会问题，譬如被圈土地上原有农村居民的身份转移问题。大量失去土地的农民进了城却找不到工作，被迫加入到城市失业大军队伍中去，形成一个新的城市贫民群体，致使犯罪率不断上升，对城市乃至全社会的稳定，构成极大的威胁。

妥善解决这些难题，必须构建一个大的系统工程，需要"多条腿走路"。第一，做好前瞻性研究和科学规划，防止开发区建设继续出现过多过滥的现象，抑制不必要甚至违法违规的"圈地运动"，尤其要制止有些地方那种好大喜功，为了政绩需要，甚至为了个别官员的贪欲，而滥"开"乱"发"的行为。

第二，将被迫进城的"城市农民"纳入社会保障体系中，确保他们的最低生活水准。现在民间有一种呼声，要求对农民实行"低保"，有些经济发达地区也在开始这样做了。将"城市农民"纳入"低保"对象，就目前经济较发达的大中城市而言，并不是一个太难的问题。

第三，将被迫涌入城市，又未找到工作的年轻力壮的原农村居民，纳入失业统计和政策、法规保护对象范围中，对他们进行适当的免费或低收费就业培训，引导他们积极求职或自谋职业。同时制定地方法规或规章，要求用人单位在同等条件下，对"城市农民"的求职意愿给予与城市居民一视同仁的待遇。

本文为2003年11月29日周干峙同志在"关于小康社会与城镇化发展"的高峰对话会上的发言。

搞规划一定要研究房地产业　要走在前面

我大学毕业时，非常向往到新疆来工作，那时北京的建设更需人，所以全部毕业生都留下了，但来新疆看看一直是我的愿望。在部里工作时，看到乌鲁木齐已到百万人口，感到乌鲁木齐是有特殊地位、特殊意义的城市，就有意识地注意新疆的城市问题。

这次在乌鲁木齐看了一天半，有了个初步印象，建设速度之快，现代化程度之高是出乎意料的，但是地方特色比想象的少，和内地大城市没有多大的差别。这里的商品也非常丰富，可能比兰州、西安还要好。

今年是"城市规划年"，要强调依法治城、执行规划的重要性，如果因规划失控而发生问题，是要后代付出代价来偿还的，所以我们的责任很重。

乌鲁木齐也在按部里的要求在修编总体规划，要好好利用这个机会。现在修编规划，要解决跨世纪的问题，我主张首先要好好总结经验，城市都在发展，也都有潜在的问题，要把存在的问题都暴露出来。搞规划的人要从目前存在的问题中找出路，从期望的目标中制定设想，找到解决问题的方法。我们不要只在规划界里讨论规划，要把规划中发现的矛盾和问题向社会宣传，要向群众宣传，也要向决策层宣传。不讲清楚现在存在的问题，就无法理解规划的意图。社会发展过程中有成功和不成功的经验，现在有不少文章讲认识上的误区，讲时弊。讲清存在的问题就是在总结经验，如果经验教训搞不清楚，好坏不分，规划就无法搞，这是非常关键的。

乌鲁木齐的新市区很开阔，但旧市区很拥挤，地形复杂，建筑密集、环境质量不高。旧城改造不可能不拆迁，但要避免过度拆迁，超强度开发，把旧城搞得拥挤不堪。老城区继续增加密度，绿化用地不断被占，很多好的规划不能实现，这种情况和沿海城市一样，是受到市场经济和房地产开发的影响的结果，这样，城市的品质必然下降。人口规模过大，绿地比例减少，环境质量降低，地价也会掉下来，城市吸引力下降，从长远观点看，当然不是好事。

现在我们的观点是要"可持续发展"，不只是今天"发展"，今后也还要能"发展"，这是个世界范围内的问题，乌鲁木齐也不例外。乌鲁木齐的土地条件很好，如把建筑物搞得太密集，最终就会造成"不可持续发展"或者"不适宜持续发展"的环境，就会给子孙后代带来很大的损失。所以从规划布局来讲，旧区要向外疏解，当然也还会有适量的发展。

我多次讲过搞规划的人一定要研究房地产业，要走在房地产业的前面，对每块土地都要能够讲清楚它的经济效益，而且讲得比别人更实在。

现在有一种观点，中心区高楼林立就是现代化。全国的大城市中心区都是高楼林立，大立交进城。乌鲁木齐的河滩路过去是条河，现在是南北向的城市快速干道，不可避免要建立交，但是要尽量避免把大型立交引入城里。有的领导同志对这些问题也不是很清楚的，总以为高楼大厦、大立交就是现代化的标志。规划人员要讲清道理，完全不要高楼是不现实的，但是建多少，高到什么程度要有一个限度，如果要把新疆的城市建成香港那样高楼林立，只能是个笑话。

乌鲁木齐也存在节约用地的问题，但和水资源相比，水的问题更为严重。有水才有地，没有水地就会成为沙漠，沙漠是不能建城市的，怎样结合水资源的问题，把规划布局搞好，还有很多工作。

市、县之间的问题，许多地方都存在，南方许多地方都是市外面是县，当县的经济发展到一定规模，符合设市的各项标准时，县就要升为市，成了市包围市，结果许多方面重复建设，如电视台、飞机场等都在搞重复建设。这些问题不是一下子能解决的，但最终还是要服从经济规律。问题到了严重阻碍社会经济发展的程度，最终还是要解决的，我们要及时总结经验，把这些问题讲在前面，避免损失。

我搞了几十年规划，形成一个概念，搞规划的人要想很多事，别人想的事我们要想，别人不想的事我们也要想。二十年、三十年后城市是个什么样子，各种建设项目怎样安排才能互不干扰，城市环境质量如何，这些问题由谁来想，搞环保的当然要想，但我们也都非想不可。

历史证明，规划部门的意见当时也许行不通，若干年后回过头来看，规划的观点是正确的。在这些方面一定要坚持，一定会得到正确的结论。在其他国家、其他城市都已有了经验教训的问题，应该是很清楚的。即使当时不能被全社会理解，规划工作者也要做反复的宣传。

控制性详细规划，是适应市场经济下城市规划管理需要的。要分别不同区域制定各项指标。发达国家里控制性详规是有法律效益的，开发商都服从这些规定。

高层住宅有它的优点，但很快就发现它使用和环境方面的弊端太多。现在上海市的多层住宅的售价已高于高层住宅，就说明其中的问题。高层住宅要搞成每户面积很大，设施很完善的公寓是合理的，目前乌鲁木齐还不适合搞这样的高层公寓。

乌鲁木齐有自己的特点，它在新疆城市中的地位是无可替代的，和其他城市的条件差别很大，交通、资源、土地条件都很好，问题就在于水资源不足，但城市将来肯定会有很大发展的。

我们搞规划的人面临共同的困难，规划受到市场经济的冲击，既受到重视又受到误解，工作难做，责任重大。所以要把正确的规划观点向社会宣传，让大家接受，规划工作的机遇大于挑战，希望大于困难，让我们共同努力把城市环境搞好，把人民生活搞好，为子孙后代造福。

本文为周干峙先生1995年8月在新疆乌鲁木齐市考察并听取乌鲁木齐市总体规划修编工作的汇报之后发表的即席讲话。

抓住时机　大力推进地下空间开发和建设

人类为争取生存空间，长期以来一直在陆地表面上开拓，后来向海洋、空中发展，近几十年开始向外层空间进行探索。但是在可以预见的未来，究竟往哪里发展，还是有待研究探讨的问题。现在看来，地下空间是"鼻子底下的处女地""垂手所指的宝贵资源"，具有现实的开发前景。国际上已有学者预测21世纪是开发利用地下空间的世纪，越来越多的活动将会转入地下，甚至生活在地下空间，并认为这是解决越来越严重的土地紧缺、环境污染、交通拥塞、能源浪费、防灾安全等的战略方向。近年来，不仅许多发达国家在积极展开地下开发建设，一些发展中国家也越来越多地将开发地下空间作为社会经济建设的重要组成部分。在这种形势下，中国该怎么办？在我国是否具备了大规模开发地下空间的条件？开发地下空间的经济可能性和技术上的可行性究竟如何？为此，中国工程院土木、水利与建筑工程学部组织了本咨询课题，经三年多调查研究，得出了如下一些结论和建议。

一、开发地下空间，并不比地面建筑的造价贵

地下工程，主要可分四类：1. 地下管线，2. 单纯地下建筑，3. 地面建筑中附建的地下室，4. 地铁等地下交通道。在进行经济可行性分析时，只有对同类工程在地上和地下的造价进行比较，才能说明问题。附建式地下建筑比地面部分造价高是1985年以前的老概念。当时地上建筑多为六层以下砖混结构，设备标准低，而地下部分按人防工程要求有通风、防水、防潮等设施，因而使地下部分单位面积造价高于地面；当时建造的框架结构高层住宅，地下与地上造价已经相差不多。进入90年代以后，随着土地有偿使用制度的建立，地价以及各种税费因素（包括城建维护费、建筑税、教育附加税、人防结建

193

费等），地上部分每平方米至少要多支付1000—2000元，地下建筑造价就低于地上建筑。加上地下建筑面积不计入容积率，地下空间的经济优势就十分明显了。近几年，多层住宅每平方米造价一般为1500元，高层住宅为1800—2000元，地下室部分一般不超过1000元（计算方法为，地平线以下，扣除为地上建筑必要的基础和构造部分）。

本课题对1986年以后在上海、北京、哈尔滨、沈阳、青岛、石家庄、长沙等14个城市、42个工程项目作了调查，无论商业、住宅建筑，凡属附建式地下人防工程，地下部分造价均明显低于地上部分。单建式地下建筑，其造价基本与地面同类建筑相同，但节省出地面空间搞绿化，对整个城市而言，还是合算的。常见的一些地下商场，每平方米造价大部分在2000—3000元，如哈尔滨红军街、西安钟鼓楼、南京鼓楼地下商场等，政府分文不花，业主都没用几年就全部回收投资。

北京有两个1998年竣工的典型工程，很能说明上述问题。一是故宫地下文物库，具有最严格的防卫、防火、空调、温湿度控制等要求。采用了双层外墙防水结构、氮气灭火、恒温恒湿以及先进的监控设施。结算综合造价不过每平方米4000多元。二是中山公园音乐堂地下加层8000多平方米，由于地面及上空均受限制，采用了新加桩基，原结构整体托换和逆向加层的办法，施工工艺相当复杂，装修和设备标准也相当高，结算综合造价，为每平方米一万元左右，与地上同类建筑基本相同。

近十年来，多层和高层建筑的造价相当稳定，北京已建成15—16层以上高层建筑2000多幢，上海在建和已建成高层3000多幢，附建的地下室约占总建筑面积的1/5和1/6。大规模的地下建筑至少在特大城市中已经被人接受，而且并非像奢侈品那样可望而不可及。地下交通工程和市政管线的造价问题，总趋势也类似。对于地铁造价，由于目前片面追求高标准，往往规划全线入地，站场设计偏大，站间距过短，大量设备进口，一般综合造价高达8亿—9亿元/公里，这是不正常的。如果合理选线，能走地面的尽可能走地面，站间距不要太短，站场设置不过长，少数标准高一点，多数讲简朴，采用国产车辆和通信控制设备，每公里造价就可以降到4亿—5亿元。据南方一些城市的研究，认为是可能的。

市政管线原来多数就走地下。如高压线、通信线普遍入地，造价比架空线高得多，但腾出的地上空间，计算地价因素，也不像以前那样贵得不能接受了。

总体上，我国城市建设资金投入大大增加（全国每年由几百个亿，增至几千个亿），标准已有相当提高，每个大城市，每年都有几十和上百个亿，上海、北京已过千亿。为解决新的需求，为地下空间开发增加一点投入，不仅完全必要、完全可能，而且取得的综合效益是无可替代的。

二、开发地下空间，在科学技术上完全合理

问题要从多方面综合考虑。

1. 我国土地紧缺，不允许我们普遍建设美国那样低密度的城市；但城市环境又不允许过密，只有往地下发展，使部分功能利用地下空间，才能兼顾提高土地利用和保持环境质量两种相互矛盾的要求。

2. 节约能源、节约资源、保持可持续发展。目前矿物燃料、工农业用地都被认为是不可再生的宝贵资源，已经消耗过头，必须节约使用；还有水资源、多样性的生物资源和各种金属和非金属材料，也已频频响起警钟，不能"吃光用尽"。利用地下空间"留得青山在，以备子孙用"是一举多得的。

3. 密集的城市结构要求城市交通立体化布置。特别在寒冷地带及炎热地带，通过地下联络，既是捷径，又是坦途，地下交通可减少对地面的干扰。

4. 我国城市化已面临一个提高质量水平的新阶段。居住建筑和各项公共设施，经历了从短缺到提高。当居住面积达到一定水平后，一般需要增加辅助面积，包括储藏面积、停车面积等等。生活服务设施内容也要增加，环境绿化还要扩大。向地下空间要地是必然趋势。即便在土地宽松的欧美，大城市、中心地区和一些繁荣的地区，地下空间也不断得到开发和再开发。

5. 实际上，多年以来我国已建成了相当规模的地下工程。按人防规定，已建成的防空地下室近3500万平方米。成千上万幢高层建筑，由于利用深基础，都有占总面积一定比例的地下室，还有大量的隧道、地铁、停车库投入使用。

三、目前我国已经具备了大规模开发城市地下空间的条件

主要看需要和可能。

1. 最主要是城市经济发展不断有新的需要。房地产市场的开发效益要求提高单位面积土地上的出房率。多开发一些地下空间，利之所在，势在必行。现在城市中的地下空间，从老的人防地下室到新建的地下工程，很少有闲置，市场情况说明了社会需求。

2. 我国土建工程的队伍庞大，全国3000多万人，既有人工优势，又有机械能力，几乎每个县城都建过高层建筑，上高入地，已经掌握了对付各种工程地质条件的多种施工方法，开发地下空间的技术条件已经成熟。而且钢材水泥等材料市场供应充沛，施工力量和材料设备都供大于求，大规模开发地下空间的人力、物力不成问题。

3. 随着工程技术进步，地下工程原先存在的制约门槛大部分已经消除。如空调问题，压缩机、冷冻机已十分普遍；防水、防潮问题，已有多种新材料、新方法，变得容易解决；垂直交通问题，电梯也已非稀缺。人工照明的质量水平也已大大提高。

4. 人防战备在当前形势下，也不容忽视。提高掩蔽力，在蒙受第一次打击后的生存率，是今后战争的决定性要素。总起来看，形势需要，发展需要，经济可能，技术可能，不失时机地大规模开发地下空间的主客观条件已经成熟。

5. 还有，人们的生活习惯也有所改变，不少公共活动都在密闭环境，人工空调，习以为常。

四、搞好城市地下空间开发，必须注意的几个问题

开发地下空间是一项复杂的系统工程，必须做好以下六个方面的协同工作：

（一）做好地下工程开发规划

地下工程建设具有不可逆性和难以更改的特点。因而比地面工程更需要有预见地统一规划和按规划有序地进行建设。地下空间规划，实质上是地面城

市规划的延伸，地上、地下应相互呼应、相互补充。如果把开发地下空间作为建设一个地下城市来看，地下工程的总体规划应和地面城市规划一样，起开发地下空间的"龙头"作用和协调、导向作用。所以，一个城市的地下空间开发，如何统一部署？以何为重点？从何入手？遵循什么样的技术标准等问题，这些属于规划、导向、调控问题，责无旁贷应由城市规划部门来承担。

长期以来，城市地下管线工程规划（通称管线综合）都作为城市规划的一个组成部分，60年代以后，作为人防建设，要求设防城市建设2%地上面积的防空地下室和特定的储存、交通和指挥设施，人防工程规划也纳入城市总体规划。以后，大城市地下铁道等地下交通设施也作为城市规划的专项规划。但种种地下开发，往往就事论事，缺少全面的、综合的规划设想。直至近来，才有少数城市，考虑到地下开发的综合平衡，编制全城市的地下空间开发规划。

地下工程总体规划和地上规划一样，并没有某种固定模式，而是按照不同城市的自然条件、客观需求和实现可能等，通过规划制定：①长期和短期目标；②先期开发的重点项目；③协调控制的一般要求；④较为复杂枢纽的城市设计意图；⑤近远期的工程造价估算。地下工程总体规划应采用与地上规划相应比例尺的图纸，而细部应用较大比例尺图纸来说明。

综合的、系统的地下开发规划，一般应针对不同的工程地质和经济可能条件，制定恰当的总体目标，一般应由浅入深，由平时到战时，由较低标准到较高标准，由点到线到面，由基干工程到形成网络，逐步推进。

据了解，世界上至今还没有完整的整个城市的地下工程规划，即使地下开发做得比较好的城市如日本、加拿大的一些城市，也只是在对部分市区的地下综合开发规划。我国的深圳、南京等地下工程建设较多的城市，为使各种地下开发和整个城市建设综合起来，并通过规划综合协调，推动其立项发展，已进行了地下工程的总体规划，收到了一定的成效。还有，为深化认识，形成概念，在地下总体规划之前，先有一个地下工程的概念规划，在深圳也收到了良好效果。

规划问题本质上是决策问题，做好地下工程规划显然是科学决策的重要依据，不可或缺。

（二）建立健全有关地下空间开发的立法和规章制度

地下空间是一笔巨大的资源，其开发利用既有复杂的工程技术问题，又涉及多方面的利益关系，必须完善立法，依法整治，才能保护资源，保障使用，促进开发。许多国家已经建立起自己的地下工程法规体系。我国有关地下工程的立法，除必须遵照的城市规划法、土地管理法、人民防空法等等，还必须建立直接针对地下空间开发利用的法规体系，主要要解决以下三方面的问题：

1. 有关所有权和使用权的权属关系。城市地下空间和城市土地一样，应明确为国家所有，但使用权可以出让转让，地下空间和地上空间一样既有与地表的不可分割性，又有针对地下的独特性。如分层限定权属的问题，空间所有权不能无限上延太空、下延地心（英、美、德、瑞典等国无下延限制）。在我国城市中中高层建筑发展较多，宜规定-10m以上为浅层，其权属关系应与地面建筑一致，可由土地所有者自主开发（丹麦、芬兰限定为-6m以上）；-10m至-30m作为中层，一般作为预留公共空间，个人和单位限制使用；凡地面公共空间（道路红线内、公园绿地、国家机关等）下面的地下空间，均为国有公共空间；所有-30m以下为深层地下空间，超过私人和集体可能开发范围以外，应列为全民所有，由政府控制使用（这里仅指立法上的分层权属，勘察设计上的分层另定）。

2. 有关技术标准和规范，如有关人防、消防、防火等安全使用标准、规范；有关开挖支护、排水、防水等施工质量标准、规范；有关通风、卫生等环境标准、规范，都涉及地下开发的成败，必须要有完善的法规，严格执行，可靠保证。完善一套法规体系，工作量很大。必要时可先针对关键性问题，作出行政性规定，而后制定大法；技术标准和规范，可针对目前工作主要在浅层，先在参照有关地面工程的基础上，按地下情况更加严格地规定；一些技术性强的标准规范，如供电照明、防火、排烟等可引进国外规定，先参照执行。

3. 有关主管部门问题。原则上地上和地下由一个部门主管，统一规划，统一管理。省市机构设置可因地制宜，大城市情况交叉复杂，可设立多部门参加的专门委员会；一般城市由建设口综合管理，小城市可由规划建设部门一揽子管理。

总的要结合一些政策措施，如对人防、公交、停车场等地下空间应无偿划拨、免征税费、鼓励开发；而对商业、服务业、娱乐场等应实行低于地面的有偿使用，采取适度的税费政策，扶持多种形式的地下空间开发，促进地下空间开发和建设健康发展。

（三）做好地下工程的勘察设计

要开发建设好地下空间，使人们乐于长期使用，必须提高地下工程的质量标准，提高地下空间的适用程度，这就要求精心做好勘察设计工作。

1. 更加重视勘察工作。地下工程建筑在以岩土为介质的环境之中，一切设计必须以适应工程地质条件为前提。岩土介质不同于地上空气，非均质、差异大，大致可分五类，即：硬质匀称、硬质破碎（如重庆）稳定的第四纪土壤（如北京、太原）、不稳定的软土（如上海、杭州）以及软硬混合型（如深圳、武汉均质岩基最有利于地下建筑，高含水软土，以至流沙等也并非不能开发建设，一段地铁、一片垒基可能碰上几种岩土，就要用不同的结构设计和施工方法，在一些岩土松软地区，还有"浮托作用"影响结构稳定，必须先期处理。总之，重要的是要把地下情况摸清楚，从选址到结构设计，趋利避害，杜绝种种后患和隐患。

2. 注意环境设计，克服压抑心理。

地下建筑处于封闭状态，不同于地面的开敞环境，加上先期建设的地下空间，总给人以阴暗潮湿的印象。从地面进入地下以后，心理上易产生压抑感。地下工程设计必须采取各种措施，改变这一习惯概念，有必要注意以下一些问题：

①要有舒适感。除了温湿度适当、空间清新、光照明亮以外，应尽量接近自然环境和创造仿真环境。如浅层地下空间通过天窗直接采光、采用下沉广场，退台式天井直接引入自然光；采用接近日光的光源，改点光源为面光源，适当布置绿化、流水，装修设计简洁、明快，以至注意到一定的背景音响，等等。

②具有方位感。人们在地上易于辨别东西南北，随时明白身处所在，转入地下，基本没有远景，可参照的景物少了，许多地下通道，使人如入迷宫。地下设计必须布局合理、交通直捷，而且有明显标识，适当布置一些仿真景观，使场所环境易于识别，使人随时感知身在何处。

③增强安全感。地下空间有良好的抗震、抗爆性能。但防火、疏散比地面困难得多，必须要有妥善的消防分区，便捷的疏散楼梯和与人员疏散方向相反的排烟通道，还要通过演习使人熟悉应变行动，才能保证人们安心使用。

④耐久可靠。地下建筑有所损坏,如结构裂缝、渗水、漏水,往往难以修复。所以从结构到装修设计,到水、电、通风等设备设计,都应比地上建筑更加注意长远的质量要求和应急准备,真正做到经久耐用,保险可靠。

地下空间本来具有冬暖夏凉、宁静安详等优点,通过精心设计,注意上述问题,完全可以做到质量高、水平高而并不用多花多少钱,使人身在地下而不像地下,甚至比地上更为舒适的环境。像许多饭店的地下设施、地下商场、地下通道等成为人们欢迎的场所。

(四)实现良好的施工

地下工程受施工方法限制,建筑设计、结构设计均不如在地面上自由。为适应各种工程场地和使用功能要求,地下施工方法已有明挖、暗挖、盖挖、盾构、冷冻、沉管、沉箱等等。过去常用明挖法施工,适合于浅层、矩形断面、梁柱结构;用盾构施工,必然用圆形断面、水泥钢材衬砌;用盖挖法施工,适合于平板直墙和宽敞平面;多种暗挖法比较适合于多跨连拱和组合平面。施工中的边坡支护、降水防水也是重要制约条件,不仅影响工程成本、安全,也直接影响工程质量。近些年来,挖掘设备、控制设备都有很多进步。过去,一般以明挖最为经济易行,现在城市地区动迁困难,往往难以实行;而暗挖、盖挖比较起来更经济、合理,尤其是盖挖法,既具明挖和暗挖的优点,比较简单易行。随着盾构机械的国产化,价格下降(每台套盾构掘进设备从四五千万降至2000万元)。在城市上层密集地区,较深层次的开发建设,用盾构也是可以接受的必要的方法。

施工中降水和工程防水安全是地下空间开发中比较突出的一个问题。应通过综合防水设计和选用适当防水材料来妥善解决。

防水设计施工可从"防、排、截、堵"相结合,针对不同类型工程采用材料防水与构造防水相结合,刚性防水和柔性防水相结合的办法,必要时采用多道防水,多种材料,复合防水的办法保证万无一失的防水质量。

随着化学工业、材料工业的发展,目前已有多种多样的防水材料,合成高分子材料中如人造橡胶、聚酯材料;高聚物改性沥青材料中如SBS、APP、PVC改性沥青卷材,还有多种防水混凝土和堵漏、止水材料,可在各类防水工程中适当选用,只要设计、施工、选材综合考虑,即使那些高难度的防水工程,如北京工人体育馆的富国海底世界,上海高含水软土层中的延安东路过江隧道（渗水量仅为0.024升/m²的，都能很好完成，长期使用，达世界先进水平。

随着地下空间开发的发展，还有一些新技术将会被推广应用。如大大小小的顶管法施工，将加快地下管线和通道的建设；日本等国在地铁中采用线性马达，线路管径可缩小至4.3m；还有一些自动化施工机具，都值得注意，需及时研究。

（五）切实安排好防火、防灾和人防建设

地下空间在抗御地震、台风方面先天优于地上；对供水、地面火灾，也比较易于隔离、控制，抗御能力略高于地面；但仍须做好防灾应急措施。面对各种自然或人为的灾害，地下工程防灾的重点是平时防火和战时防爆。

地下火灾，一般来源于地下自身，发生后扑救和疏散比较困难。特别是燃烧烟害，远远大于地面，CO、CO_2、氨、氯化氢等有毒气体，在浓烟中仅三四分钟即致人死命。必须在设计、施工和管理全过程中密切注意防患于未然。

首先要严格执行防火规范，特别是在公共场所：①结构、装修、家具少用可燃材料，挥发性气体源、电火花源等必须处于在控状态；②设早期预警系统，及时进行扑救；③出现灾情，能分隔灾区，防止蔓延，疏散人员、扑救排烟，排烟路线必须与疏散路线分开；④一时疏散不及的地段，设临时避难区；⑤保持一定的应急照明，食物、医疗、供水以及工具等物资。达到上述要求，地下防火的安全度仍然可达到相当高的水平。

防御战时空袭，是一个重大的战略问题。在当今世界战争尚无法避免，核战争也无法禁止的情况下，城市人防仍是必不可少。特别是最近几次现代战争说明了利用地下空间，提高生存能力的极端重要性。南斯拉夫在战争中所以能坚持78天，重要一条是贝尔格莱德80%的居民依靠分散的、简陋的地下室掩蔽，能精确制导和深度侵彻的导弹无法消灭量大面广的掩蔽所。掩蔽率实际就是生存率，是战争力量的源泉，是综合国力的一个方面。我国现行人防建设法，是按抗御核爆能力，划分标准，一般民用建筑要求为5—6级。实际主要反映在门、窗和顶板的抗冲击波能力，有科学根据。但大部分浅层地下室都可以按平时使用要求，预留添加门、窗部分的可能，一旦有事，就可提高防御标准。所花代价不高，估计也只有总造价1%—2%之间，所以，平时和战时结合的做法是可以普遍实现的。

考虑人防要考虑地下室的尽量连通，提高人员的机动性，密切地上地下联系，如住宅楼底下的停车库，不仅平时便于使用，紧急时也可用最短时间进入。如果充分利用地下空间，普遍利用浅层地下室，那么，城市总建筑的1/5以至1/4可以建在地下，用不了多久，一个可观的"地下城市"将会出现在人们生活中，利于平时，惠及战时，意义深远。

（六）改进地下空间的环境质量

地下空间本来具有环境温度稳定，很少受噪音、尘埃干扰等优势。世界上也已有不少提高地下空间环境质量的经验。但长期的使用和调查研究发现，生活在地下久了，总感觉空气不好，某些病症和地下环境有关，甚至出现所谓"地下建筑综合征"。

除了一般对空气质量有关的温度、湿度、含氧量、CO、CO_2、NO以外，有三种物质在地下空间中十分有害：一、菌类，首先是在一定湿度条件下的霉菌及其他细菌会迅速繁殖，使人不适致病；二、氡及其子体，本来在岩土和水体中天然存在，在地下环境中聚集到一定程度，形成危险的放射性病症；三、多种挥发性有机化合物，已发现有250多种，如甲醛浓度大于0.1PPM即有害健康。另外，还有负离子，地下往往少于地上，当负离子少于25个/cm^2时就会引起头疼、恶心。一切生物和物质进入地下都可能带入一些有害物质，都是微量、痕量存在，不易准确测定。单一测出时往往在允许值以下，但几种混合物又可能出现新变化。虽然有些是低浓度污染，但长期作用于人，可能产生严重危害。

有不少有害因子，源头何在，为害机制，消除办法，都还有待于科学研究，要通过多个学科，如环境医药、微生物、生物化学等才能解决。

当前，新、老各种地下空间，应力争在现有条件下，加强管理，增加新风置换，调节夏季及湿季的湿温度、控制地下风速，排除一氧化碳、氨、氮等有害气体，消除霉味和各种异味，仍有可能使空气质量接近于地上。人类已经在太空中营造了一个舱内空气环境，在地面也做过全封闭的生物圈试验，使人可能长时间生活在其中。地下空间的环境质量也一定能做到，并达到令人满意的水平。

五、十条具体的政策性建议

开发地下空间不只是一系列的综合性技术工程，还是一项涉及许多方面的系统性社会工程，必须环环互动，才能高效率、高效益地健康发展，为此，建议：

1. 将开发利用地下空间作为国家城市发展的战略方针，制定具体目标，纳入计划，纳入计算综合国力的指标体系。

2. 地上、地下必须同时开发。凡可以利用地下空间的商业、服务，停车、交通、仓储、文体等设施，尽量建在地下。做好地下开发的统一规划，一切可以联通的地下设施应尽量联通或留下联通的可能，以形成互联的地下空间网络。

3. 住宅建筑要普遍附建地下室。低层住宅可利用半地下室作为居住或生活辅助设施；多层住宅应在地面以下建1层或1层半地下室，高层住宅应建地下2至3层，作为可由电梯直达的停车设施或生活辅助设施。

4. 公用地下空间，如商业服务业、文教事业、交通运输事业、仓储事业以及公共停车场地。可首先在市中心地区火车站、地铁站等交通枢纽等"黄金"地段开发，逐步向周边发展。地下建筑开发应尽可能与地下管线改扩建相结合，发展综合管沟（共同沟），重要的供电、通信等线路，都要入地。

5. 制定政策法规，鼓励开发地下空间，法定深线关系，权属关系；制定不计容积率、减免税收政策；补贴地下停车、医疗、教育等公益事业；地下空间租金减半等政策；以及统一归口等管理规则。

6. 在市区人口200万以上城市建设地铁，在地铁站附近综合开发公交及私车换乘设施及必要的商业服务设施。

7. 市内跨越大江、大河，应因地制宜，桥隧并重，避免战时易毁，塞断交通。

8. 加强科学研究，利用现有科研机构，或组建专题研究中心，分别研究地下环境治理、地下工程构造、地下施工等重点课题。

9. 必须注意保护历史文物，军事设施及现有重要的地下管线。"今让古，民让军，小让大，私让公"。

10. 健全机构体制。明确由城市建设部门统一主管地下、地上城市建设。现有人防办公室参与地下空间的规划和战时防护标准的制定。

纵观当前和长远的需要，无论从技术、经济、军事、政治角度，随着城市化水平的提高，缓解城市生活中的矛盾问题，不失时机地在搞好地面建设的同时，大规模开发地下空间，平战结合，地上地下结合，形成成片的"地下城"，这是一举几得、意义深远的伟大事业。如果认真去做，5—10年内定能收到巨大的成效。

本文为《中国城市地下空间开发利用研究》一书的总论。该书由中国建筑工业出版社2001年11月出版（全书四册）。

城市发展中的复杂性问题和一些复杂的实际问题

同志们，我讲一讲城市发展中的复杂性问题，可能有些同志以前看到我写过这方面的一些文章，那还是二三年以前的事，当时做了一些理论的探讨，与实际问题接触并不太丰富，所以只讲理论问题可能比较的枯燥，再讲一些复杂的实际问题。我也借这个机会与市长们探讨，留一点时间大家可以讨论或提出问题。

应该讲，科学界现在对复杂性的研究还是近几年的事情，但是发展很快，已经形成了一门学科。作为一个复杂科学，是列在系统科学的一个分支，作为系统论的一个分支，大家可能都知道，在当代科学发展中，有一个三论的学说，就是系统论、控制论和信息论，这是现在非常重要的三个突破性的关键，其中控制论、系统论两论是我国大科学家钱学森先生奠基的，那时的控制论还叫工程控制论。因为钱先生最早是研究力学的，进一步到空气动力学，由空气动力学延伸到导弹，这些理论与实际的问题，钱先生在美国40年代条件很艰苦，在战争年代、在沙漠中做导弹的实验，那时候他就开始从实验中间认识到要完成一个工程不是靠单一的专业所能解决的，就当时研究导弹而言，首先要解决动力问题、能源问题、结果问题等等，但如果离开了大气、离开了反馈问题等，导弹是搞不成的。所以他就从实践中认识到，事物有很强的系统性，而且一定要解决好控制问题，所以科学是从实践的基础上总结提高、开拓出来的认识，进一步研究系统中间就发现到系统本身的本质特点就是复杂，如何认识复杂的规律也不是那么简单，慢慢就发展复杂科学是可以认识的，不是不能认识的，有它特有的规律，就成为系统科学的一个分支。系统科学下面有许多小的学科，复杂科学在中国发展的比较快，中国科学院的钱老的许多学生在研究这个问题，而且广泛吸纳了别的学科专家来研究普遍的规律。在中国科学院湘乡会议，多学科互相渗透互相引导的会议上，我也发表了一些文章，钱老非常注意，他要了解它这个规律对别的科学是怎么样，是不是带有普遍性。今天我准备讲系统科学与复杂科学的认识，有两篇文章过一两天印出来，大家看，不是太长。

从学习系统论与复杂科学以后，我也感觉到要认识城市，特别是要认识现代城市，就必须认识现代城市的系统性和复杂性。可以讲，近半个多世纪以来，随着社会经济和科学技术的迅速发展，随着城市化的现象迅速推进，有关城市这门学科已经大大向广度和深度发展，它的客观实际也已经按照系统工程规律逐渐形成了一门比原来认识更宽、更深的，现在大家称它为人居环境学或广义建筑学这门大的学科，框架体系按照钱老一个概括，因为它研究的系统越来越宽，他认为人类的智慧也是可以说得清楚的，它概括为11个门类，这个门类是大的门类，比过去天文、地理还要宽一点，分成社会科学、自然科学、军事科学、行为科学、美学等等。11个门类中开始叫"建筑学"，后叫"城市科学"，按我们专业的建议，它叫成"人居环境学"，总之是规划城市与我们生活的那一套，在钱老的脑子中，已经把所有人类的知识分成11大类，其中1类就是我们的城市。这个学科的复杂性我们仅仅从技术系统本身来讲，就包括建筑学、城市规划学、风景园林和建筑工程四大块，是我们专业分工最明显的，有它不同特点，有它不同哲学思考基础等等，所以大体可以分成四类，这四类是个大学科，下面还有一级学科、二级学科、专题、课题等，作为知识结构分许多层次，很难把一个学科的划分都说清楚或得到所有人的认识，它本身是一个学术问题，还在不断探讨、完善。四大学科下面还有七十几个二级学科，下面还有更多的专题、课题，有很多因子，所以知识结构是非常复杂的。影响一个城市的因子或基因，应该是讲海量，甚至是宇量的。所以城市学科复杂程度一点也不比导弹、比航天来得简单，是这样一个概念，我们把它叫成巨系统，而且是一个复杂的、开放的巨系统，这个系统跟系统科学一样有它的普遍规律，这个系统工程的规律问题现在也是一个研究问题，特别是针对我们城市而言，城市系统和其他系统一样具有八大规律。

一、城市及其区域——一个典型的开放的复杂巨系统

（1）系统的结构具有相互紧密的联系层次和系列。

只有具备了以上基本认识，才能使我们有可能在面对复杂的城市问题时保持清醒的头脑，可以去分析、去解剖，认识其问题所在。也只有理解了上述特点，才有可能进行城市研究，包括宏观研究、微观研究、时序研究和空序研究，有关自然研究和社会研究，并把多种研究综合集成起来，取得优化配置。

（2）系统的作用大于系统各部分的简单的总和。

简单地说，施工盖房子的问题，盖房子与设计问题可以分开，是两个系统，但若二者结合好不仅硬件和软件相互配合，很显然，经济效益就会提升，就是我们常说的搞得好，1+1＞2，搞不好，1+1＜2，也就是系统的作用，要认识到很多部分的作用搞好了，它会大于简单各个部分的综合。

（3）巨系统中，总是上一层次的大系统决定性地影响下一个层次的子系统。

很显然，在我们的社会生活中间，一些重大的政治、经济包括资源配置的很多问题，总是决定了我们规划的一些问题，做好规划不能没有全局，不能不受更大系统的影响，但众多的小系统也会反过来影响大系统。

（4）系统有边界，并总是和更大的系统、旁系统进行种种交换。

城市系统，我们笼统概念就知道这个系统很大，但有它的边界，有它封闭的特点，在一定情况下，还是与别的系统互相渗透，与外界进行资源的交换、信息的交换，物资的更换和能量的交换等等，经常是互相影响、互相作用的。我们搞城市经济、城市建设，就不能不注意与外界的很多关系，这种交换是贯穿规划编制、控制全过程，如果停止了，城市生活也就停止了。

（5）系统的非匀质性和相互作用。

非匀质性就是不均匀的。在一个城市地区往往城镇的布局、大小、强弱是不均匀的，这是一个客观的规律。各类城镇的凝聚和扩散的作用也是不一样的。特别是在城镇高密集、高城市化地区，非常的突出，也正因为这样，规划的控制更为必要。

（6）系统的自组织和自适应性。

城市系统本身有一定的学习功能，系统具有一定的自组织和自适应性。许多规划建设中考虑不到而实际生活中往往需要解决的问题，往往通过这种功能得以暂时解决。规划不是先知先觉的，看到系统在那里调整，是自发的，后来我们才认识到这个问题，总结了经验，就变得聪明了。

（7）系统的复杂性。

对巨系统的复杂性的认识，对城市决策有重要作用。正因为简单化地对待复杂的系统问题，如对一些政策性本身很强的问题，由于看不到种种相关的因素，就产生决策失误，控制失误。对于一些重大工程，由于不认识其长远影响及深度影响，不肯花必要的调查研究时间，而仓促决定，造成根本性缺陷和难以挽回的损失。只有认识复杂性的特点，才能慎重地决策、民主地决策，避免主观性、表面性、片面性。

（8）系统运行的非定常性的规律。

有时系统发展是看不透的，它的进展并不是稳定的，即钱老所指出的，以他的看法，一个复杂的巨系统，由于它的开放性、复杂性，首先在科学思维的方法上，不能用还原论来处理。现在科学发展中间，有一个历史性的进步，从牛顿力学以后，科学界普遍都认为还原论思想方法是科学的。所谓还原论就是把一个大的事物、复杂的事物不断地分解，越分解的细，认识就会越全。简单地讲现在的情况事情越来越复杂，只认识许多的局部，只见树木，不见森林，不见得认识真理。所以主张除了还原论，还要有综合的思想、有融贯的思想，不是简单地分解。按照钱老的观点，许多复杂的事情，不可能一劳永逸，一定要注意宏观、微观，只能要求对复杂事物有一定时期的解决办法，因为系统本身是有变化的，具体地讲，它的计算数参量、相互关系都在变化，因此对开放和复杂的系统只能做短期的预测和计算，这是与城市的规律一致的，所以规划法规定20年为期的城市规划设想，每5年应进行修改补充。

系统思想对人居科学的思想影响远不止以上8点，但仅此，我们已可以看到系统科学的规律是放之四海而皆准的。

二、城市发展和复杂科学

从我们的工作规律看，城市发展是可以充分说明复杂学科发展的，这个科学发展与科学界完全一致，能够体现复杂科学的规律，从中认识复杂科学对城市发展的重要意义。

（1）复杂是相对的，复杂性是有规律的。

复杂性是客观世界本质的反映，所以事物往往都是从简单到复杂发展过来的，都可以解释、可以认识，反之就称不上科学。我们的一部城市发展历史，就是城市由简单到复杂的历史，因为城市是一个社会现象，从城市产生，到当今世界各地城市都是由简单到复杂，有共同规律。举一个简单的例子，学科的复杂性，有四大分支，上层是国家的国土规划和区域规划，下面是城市规划和专业规划，下面是城市设计的问题，下面是建筑设计的问题，再下面是建筑施工和专业的施工，分许多层次，系统论是一个大的学科，下面是四个一级学科，一级学科下面至少有三到四个二级学科，每个学科下面有它的课题，每个课题下面有因子，知识结构是宝塔式的，实际上的形状复杂得多，但它的复杂性必须用简单的图才能看清楚，而且这样一个认识仅仅是从技术结构来讲的，实际上这个学科，还与社会、经济、政治、文化、科学技术五大方面有关，每个事情、每个层次都受五大方面的影响。

人类的生活和城镇发展都是从简单开始的，下面是一张7000年以前当时住房的最复杂的一个典型，是半坡遗址，一种是方的平面，一种是圆的平面。其

半坡原始居民的房屋复原图　　　　　干栏式房屋

中方的平面结构已经不简单了，圆的平面结构是简单，往往是挖一个半地下的坑，一个坡道进去，像蒙古包一样，这是最早期居住，后来变成了城市，我们根据《礼记》里面的记载，有理想城市的设想，当时对城门与街道有所设想，中国的城市文明发展非常早，从早期的文献看，已经有系统思想，《礼记》中可以看出从选城址开始到规划城市到建设宫殿到交通工具，是一整套的，我们过去学术界还是孤立来讲这个问题，其实应该讲在商周时期已经相当完整，就不是那么简单，到后来汉长安城遗址发掘已经出现一个非常大的复杂的城廓现象。但当时那个城市，人没有能力进行非常理想的规划，分散地把它包起来，但是也已经有一定的功能分区，这个城的范围比现在西安的古城要大得多，到后来的唐代，城市就更加的复杂化，有了皇帝的都城，有了后院，有了很大的御花园，有非常规则的居民的房子，公元800多年，1200多年以前，当时是有规划的，完全是按规划修出来的，这里还有公众休闲的地方。西安城是世界最早的100万人口的城市，罗马也没有100万人口，那个时候的罗马还没有规划，它有规划是在15世纪以后，西安城在8世纪就有规划了，可见对城市认识复杂性就已经进步了，再后来就是商品经济发展，汴梁城是现在的开封，形成了三个皇城、城、外廓，是一个很大的城市。这类汉城和唐代城市实际上还是村庄的结合，皇宫是大一点的村庄，房很大，路也很宽，现在解释说长安城的路已经150米宽了，其实它的概念不是路，是一个个村庄，每个村庄都有围墙，有几个门，门是不对外的，实际上是村庄的结合。到宋代以后变化了，皇城已经居中了，它已经出现了沿街商业的问题，城市形象就变化了。《清明上河图》就是反映一条河城内城外的情况，这是一条运河，可以看到市容面貌与历史上的不同。到南宋，经济重心向南发展以后，苏州古城的规划图，这也是全世界保留下来的历史上最古的一张规划图，它是刻在一块几米高的石头上，可以看出那个时候的城市有河道系统，苏州最突出、最有水平的是河道和路网结合起来，形成了城市立体的交通系统，直到现在高速公路系统，据说外国的专家是从中得到启发，搞立交来解决这个矛盾，所以当时有庙宇、有公共活动场所，有公共、私家花园，观念是很科学的。明清北京，从历史上看，它是最完整的体现了封建时代城市的理想，那个时候整个格局都认为是一个杰作，但是现在破坏的比较多，我简单讲这个过程，就是讲城市是怎样由简单到复杂的。从新中国成立以后也是这样，城市开始都是住宅在工业区，是为了解决交通、文教一些职能的问题。上海的变化就可以看出来城市越来越复杂化，1986时上海的规划思想中心区只有136平方公里，规划准备再发展11个近郊工业区，离开城市不远的地方，然后建10个卫星城，按照中心城市、近郊工业区、卫星城三个层次布置，但是这个发展比以前更快了，到2000年，近郊工业区全部并到建城区里面，这就是我们所说的摊大饼的现象，面积接近翻一番。最近浦东150平方公里，可以看出来饼越摊越大，周围已经不存在近郊工业区。目前已经出现了三角洲的规划问题，单单是上海地区就不行了，就必须考虑到昆山、苏州、无锡、常州、南京这些地区的规划。所以从城市的角度来讲，城镇体系的复杂性就迫使我们工作要变化。珠江三角洲城市的密集程度比长江三角洲还要高，现在的广州是珠江以南，西江以西，越来越大。深圳原来是1万人口的边缘小城市，紧靠香港，现在建城区100多万人口，周围的龙岗区和宝安区基本上都满了，到东莞也已经连接起来，城镇非常密集。旁边是佛山、顺德、江门、珠海，形成一个非常密集网络状发展的城镇地区。城镇密集典型的是苏州周围的地区，人口600多万，200多万在苏州，规划要有300多万的人口，一半在中心城市，不断地往外扩展。苏南地区村镇发展起来了，镇与镇距离很近，有3—5公里，大的有六七公里，近的一二公里，所以出现了一个现象，住在镇里不在镇里工作，可能在其他地方上学，这是很大的一个特点，是城市对外交流、联系发生了变化。典型例子是深圳，是空中照片看不见边界，城镇几乎是沿公路发展，两边扩展，除了绿地以外，能用的地大体都用了，晚上坐飞机，一进东莞就可以发现满街灯火，连绵不断，一直到深圳，高度密集的城市是城市化一个新的现象，在世界上也是少有的，从中也可以看出城市正由简单走向复杂。

现在我们国家有三个大的城市群的集团，人口在4000万以上，是京津塘三角洲、珠江三角洲、长江三角洲。各有特点，最密集的是珠江三角洲，其次是长江三角洲，京津塘地区相对疏松一点。但恰恰是这三个地区经济发展最快的、最富裕的是珠江三角洲，这就是复杂性处理好，1+1>2。这就是复杂性的规律是可以认识的。

（2）复杂性是可以量化的，可以区分出不同复杂度。

按照科学家的观点，作为一门科学，总是离不开数学，要由数学来表达，特别是计算数学发达的今天，没有一点数的概念，高度复杂的城市发展问题要量化是比较困难的，和研究其他社会、经济系统一样有许多难点，能够不断地研究认识这个系统发展的层次结构、动态行为等众多信息并加以抽象化；还要加上信息的不确定性以及各种政策因素等等，都是十分困难的。但随着科学认知的提高，复杂因素的量化研究还是可能的。例如过去的城市的交通很难按数量来讨论，一个城市100万人，交通问题实际上就是活动的点如何活动的规律。有些人走路、有些人乘车等等，这些点无法计算，但现在的技术再多的数量也可以精确地推算。过去靠抽样，现在是比较全面甚至是全局性的统计。再如城市人口测算，过去是很难说清楚，现在从几种模式推算，发展到精确的推导，比较准确地预测发展趋势。就业的问题、机械的增长也可以量化来测算。

（3）复杂性的一些基本特点。

复杂性的一些基本特点是可以说清楚的。

①复杂系统具有可预测的方面，也有不可预测的方面。一个城市发展规划，集中反映了对城市发展的认识，但几乎没有一个规划得以百分之百地实现。这是由于具有宇量信息的城市发展总有一部分是不可预见的，总是由于系统内或系统外的因素使预测不准，或根本预测不到。往往没有遇见的事情出现，原来设想的没有出现，这是常有的，这是由于我们对系统内或系统外的很多因素没有看到。城市化发展有看到的地方，有没看到的地方；城市化的比例增长大体过去预测能看到的，但是具体的城市发展速度、规模是大大超出我们的预想，应该看到它的两重性。对今后的规划一个非常重要的原则我认为，规划都要留有余地，都要紧凑发展，反之就会被动，就会出现摊大饼、铺摊子的现象。所以现在的很多的规划应该有一个幅度，低限度如何？高限度又如何？只有认识复杂科学的特点，才能真正提高规划的准确性。

②复杂系统既具有可控制部分，也有不可控制的部分。对于不可控制，总是有"突发"事情。如：自然灾害、地震、SARS等，至今预测不准。战争横祸，都是不以人的意志为转移的，只有看到这一点才会有多种准备。

③复杂系统具有学习功能，有自组织作用。要重视这一功能，不断弥补原来考虑的不足。最近发现，我们最近规划城市中忽视了商品交流的问题，许多小的商品市场，都不是规划事先考虑的，如温州的纽扣市场、义乌的小商品市场、河北的白沟、河南的开封等，各地都有，都不是我们规划所能认识到的。特别是最近最大的轻工业品市场出现在临沂，它不在铁路干线上，形成了

每年300亿元的交易量，有8平方公里之大，有事在人为的因素、有客观地理条件、有城市的条件、有当地人勤奋条件、有本地市场的规模等等，没有规划，是顺其自然的。规划发现这个问题，在这个基础上，就把居住条件、交通条件等进一步改善，会越搞越好。

（4）解决城市发展的复杂问题必须要有科学决策、民主决策和团队精神。

这套系统与复杂问题，最终是要说明这个问题。事物的本质是这样，我们做工作就要适应特点，很多事情越来越需要有很多人共同完成。历史上搞建筑、搞城市往往是少数人的事情，现在事物要复杂得多，少数人是考虑不周全的，一些复杂的重大的工程都是有一批科学家、专家来完成的。例如，20世纪的美国登月计划，这是演绎性、技术性非常强的，由成千上万的专家结合起来。现在我们处理的信息量是爆炸性的增长，复杂性的增长很可能是无限的，处理是靠人的脑子，人的脑细胞是有限的，据生物学家讲，脑细胞有10多个亿，对付不了比10个亿还要多的复杂的因子，所以现在的很多的事情必须靠多方面共同来完成，不能过分强调个人的作用，个人的作用是有限的，要靠集体作用、团队的精神。我们国家发展到今天科学决策、民主决策和团队精神是重要的大事情。

三、当前城市发展中的一些复杂的实际问题

当前我国城市发展和城市规划的复杂程度远远高于新中国成立初期，或者讲与前50年比这个情况不可同日而语，因为影响城市发展的因素越来越多。现在有不少新问题，我非常体会现在工作的同志，特别是在规划局当局长的，或者是我们市里主管城市建设的市长同志，要比以前难得多，许多难题是前所未有的。有时候简直难以琢磨，所以今天让我讲实际的复杂的问题，我自己思考恐怕也讲不清楚，大家来研究讨论，也许可能把我们现在的问题解决得好一点。目前，总的形势很好，但城市发展和城市规划所面临的很多问题，讲六个问题。

（1）如何准确和正确引导城市问题。

这是一个现在要研究解决的事情，成了举国上下大家关心的一件大事情，大概我们国家从来没想到这几年这样重视，更热衷于研究城市化问题，应

该讲这是一个好现象，其实城市化的问题在学术界，早在1980年就提出来，现在在我们国家列入"十五"计划，肯定下一步"十一五"计划也都把这个问题列入里面，一个正式的处于国策的地位。城市化这个概念现在在文件中用"城镇化"三个字，因为在我们国家还有很多镇，2万个镇左右，建制镇也属于城市性质，所以在外国人来讲，我们的城镇化与城市化是一个概念，对城市化的认识问题还有许多探讨。这里重要的我认为有三点：①城市化是工业过程中伴生的社会现象。城市化的渊源在哪里，城市化的根本是工业化，城市化是工业化派生的社会现象，现在看这个命题十分重要。②城市化和现代化一样是一个国家社会经济动态发展的一个长过程。它不是短期的，城市化是一个国家社会经济发展水平、发展特点、发展状况的一个总的反映，也是不同时期各种政策综合作用的结果，不是一个因素造成的。城市化对每一个国家来讲都是个相当长的过程，回顾我们新中国成立54年发展速度不慢，但就在这个50年里对城市化有所认识，有所调整，反反复复到现在。从1995年的29%提高到现在的40%左右，由于构成我们人口的复杂性，这些数字，专家们还有些怀疑，总认为是偏低的。因为我们把农村里已经脱离农业劳动的进城打工等因素算上也有可能接近50%，我个人认为，这个看法有道理，对外的统计我们现在都讲百分之三十九点几，有这两个基本点以后，我们可以具体地讨论各地区、各省、各城市的地区城市化究竟怎么看待这个问题。现在在我们都在讲要促进城市化的发展，要拉动城市化的发展，应该讲这个必要性是不用质疑的。但是这个情况不能说过头，不能人为地追求城市化而不顾经济发展，这条非常重要的，搞不好对城市化有一些误解，会影响社会经济的发展。③当前对城市化的一些认识。城市化很早就发生，学术界50年代，1956年前后在欧洲的一些经济地理学者提出来的。一是加快城市化就会带来经济发展，过分强调了城市化对拉动经济的作用。这点我觉得非常重要，只有经济社会发展了、经济的规模增长了、就业面扩大了、生活水平提高了，才能更多地容纳城市人口，刺激产业和各种事业的发展，才有健康的城市化。过去城市人口占总人口的比例只有百分之几，在农业社会只有10%左右，一直到了1866年工业革命开始以后人口才开始向城市聚集，所以城市化的开始时期应该讲只有二三百年的历史。在19世纪初，全世界讲城市人口只有3%，经过100年以后，在20世纪初城市人口占总人口14%，所以一个世纪只增加了11个百分点，20世纪以来，世界城市人口的比重提高到了48％左右，整个一个20世纪增加了34个百分点，这已经是19世纪的3倍，所以在20世纪50年代末，已经是40％左右了，所以提出了城市化的概念。当时认识到它的动力主要来自工业化，可以说不论哪个国家，工业化必须伴随城市化这是一个不以人的意志为转移的客观规律，但是这个问题我们认识不够。在新中国成立初期，由于强调消灭三大类别，急于走入共产主义，那时采取了抑制城市化的政策，所以我们城市化的欠账是存在的，城市化一直也比较低。根据联合国1955年世界城市化展望提供的资料，城市化在世界五大洲是不平衡的，北美洲最高，1995年的时候，北美洲城市化率是76.3％；拉丁美洲经济落后，但恰恰是人口最集中的城市，城市化比率不低，是74.2％，这是工业化开始比较早城市化程度比较高的地区；欧洲73.6％，亚洲只有34.6％，非洲34.4％，这是工业化起步比较晚发展比较低的地区。如果我们进一步对每一个国家或不同的地区再做具体分析，就会看到，这个比率千差万别，不同的国家有不同的城市化的特点，但都有一个共同的基本点。城市化总是建立在工业化基础上的，这一点是我们要研究的基本认识。加快城镇化、拉动城镇化，在一定意义上也未尝不可，但是必须注意离开了城市发展，这个城镇化是空的。最近一个非常明显的现象，城市户口放开以后，有大量的农业人口流入城市，并没有出现我们担心的城市人口要迅速膨胀的问题。目前北京只要有工作和居住场所都给予居住权。最近我了解大概一年也就1万人左右，很多中小城市开放以后，农民进来也不多，这是一个普遍的现象，这说明我们的城市化如果没有经济基础，农民离开了土地，他的生活就没有保障。没有新的工作，他怎么进来，但是反过来，这个现象要通过城市化拉动恐怕也不行，现在已经有不少地方把"城中村"打工的都可以留下，也有积极的一面，也有消极的一面。安阳市采取的是规定一个时间，农村户口都要转入城市户口，在四个行政界限以内，为了解决城中村，这是积极的措施，但是农民要转城市户口谈来谈去有两个条件，原有住宅不拆、原有自留地不变，但户口性质变了，一下子安阳的城市人口增加了7万，但是这个城市有什么变化？什么变化也没有，统计是马上可增加10％，一下子增加了七八万人口变为城市人口，但是这个城市人口工作、生活性质一点也没变化，这类例子以后还会有，可以看出，没有许多配套的政策，光有一个城市化政策，城市化最根本的是离不开经济的发展。二是城市化率的问题。城市化率作为一个地方发展指标甚至互相比较。这个看来也是不必要的，城市化本身是从一个大的范围来看人口的构成的问题，孤立的一个市、县，甚至一个区城市化的比率究竟有多大意义？现在城市化的比率并不能说明这个城市现代化的程度或城市发展的程度，在世界上来讲，城市化有一种叫虚涨的现象，特别是拉美、亚洲一些发展国家、明明是农村人口破产，大量的贫民流入城市，表面上造成了很高的城市化比率，实际上是很贫穷落后的城市，反而加剧了城市的社会问题，这个并不正常。三是城市化率并不是越高越好。国际上看如此，国内看也是如此。城市化率在一定程度上说明人口构成的特点，从此反映一些经济情况，并不直接说明经济水平、现代化水平等等，我们拿西北六个省区为例，根据2000年的统计，内蒙古与新疆的城市化水平比陕西、甘肃、新疆高很多，甘肃、陕西工业发达，城市化率要高一些，但它不如内蒙古、新疆，差10个百分点左右，但经济并不发达，我曾经到过内蒙古城市化率最高的地区，内蒙古有一个额济纳旗11万平方公里，比浙江省还大，（浙江只有十万平方公里）总人口不到5万人，这5万人有90%的人集中在旗所在地，它的城市化率达90%之高，这个城市化率说明什么呢？只能说明土地沙漠化太严重了，牧民没有地方放牧了，都集中到城市来了，这就是一种经济落后的城市，所以城市化率不是越高越好，美国就不是最高，百分之七十六点几，新加坡百分之八十几，新加坡比美国还富，城市化率不能拿它某些水平作比较。四是城市化不等于城市建设的一切。城市化有量的问题还有质的问题，还有结构等很多问题，现在搞大开发区、大的市中心、大的金融贸易区等等，与城市化不能挂起钩来谈，不然反而造成一些浪费。五是城市并不是越大越好。城市必然是大中小并举，特别是在中国这样一个大国，最近有一些学者比较倾向多发展大城市，这是有道理的，大城市在经济落后的基础上，容易有凝聚力，吸引人才，吸引资金，所以发展一些特大城市、大城市，如"珠三角"等是符合我国国情的，但是不可能所有的大城市搞得越搞越大，现在我发现我们搞城市规划预测人口也难也不难，难要做许多工作，翻来覆去论证，究竟发展到多少人，往往一考虑发展人口规模总是翻一番，很多地方都是这样，原来50万变100万，20万变四五十万；原来100万变200万，其实这样不符合规律，不可能所有的城市都翻番，现在把城市做大做强、做好做高我认为是不科学的，特别是做大，城市这个提法你怎么做大，拿什么做大，不是你想做大就能做大，就会产生很多后遗症，所以做大就不符合刚才讲的。城市化是工业化的派生物这么一个规律，离开了经济发展做大城市那是有问题的。六是城市化不完全是讲城市的城市化，包括了农村的城市化。农村同样需要提高水平，农村也要达到城市生活的各种条件，这个概念非常重要。城市本身是一个社会，一个发展的概念，不总是比例问题，世界上许多国家农村生活比城市还好。日本的农民比城市还富；德国的农村生活条件比城市还好，你让他到城市他都不去，这个农村已经脱离了传统的农业社会的概念了，是高度的城市化，有钱人要到郊区住。城市化包括全社会的概念，不是指城市这一块，要包括农村，我们国家十亿农民还在农村，农村不能衰落，城市化必然要考虑农村的城镇化，总的来说，我们对待正在发生发展的高速度的城市化过程，我们积极地迎接还要冷静地思考，切忌主观浮躁，要争取正确的方针。我认为，正确地引导城市化的发展，当然目前还要消除各种各样阻碍城市化发展的壁垒和障碍，要引导我们城市化走向健康、合理、科学方向，这才有利于我们的现代化的建设，这需要比较客观地讲，这些观点、情况具体来讲，问题还要在各地的工作，现在下一步工作，沿海和内地不一样、东部和西部不一样、大城市跟现有的小城市不一样、有资源条件的、没有资源条件的都不一样，都要有全局观念，要有系统的观念，把自己放在系统里面才能起到更好的作用和位置。

（2）拟定城市的发展战略和做好城市规划设计问题。

这个问题很大，城市要重视城市发展战略问题。①城市发展战略问题应指全局性的、长远的、客观的原则、方向问题，如生态问题、可持续发展问题、城乡协调问题、城市就业问题、城市安全问题等。不从大的问题分层次研究，我们很难做好规划，很难管理城市，使城市健康发展。②城市发展战略应根据需要不断研究，而城市规划研究，城市规划应根据法定规划程序进行。原来按照规划编制程序的办法，按照规划法，我们这个城市没有城市发展战略这个阶段，到现在为止，城市发展战略还是许多城市，特别是大的城市采用的办法，这个办法应该讲，是这几年工作中总结出来的，因为做了许多规划以后，许多根本性的东西没有弄透。三年以前，广州首先试验了在总体规划调整编制以前，先拿一些重大的问题来研究一下。这个城市究竟怎么发展，发展多大，往哪里发展，有些什么重大的问题，要提前研究。做了以后发现，是有好处的，比较顺利地编制了规划，现在看来，当时就提出五个比较重要问题，城市安全问题没有提出来，这个做法我认为要很好地总结，不见得每个城市必须这样做，有些城市，可以看出来，对自己的城市情况比较清楚，而且没有特殊的问题，就可以不一定有这个阶段，总之我觉得要因地制宜，深化规划。比如城市中都碰到一些问题，像生态问题，可能在西北水的问题是最突出，水怎么解决，水的问题不解决就搞总体规划，总体规划就没有基础；城乡协调问题恐怕各地都存在。总的来讲，我们应该重视发展战略的研究。对城市发展的重大的方向、原则不要有失之交臂，出现一些错误，这个决策出了问题，以后的工作都要受到影响。对于关于"三农"问题和就业问题，根据经济学家的研究，认为当前我们的贫富差距问题已经超过了国际上的临界点，包括城市内部和城乡之间的差别问题，按照世界上包括联合国统计，收入高低不同比例，有一个基尼系数，就是百分之几的人占多少百分的收入，如我们不到20%人占我们社会的收入的40%以上，非常富裕的人占人口的多少，正常的比例基尼系数0.4以下，我们在2002年末超过了0.4以上，这里包括两个含义，一是城市内部的贫困差距拉大，某种意义上城市出现了一个贫困阶层，就是待业人口，特别是夫妻双方待业，生活比较困难；另外就是农民，城市收入每年都有上涨，一般是每年百分之几或十几比例上涨，而农村的收入每年没有上涨，反而是下降的，这个问题是全国性的普遍的问题，这涉及社会公平问题，按照世界经济学家研究公平与效率的问题上，现在有一些学者提出，甚至引用邓小平同志以前讲过的，效率问题解决到一定程度以后必须注意公平的问题，不允许影响社会的安定。结合发展战略来讲，每个城市都有这个问题。例如：沈阳作为老工业基地，这个问题尤为突出，现在提出振兴，是非常重要的，不然沈阳下岗待业的人少说几十万甚至几百万，这个怎么发展？还有城市安全的问题，都是新的问题，还有城市生物安全，生态也是个大问题。现在城市高层建筑如此密集，地震怎么办？疾病怎么办？这是一点也不能闪失的，我们要靠经济来解决当前很多问题，应该有一个发展战略很好的研究。做法应按法定的程序，作为一个阶段做也好，不作为一个阶段也好，同时在一定的基础上来编制或修编城市总体规划，不能本末倒置，而且要搞好一个城市，光有战略没有战术来保证也不行，这与我们搞城市规划一样，没有设计也不行，所以我们要把很多措施结合起来搞好，规划编制以后也不是一劳永逸，要及时地修编，在重点地区一定要做好城市设计，能够细控制一定要细控制，不该细控制不要过细控制，总的目的要看效果，现在城市规划工作相当困难。许多搞规划专业的同志们都反映，最近城市规划的形势的非常好，得到重视，但是出现了从来没有出现的规划失控，就是规划控制不了建设，规划很难办，宏观的问题管不了，发展战略在讨论，还有不能避免一任领导一个政策，班子换了，发展战略也随之变动。规划部门无所适从，微观的也管不了，现在只有一个红线能管。过去规划的项目定了以后，一直到它的总平面图，它的建筑性质、层高等与市政各方面衔接，都要经过规划局。现在规划定了没有用，如规划原是住宅用地，搞的时候是商住两用，没有脱离住宅，但容积率、人口密度就变了。规划部门经常被批，说你的规划落后，其实有的落后，有些确实很冤枉，没有办法跟上那个情况，现在很大的问题就是微观很多规范的规定是受开发需求在变化的，有些地方可能是开发商的要求在指导规划，不是规划在指导开发商，开发商得到了一块地皮，往往是追求高回报率，就要有所突破，就要灵活地来处理，再有上面的领导的支持，规划部门就很难办。一方面高度重视，另一方面高度失控，又有经验，经过计划经济到市场经济，虽然人马在换但工作是连续的，我国的规划能有几十年不变经验的也是非常宝贵的，如此有经验都没办法，很困难。现在规划工作量非常大、工作条件非常好，不缺钱。以前搞规划要请别人来做没钱，现在许多城市的规划编制可以几百万或几千万都不成问题，例如深圳、苏州等城市，每年在规划上的费用二三千万，他不断请外国专家，有了总图，每块每块都可以请别人来规划，有什么用？规划费用是大大的流出去了。③以海口为例。我刚从海口市回来，可以说明这个问题，按系统、层次用复杂的观念来处理好规划问题，就可以少花钱、多办事，反过来，如果是混乱的，花了很多钱并不能得出好的结果。海口作为省会城市，原来70万人口，港口没有发展前途，第二次规划把机场迁移，现在把西面、东面的县都划进来，成为大的海口市，规划10年前就做出来，现在并没有完成，有些地方还没有建，飞机场搬走后也没有做填埋，那么为进一步发展的方便，非常重要。沿南渡江、东面是琼山，很有就可能跨江发展过去，需要有一定扩展，79万的人口也是打不住的，按照现在的估计规划应是150万人考虑，但海南岛是600万人，将来也会七八百万人口，究竟搞多大是可以预见的，这个地区按规划修编做就可以，原来的规划也没有完成，新的补充上去，但是由于市里的种种条件，开始采取招标的办法来搞发展战略，还是国际招标的办法，就要花钱，今年夏天请三个外国的公司做海口的发展战略，他们并摸不透其经济发展问题，按规划的概念画一些图纸，没新鲜的，不得要领。然后再考虑总规的问题，而不是考虑总规的修编，干脆重新做总规的编制，有一个重要原因——体制，要照顾到各方面的需求和发展，本来城市集中在江西边发展，有它的地理条件和科学道理。东面有地震的影响，避免向东面发展，现在琼山由市并区，就要照顾区的发展，要在东面发展低城区，把国内的度假的地方吸引到这里来，想法很好，但没有充分的论证，总规重新修编，请了五家国内的设计单位，规划了五个总体规划的方案，起到一定的宣传作用。新闻媒体大做文章，新海口将如何如何发展？规模怎样大？但是解决不了规划的实际问题，因为规划本身客观存在，还不配套、不完善，该往东发展的还要发展，该往西发展的还要发展，没有任何变化，又用半年多的功夫，花了近千万，兴师动众，又请一些专家讨论发现，五个方案没有一个可行的，因为城市是复杂的，就必须有汇总的方案，总之花了钱、力气，起到宣传的作用，安慰了新并入的琼山。所以要做好发展战略和城市设计要仔细地按照法定程序和实际情况来选择好的办法，不能照搬照抄。海口做个半年的工作，最后还是在原来方案基础上，按总规修编的办法上报，因为《城市规划法》规定，20年为一期的总规批准后，有法律的依据，情况变化，每五年可以修编一次，如果否定了这个规划，重新按总规上报，就复杂，省会城市要上报国务院，具体由建设部办理。但总规修编就不同了，由省里批，国家备案就行，最后为了操作需要，而采取原来修编的方案。对于现在编好发展战略、怎样做好城市规划设计，是不简单的。特别是规划界要提出系统意见，市里做出慎重的决定，一定要分清轻重缓急，根据实际需要，这样才会事半功倍。

（3）处理好开发和开发商的关系问题。

有两个问题，一个是开发区的问题，一个是开发商的问题。开发区的问题是当前非常突出的问题，盲目地扩大开发区，国务院已经组织几个部委调查土地流失和开发区占地的问题。这个问题有必要从源头开始研究。我国开发区开始于80年代，世界的开发区最早是100年前就有，最早是俄罗斯的西伯利亚科学城。我国在80年代初原意是要引进外资发展高新技术，现在不同了，形成了名目繁多的所谓特殊政策的地区，有的叫工业园区、有的叫产业区、有的叫大学园区等等，不下几十个名称，性质也变了。最近更加令人担忧的是由于开发区设立，形成了城市的圈地运动，造成严重的土地流失，而且近二三年来，各地的开发区越搞越大，动不动就四五十平方公里，甚至是100平方公里，现在在江苏、浙江、山东搞100平方公里的开发区，比比皆是。据最近不完全统计，全国开发区的总面积已经超过了3万平方公里，有人估计可能达到或超过4万平方公里，已经超过666个现有城市建城区的总面积3.1万多平方公里。开发区的开发热潮规模大、内容多，而且是城市里一个封闭的、独立的特区，对城市极其不利。在80年代初期，国家要求在一些省份设立高科技开发区，曾经一度搞的很多，国务院马上下令制止，到90年代初，经济的热潮，全国又一次出现了较多的开发区，当时的开发区不大，最大的开发区在辽宁的营口是150平方公里，现在比以前两次要大的多得多，而且现在具备了经济、社会的原因，问题大又难以纠正，我真的担心这个问题会成为今后规划管理中最大、最困难的。我认为开发区不完全是生财的道路，现在大家热衷搞开发区的原因是从经营城市来考虑的，希望能吸引外资、内资的项目，从经营土地的收入上来推动城市的发展，想法不无道理，但是一过头就不行。光考虑收入，不考虑投入，就不符合可持续发展，但是开发区基础设施的投入已经与以前不一样了。以前有一个概念，搞一个开发区基础设施投入大体上要两个亿，现在远远不止，基础设施的要求、水平都与以前不一样，单价也不一样，真正要满足开发区的基础设施包括水、暖、公共建筑服务设施，大概现在要4亿元甚至5亿元，现在必须考虑划一个开发区要投入，而且开发区要盖一定数量的建筑，一个平方公里的开发区或叫城区一般要200万平方米的建筑，这才是合适的，200万平方米的建筑还要考虑到住多少人，按照居住讲，1个平方公里的土地要住1万人，所以划多少开发区，就要考虑到能拿到多少土地补偿费。据我了解，现在一亩地的土地补偿费，大概你支出成本一亩地都要几十万块钱，农民补偿起码好几万。一个平方公里大概可以收入一个亿的样子，远远抵不上我们要求的作为一个健康的有质量的城市的水平。那么必然会形成一个现象，就是你以低价出去了，你建不成高质量的城区。只能是后来保持东一块、西一块，留了很多空地嘛，你投入少，城市不能紧凑发展，所以形成一种现象，叫土地透支现象，土地透支现象是影响长远的。经济学上，土地是一切财富之母，把财富之母提前都用掉了，说得更透彻一点，就是你把子孙的财富都用掉了，城市将来很难办。这个问题也与现在我们操作办法有关系，我们现在这个操作跟以前有个不一样的地方，以前这个城市土地往往是"要用再征"，我要用了，再征这个地，征了以后再迁，以前是这样的规律。现在不同了，也有客观情况，是现在的市场条件下，现在我们很多地方，往往是先拆后征、先拆后卖。土地先腾出来了，放在那里了，然后有开发商来看这个地方，看上了这个地方好，价钱也合适，他再买下来。我觉得不排斥在少数有把握的地方这么做，但是现在的问题是把握这个度很难，而且往往由于我们的体制又是很分散，大家都有积极性。我们很多区里同志在这里，我觉得区里都很理解这个事情，各区要搞自己的开发区，有自己的估计，一看来谈的项目很多，我要多划一点，多准备一点，马上先投资，先投一部分，先把农民迁掉，房屋拆掉，准备给人来搞。我调查了好几个城市，走访了一些人，也跟一些区里的领导同志商议过这个事情，我发现现在往往开始被虚假的市场情况误导。例如烟台，东面搞一个开发区，规划136个平方公里。有关同志就跟我说：我整天要接待来访的，究竟有多少落实的呢？开了个单子，大概也就三四个，而且有的是很小的，大的不是太多。虽然他到你这里来商谈的，同时不知道在全国要走多少地方，一个项目打遍全国都有的是，所以形成一个假象，好像多得不得了。如果你开的太多，上当了，往往三五年都没有人去，造成现在大面积的土地撂荒，这个苗头已经暴露出来了。我最近到苏州，苏州肥沃的农田，大面积的撂荒，真的很奇怪，即使他不建，也应该可以种呀。那就涉及农民有没有积极性种的问题了。一是他没有把握，现在种地的成本太高，搞不好还要赔本，所以他干脆就不种了。这个问题已经引起国家土地部门注意了，我们基本农田问题也提出来了。现在已经形成一个规律了，就是招商引资，很多外商已经懂得了，就是现在到中国来不仅是劳动力便宜，人才的质量好。又增加了一个非常重要的原因，就是土地太便宜了。我们由于竞争的原因，对外商现在土地条件很多优惠的政策，土地地价一压再压，互相竞争，甚至出现零地价，现在已经不在少数。零地价出让，就是我送土地，你以后给我税收。从道理上讲，你来了，我别的地方也能长起来，好像能补偿，其实这个问题远不是那么简单。苏州也好、北京也好，外商投资的企业，往往是以极其优惠的面积给他的，他如果是要一分地，往往给他以几倍多的土地。包括北京的摩托罗拉公司，只收400个工人，而且都必须是高中程度，年轻的、眼睛好的女孩子。对本地解决劳动力没有什么作用，都是从外区来的，要一个厂房，还要给他留一个厂房的位置，叫"发展用地"，一个厂房里，放机器的面积只有一半，现在叫无仓库生产，我要考虑随时扩大能力，所以我必须留有余地。现有厂房里只有一半，一半里头真正生产的又是一半。所以你说，他是得到几倍的空间呀。就是长远的投入，留下这块宝地。土地的规律就是只要没有战争、没有大地震，土地总是升值的。而且只有土地是传之后代。现在是这样优惠的条件，廉价地把土地批出去，搞不好矛盾就开始激化，上访的事情越来越多。国庆前建设部一个礼拜大概600还是700人次，61个城市，涉及61个地点，就建设部的一个窗口。最近动态清样里已经有一个总数概念了，国家有统计了，大概是有几万起，至少是一两万起引发了不少社会矛盾。国庆在苏州，在相城区，农民喝农药自杀，所以土地现在看来是个非常大的问题，不是所有的农民都有好处，被占地以后，进城以后没有事干，很多人没有事干。所以不解决这些问题，这个城市化就有问题。苏州就有这样的情况，房屋给你折价，应该讲还是公平的，把你房子拆了以后，还你多少钱，多少平方米，给你搬到城里来。什么都给解决了，但是有一条，工作没办法解决。本来49、50岁的人在农村里都是很顶事的人，一进城以后，根本就没人要，除了年轻的，有高中文化的能找到一些工作，其他是找不到工作的，所以不解决职业，不转化，不解决培训问题是不行的。

目前，现在的媒体，包括媒体跟我们现在内部的资料，我看到讲江苏圈地以后产生的问题，非常具体，而且看来各地都不一样，江苏部分县市开发区的调查，反映是相当强烈的。而且当然也有好的办法，也有好的典型，像昆山、浙江、江苏的城市都是有一点好的办法。但是有问题比较多，所以我觉得我们必须非常冷静地来分析这些事情，不要简单化地否定开发区，也不要否定开发商。开发商是我们支持，是我们扶持起来的，要通过开发商来帮助城市健康地发展，但是必须要看到，不能让开发区跟开发商的局部利益来损害了我们的整体利益，这个有很多信息要研究，我们也希望有很大的开发商，可以更加有效，更加高效率地来解决好开发问题。但是开发商要发展，就要有土地储备，他也有能力慢慢地有土地储备。但是土地储备究竟是放在政府，还是放在开发商？这就是个要研究的地方。要从开发商的角度上来讲，土地储备是他的最关键的地方，谁拿到土地，谁这个企业好了。现在我们这个土地是低价进的，高价出，而且越来越高，这中间暴利也不少，由此而带来的一些不健康的什么行贿、受贿。所以现在很多大案、要案，大部分跟土地有关系。当然还有走私，不是土地就是走私，在城市管理，在城市的土地上，怎么管才好，这个问题没有解决。国外也都懂得，要有计划地逐步开发，把土地储备有的放在政府经营的大公司，有的放在政府，总之一个原则，不能让开发商牵着鼻子走，这个是不行的，你让开发商牵着鼻子走，城市规划就没有办法贯彻，两者这个根本原则，根本导向是不同的。怎么处理好这个问题，我觉得是到时候要研究这个问题了。包括开发区的设立，也值得探讨。开发区的原意已经完全变了，开发区变成了某种意义上的独立王国，主任都是市长、副市长，甚至于书记、副书记，规划局怎么管得了啊？而且从开发区本身来讲，越封闭越好，越封闭他越说了算，很容易搞起来。竞争中间拉来项目以后怎么做就怎么搞，所以有一条经验，叫作开发要怎么发展快，就是要封闭，越封闭越快。这是角度不同的结果了。所以我觉得这个问题就是要使大家能够合情合理地来研究解决。关键是我想如何把种种积极性、积极因素集中起来，为了全局，为了双赢、都赢，为了共同的利益，处理好这个问题。

今天我看见有许多区长同志在这里，愿意向区长同志们再进一言。就是我发现这个区，我觉得一定要很好地跟整体规划结合起来。我已经发现了好几个地方，这个区的规划要跟总体规划发生矛盾，甚至争论。有时候争论，为了找根据，就找到我们所谓专家身上来了，想从我们这里取得一些证据，作为依据去跟城市的总规去抗衡。举两个例子，天津的西青区，几个月以前，要研究西青的开发区的规划问题，找了好多专家去，甚至于好多老领导去，开会论证，要发展40平方公里的开发区。但是后来我们了解，他留的开发区的面积还不止是40平方公里，是100平方公里。西青区全区32万人口，只有一个角是贴在天津市，有个天津汽车厂在市区，其他全是郊区，是农村。对于这个事情，总体规划是不是研究过了呢？与总体规划并不挂钩。据我了解，天津市至少有4个区，加起来的开发区的规划面积是400平方公里，就是100平方公里一个。因为在郊区，土地很多，也可以划得很多。目前天津市总面积不到400公里。武汉的南边有一个江夏区，武汉由于开发区造成了大城市摊大饼不可抑制。因为所有的紧邻大城市的区，一半是郊区，一半是市区的这种情况，他是最容易发展，也需要有发展，但是恰恰这种地方要很好地统一规划一下，不是随便往外扩张。区里头请专家论证，拿来以后到规划局上报，我是经过国外招标，经过专家论证，我要向什么方向发展，总体规划怎么办，我们城市越摊越大，城市交通越来越难解决，谁也解决不了，我们的城市环境还有什么可持续发展？

所以这个全局性的问题不摆平，大系统的问题不解决小系统也解决不了。更有甚者，有的县并入市区以后长期跟市规划捏不到一块儿去。按我的看法，他还是要保持原来的独立性。苏州的区相城区并入市区后，还要搞相城区的总体规划，还要搞相城区的卫星城市，这是不正常的，所以这个问题摆开来看以后，很容易研究解决的，每个区都有积极性，都想搞上去，这是很好的，但是不一定都均衡的，不一定是哪个区都发展。国外也是这样的一个情况，有些开发项目是可以异地开发、合作开发、利益均分。按行政体制，那你必然所有的东西都是分散的，这叫诸侯经济，是落后的东西，应该捏起来，所以最关键的是解决观念、解决指导思想问题。我们国家靠体制解决，是个办法，但光靠体制也不解决问题。海口市的发展，体制解决了，还要考虑原有的条件，每个区要算自己的城市化率。为什么你要搞100平方公里呢？很简单一个道理，我也很谅解，别的地方比我还大，我搞小的就没有号召力了。但是都这么搞那还不乱套了？所以我认为，今后不仅要把市跟区结合好，而且要强调制约的体系的问题。现在城市的竞争已经是城市地区的问题了。世界上很多国家都有这样的经历，就是由于体制不同，利益是不一样的，都是靠协调、靠协同来解决的，不是靠竞争来解决的。日本、美国划的行政区，几十年不改变，该怎么发展就怎么发展。东京的市周围有几十个城市，市挨着市，不可能这个市今天是5万人，明天也要变10万，有很多协同。我在苏州我就建议，在苏州，建议向东发展是最空的，条件最具备的，为什么不能几个区联合起来投入，共同来分担呢？合股、股份公司，这条又难，没有经验，所以只能靠调整来解决，路子就变窄了。这个问题是非常复杂的一个问题，最具复杂性的问题了，还是要好好地来研究这个问题。

临沂是70万人口的城市，水的条件非常好，江面相当于长江，全国最大的商品市场，大概以后可能还要10个平方公里以上，老城在这个地方。自发地发展起来的，搞得非常好，要搞一个开发区就有问题了，是100来平方公里，很大很大一块，什么也没有，图也没有，路怎么开都没有，就是宣传我有100平方公里。这个就不符合实际。再如烟台，新发展的开发区130平方公里，要那么大，实际上没有这个内容，国际招标也是花了很多钱，拿来以后根本不能用。苏州有一个概念可以参考，新加坡工业园区是70平方公里，以新加坡人的管理，干了十几年，只干了12平方公里，这一块，而且里头星星点点还不成气候，这块地皮全占出去了，但是全部撂荒，但是没有什么项目。现在比这里还要大，现在规划到这儿来了，这里比这个还要大，往北面去。城市开发区摊得越来越大，但是都盖不起来，盖不完整。真正的老苏州很小，永无止境地摊出去，这个城市将来的基础设施怎么办，交通怎么办，地下铁道还要不要搞，怎么搞法，没人考虑。

（4）怎样学习外国的经验和提高自己水平问题。

这也是一个最应该讲的，也是非常突出的一个问题。改革开放之初，我们首先在建筑设计方面，闭关时间长了，设计人员不太了解国外的情况，所以在广州，白天鹅宾馆请香港人来做，当时五星级宾馆是什么样都不知道，这个是很有必要的。以后在深圳普遍起来，深圳的重要建筑跟城市设计引进国外的专家，深圳的城市规划由我们自己做的，这个过程到今天已经有20年左右了。现在吸取外国人来搞方案越来越普及，不仅是大城市，一直到小城市，一直到很多县里头的城市设计、城市规划，都要去请外国人，这一点也是我们始料所不及，现在看来也是弊多利少了。现在发展到什么程度呢？发展到好像非请一个外国人来，不足以提高我们的声望，提高我们城市的知名度，甚至于不足以鼓舞人心，是到了这么一个程度。很多东西明明自己会做，而且明明外国人做不好的，也要去走这么一个过场。我这里可以提供大家一个情况，就是最早引进外国的专家帮我们来搞设计规划，是我们部里最早开始的。但是就城市的规划而言，特别是总体规划，做了20多年了，开始请的是新加坡，后来是中国香港，再后来是美国、加拿大、德国、英国等都有，城市的总体规划没有一个是成功的。玉溪是个小城市，烟草业发达，它的总体规划刚做完不久就发现规划不能用，重新再找国内的单位来做。到了一种盲目的程度，事例很多很多，花了许多的冤枉钱。郑州的总体规划，请一个日本根本没有做规划资格的所谓知名建筑师，他是知名的，这个我们承认他。但是他没有资格搞规划出来，他也没有经验，反过来真正好的、有经验的国外专家，恰恰他倒并不愿意加入我们的市场，我们曾经碰到过英国的城市规划专家，请他来研究深圳周围地区的叫作什么试约规划问题，一看以后，他打退堂鼓了。为什么？他说没有经历过这样的发展情况，处理不了你们这些复杂的问题。恰恰有很多是招摇撞骗的，所以这个事情怎么正确处理，在设计队伍里尽管很多方面各有看法，但这一点我了解是共同的，就是不能这么老请外国人，明明能做，而且做得不比人家差。

最典型的一个广州的例子，我觉得也不妨公开说说，广州的歌剧院设计，竞赛的时候都是念名的，中标的是中国人，但是市领导一发现是中国人，不行，没把握。第二次招标，第二次招标干脆规定中国人不准参加，那么第二次招标，外国人还去找中国人，还要中国人给他出主意，你说现在事情，居然在我们国家发生，那么我们同志问这位领导，你为什么非要找外国人呢，你知道这个领导怎么回答的，出乎我的意外，他说，我如果不找一家外国公司来搞一个重要的建筑，我就不能向广州市民交代。这是什么观念？一定要外国人做的，我才能跟老百姓交代，其实反而是交代不过去。郑州一个总规划请日本人黑川，一个设计项目3200万元，拿来以后，给中国专家看，你照他做吧，你去做吧，你有本事，你去做。黄河没有水，他要在边上挖5个平方公里的湖，像西湖那么大的湖，这个湖两边要盖两个服务中心，盖两种高层建筑，都是400米高，这才显得突出，你说行吗？对不对，就是这样的笑话，我们很多地方居然能行得通，我说到这有点激动，我觉得实在不像话，包括上海，我们的大上海，搞九城一镇，要把欧洲九个国家的城市搬到中国来，这丢中国人的脸的，外国人的概念决没有这一套，要把我的城市盖一个中国的城，他顶多盖一个园林，决不会去盖一个中国的城市。现在已经在开始建起来，我们居然有人出这个主意，而且还行得通，历史总要做出裁判，不管你现在怎么样。国际竞赛造成的浪费，中国工程院昨天还在讨论，就觉得我们有责任非讲这个话不行了。北京的奥运会，不惜工本，不惜浪费，理论根据就是在这个地方多花一点钱，只要能够起到很大的宣传影响效果就行了，能不能这样呢？什么事情都有一定的限度，超过限度也不行啊。所以家宝总理最近提出来了，大家在报上都能看到，已经提出来了，还要勤俭办奥运。所以我觉得，怎么吸取国外的经验，怎么提高我们的水平，其实我们有些水平并不低，也不是没有水平的，如果你戴上有色眼镜，这个就没有水平，外国的都有水平。关于这个问题，我最近还看到一个小材料，胡适在八九十年以前就提出来了，就是要学外国的目的是不学它。他当时有个叫非留学论，留学的目的，为了不留学。你不能没有自己的进步，没有自己的自信，没有自己的自尊，特别在文化领域，现在很明显，我觉得我们引进，学人家，我们的目的是不完全学人家，对不对？我们还要开放，我们还要借鉴，但是不能盲目的什么都要人家的，也有这个问题，这我觉得又是一个非常大的问题，一展开又是遇到文化等的问题，但是不解决，现在看来是不行。不然的话，规划就很难起作用。

（5）如何在现代化的过程中，保护好自己的历史文化。

这也是讲了多少年的一件事情，要保护历史文化，但是收效很不理想。本来我们国家悠悠古国，城市的发展，城市的观念、理念很早就形成了，而且有不少很有价值的遗产，现在我们虽然有102个国家级的历史文化名城，但是留下的实物跟我们这个古国的名声，实在差距太大。通过文物部门了解，大概现在我们国家规定的国家级历史文物有多少万处，还有省级的、世界的，加上如果再有保留价值的，不列入文物的，历史的东西，文物专家认为，我们顶多还剩20多万件。而我们跟法国相比，法国在20世纪70年代，曾发动过一次调查，确定保留的项目是在100年以上的，包括房子、器具等这些历史性的东西，他登记在目，要加以保护的，200多万项，而我们现在恰恰是剩下不多了，应该讲这是一个很大的观念上的差距，国外把这些东西当成宝。很突出的一个例子，桂林很典型的一些城市，我认为是非常失败的。桂林既是全国历史文化名城又是国家级风景名胜区，桂林建设量很大，这一点不可否认，城市面貌完全改变。但是，我用一句话来说明，就是盖了不少房子，从这一点来讲是成绩，但是看见了一个新桂林，丢掉了一个老桂林。桂林原来山水在城中，城市跟山水融合在一起的，现在没了，现在完全是一个现代化的、一般化的新城放在那面去，你说这是城建，还是什么？再如江苏常州，多少历史文化名人的故居，现在剩下很少很少。一方面老的没有了，另一方面想起来还要有一点老东西，结果就造假，所以现在一个普遍现象，就叫作真古董保不住，假古董不断在冒出来。这对我们国家是一个很大的损失。但是也有好的经验，像苏州、杭州都有一些好的做法，既进行了现代化的改造，也保留了一些传统的文化与文脉。这里有一个根本的问题，就是我们的政策，对旧有历史文物的政策究竟是什么，应该是什么？最近，我跟一部分院士，给国务院写了一个建议，就是主张停止在历史文化名城旧城改造的政策，世界上特别是欧洲一些有文化传统的国家，现在已经不再提旧城改造这四个字，他不是个改造的概念，他主张是旧城的保护、改善与整治。总之不是拆光了重来，拆光重来的办法是不明智的，现在人家不这么做了。所以特别是现在我们的旧城剩下不多了，现在到时候了，可以不再提这个问题了，再拆已经没有了，北京市现已经变了，北京市胡同跟四合院现在是个宝贝呀，多少人想高价买，买不到。现在整个重新恢复，恢复出来也是新的。现在很多地方要申报世界遗产，假古董都不行，一看你虽然是老的形式，但是拆光了重来的，根本不考虑了。所以我们那么大的遗产，现在能进入世界遗产的才几十个，全世界600多个，我们只有二三十个。所以这个问题，我觉得也是要改变我们的观念，另外这也是改变千城一面非常有效的措施。这个跟引进外资一样，我们叫与时俱进，情况已经变了，不能按照老一套的东西。

（6）如何使单一的城市发展为城市区域，发挥城市集群作用的问题。

这个现在面临的一个非常大的问题。有一个概念，我们的企业发展，也是不能走小而全，就是极其分散的办法，要形成企业集群，这个词慢慢地都在流行，企业要形成企业集群，同样城市也要形成城市的集群，要有所分工，有所互补，才能做到像系统工程，复杂科学那样，1+1＞2，现在不少地方是1+1＜2，重复建设就是1+1＜2。但是目前这个学术界已经宣传鼓吹了多年，要做好、编制好区域规划，还有不少的困难，而且区域规划往往还停留在一般的口号、姿态上，涉及体制、涉及观念，我们必须要认真解决这个问题，不然城市竞争的问题，城市的效率、效益问题都要降下来，更谈不上入世以后，怎么样产生跟外国能够抗衡的一些产业和地区，最近有资料表明，欧共体都在编制区域规划，不同的国家都还要有个协调的问题，很多资料表明，很多国家是通过协调，并不改变体制，通过规划，有一定的机构，定期地研究一些重要问题，还是能够解决一些形成集群的问题，城市中，现在我们面临的复杂的问题还有不少，远远不止以上六个，比如，对于信息化，信息化与城市化究竟是什么关系？究竟怎么搞好城市的经营管理，在具体上还有很多专业上的问题、水资源的问题、交通问题、环境问题究竟怎么才是合理的，这都没有解决，我只是举一些问题，供参考，想引起大家讨论，我的看法，总的认为提出这些问题，不等于对于这些问题都是没办法，我们有的同志现在有时候因为老碰钉子，觉得无可奈何，我觉得这是不对的，这些问题恰恰是推动我们科学技术发展的动力。首先从科学技术发展，它是一个极大的动力，就要去研究，就要去解决，这个解决了，那么必然我们的社会经济、体制等方面要跟着这个规律来发展，所以，总的我觉得形势是好的，有机遇、有挑战，现在这个情况，我觉得很像"一五"初期的情况，新中国成立初期，开始第一个五年计划，百废俱兴，各个地方非常勤奋，夜以继日做好自己的规划、建设，应该讲，我们新中国成立初期，用比较少的代价，打下了很重要的工业化、城市现代化的基础。我们现在很多城市的规划，还是在"一五"规划的基础上发展的，但是今天与"一五"初期，又有很大的不同，今天我们的人力、财力已经远远地比以前要好了，我们城市的财政力量已经今非昔比了，我记得"一五"计划开始的时候，我们当时强调重点建设全国8个重点城市，全国8个重点城市的城市建设计划列入的费用只有3—4个亿，全国的基本建设投资，那个时候是150个亿，包括156项，就这么一点点钱。现在几十个亿的城市建设费用是不足为奇。像北京一年的城市建设费用已经上千个亿，最近可能要2000个亿以上。几百个亿的地方多的是，很多省会都是100多个亿，上海也是很大的，广州前几年就是200多个亿，几十个亿的城市是很多很多，应该能够办很多的事情，很多过去办不成的，要长期办的事情，现在能办成，而且只要花比较短的时间。所以，反而现在倒是这个问题了，怎么用好这个钱。现在大家也重视了，但是我觉得也有新的矛盾了。就出现一个问题，怎么分工合作的问题，我觉得现在也是要考虑的。所以市长同志的责任实在很大，市长非常辛苦，抓得非常具体，也存在究竟市长怎么领导好城市的问题，怎么领导好规划的问题，有一个苗头，就是重视太多了，市长管得太具体，这现在也是普遍反映的一个事，也是一个难题，当然也有好的经验，我的看法是市长要重视要具体，但是有些事情，不该是咱拍板的，不要拍板，要有分工，不然就会被动。深圳市开放的比较早，它有一个特点，用简单的话讲，就是市长什么都知道，但是并不是什么都由市长定。深圳有一个市长讲，我知道得多，越来越不敢决定，请专家决定，专家怎么说：你越不定，我越虚心，越要谨慎，这就成了良性循环了。如果什么都是市长定，有的城市甚至这个房子的颜色也要市长定；有时候市长说了不算，还要书记说，书记说了不算，还要省长来说，不符合科学规律，因为没有一个人能够具体到这个程度啊，上海话叫"万宝全书还缺一只脚呢"，哪有万能博士的，没有的，所以我觉得这一点，可能还是过去李瑞环同志有一句名言，他的说法是市长要积极的领导，要善于领导。这就有许多问题可以总结，我觉得现在最好的课堂是你们市里自己，不是在市长班上，市里是最好的课堂，关键是要思路对头。现在各种各样的想法都很多，要把它看成一个好现象，恰恰可以从中取得各种教益，可以集思广益，可以真正地科学决策、民主决策。说到底要真正实现"三个代表"，真正实现按"三个代表"总思路，城市就是要用"三个代表"来处理好现在纷繁复杂的问题，我们的城市就一定是大有希望。

本文为周干峙先生2003年10月11日的一份演讲稿。

辑五

城市交通问题探索

中国城市交通的问题和对策

面对中国城市道路交通并不乐观的现状和将发生诸多变化的未来，城市规划和城市交通专业工作者应该怎样认识和思考？应采取什么对策？

中国城市规划设计研究院城市交通研究所于1994年10月在北京举办了"世界银行贷款中国中等城市发展项目高级官员交通研讨班"，洛阳、常州、沙市、汕头等城市市政府、建委、规划局、交通局、公交公司、交警支队的领导20余人参加研讨班。建设部、北京市和中国城市规划设计研究院的多名领导、专家在研讨班中就城市交通现状问题、规划建设、交通政策、交通管理、交通工程设施作了专题报告。为适应法制建设要求，还专门安排了有关法规体系建设的专题报告。这些报告受到研讨班学员的一致好评。现将本次研讨班专家们的讲话摘登如下。

解决问题的关键综合安排城市建设与交通建设

一、要在各个规划层次上，把综合交通规划和城市规划密切结合好

解决交通问题，必须进行综合治理，交通规划是一个大系统（或巨系统），各地已有不少经验。

1. 做好规划是解决问题的第一个环节。修路即疏导交通，也吸引交通；孤立地修路，没有积极的规划措施，工程搞成后可以通顺一时，但是很快又会出现新的阻塞，甚至出现更加严重的阻塞，再要开路，也更为困难，很多大城市的旧城改建都碰到这样的问题。城市交通改善受到房屋拆迁的限制，造价的70%—80%用在拆迁上。前些年我们在规划和房地产上也采取了一些政策和措施，要求土地有偿使用，但是现在看来土地的收益没有能按要求转到修路上面。实际上如果简单地讲"以路带房"，利用土地的级差效益来改造旧城，面

临许多问题。安置拆迁问题已是影响安定的一个敏感问题。前一段拆的多了，这和我们的政策、规划和综合安排交通规划与房地产不够完善有密切的关系。所以孤立地讲交通规划不行，交通规划必须要跟城市规划、城市房地产三者结合起来，现在这三者的关系还没有理顺。

2. 许多城市面临人口、交通、建筑越来越密集的趋势，特别是在城市中心地区，由于只讲究眼前的经济利益，不注意生活的长远需要，不注意环境效益，密度越大，造成交通及环境的改善越来越困难。

比如上海，上海交通规划研究很久，决定采取一环一十字的高架路，但是现在由于旧城改造，市中心地区的人口和高楼越来越密集，人口密度、交通密度仍在增长，原有规划的车道不够，前景不可乐观。

又比如北京的道路建设，这些年增长十分迅速，二环、三环都已建成，现已建成互通式立交桥120多座，可能是全世界立交桥最多的一个城市。但总体上仍然缓解一时，又紧张一时，总趋势仍然趋紧。所以专家们就要考虑，仅靠修"三块板"大立交能不能解决问题？北京交通规划要建150座立交桥，北京有条件在每年60个亿的城市建设费用中，交通建设起码用20个亿，如果其他城市也要这么办就很不现实。所以从政策措施、规划目标到技术方案都值得研究。根本问题是在考虑交通规划的时候，必须要和城市规划、用地安排和其他相关政策以及一些技术措施密切地结合起来。

城市中一些局部地段的交通规划，也要和相应的城市规划设计密切结合起来。许多地方道路修了，两旁马上建满了商店、摊贩，缓解交通作用就很小。但有些成功的例子，如上海外滩改造工程结合了防洪、绿化和苏州河闸的建设，一举几得，收到了综合效益。

一般大城市的交通规划，应进一步深化，而且应分阶段与相应层次的城市规划相结合。如：

市域规划——市域（区域）交通规划

总体规划——交通总体规划

近期规划——地区（地段）或重点项目的交通规划。

控制性详细规划——线路交通规划、小地区交通规划。

修建性详细规划——交通枢纽及路口的交通规划

交通规划的层次，必须上下相互衔接，如交通总体规划，必须要考虑市域的交通规划，往下看，还必须考虑重要地段的交通规划。我们选择一个项目往往是在等到项目定下来后再考虑怎么安排停车及进出。如北京的银行街，将来的交通问题很难解决。还有，在环路边上修房子看起来接近交通，其实交通最难解决。现在稍微大些的城市都应有市域交通规划、市区总体交通规划、地段的交通规划、线路的交通规划、点的交通规划，这五个层次的交通规划形成一个交通规划系统。我个人的体验，我们城市规划要讲现代城市的概念，先进技术、新技术、高科技最集中体现在城市交通上。

交通建设和交通规划切忌孤立地进行。孤立地开大马路、搞大立交并非有效办法，并不是经济办法。我们的交通规划必须和城市的土地利用结合起来，上一层次的交通规划跟下一层次的具体措施密切结合起来，要考虑总体、全局和管理，也要考虑到管理体制、实施条件等软件因素，我们的交通规划与城市规划密切结合的重要性可能比国外一般理论上的认识更为重要、更为深刻，值得我们进一步探讨。

二、在研究解决交通建设老问题的同时，必须注意解决新出现的问题

我国的交通建设有很多特殊的问题，基础低，但发展速度快，而且目标并不差。我们的自行车多、人际交往多、出行次数相对也多。目前有下列三个问题的解决至关重要。

1. 提高对交通建设超前性的认识。

交通建设必须走在其他建设的前面，必须要有一定的提前量，必须防止城市基础设施出现新一轮的落后状况。在经济基础落后的国家，在经济建设中总是想快些取得成效，总有急于求成的倾向，也容易只注意眼前的经济效益，忽视考虑长远利益和总体利益，而这个问题恰恰是城市规划、交通规划的重点所在。

我们国家在对外开放以后，要求基础设施必须先行，但是目前我们工作的机制做不到这一点，我们没有条件做超前的建设安排，一要压缩规模，城市建设又往往是首当其冲，我认为必须要总结前一阶段的经验教训，必须要保持城市持续稳定健康的发展，基础设施建设不能再大起大落，干几年停几年，基础设施建设总的来讲不能削弱，这是一个影响深远的问题。我们在决策思想上要考虑到，怎样在维持一定的速度规模的前提下，通过综合安排，真正做到缓解交通矛盾，所以必须要有超前建设的决策思想。

2. 一定要解决旧城区一方面搞再开发，另一方面进一步拥挤的矛盾。

我国地少人多，居住水准较低，居住的密集状况已经很突出，如果旧城区的人口、建筑、交通进一步密集，必然对今后的城市交通、生活环境、历史文化等造成巨大的矛盾。我们现在规划人均居住用地30—40平方米，远远低于发达国家人均100平方米以上的水准。再密集下去，下一代人会有很大意见。我国的房地产开发又特别受到港澳台的影响，他们的特点是具有高密度开发的经验，同时房地产开发商为了取得更高额的利润往往要求房屋建筑越高越好、越密越好，资金回报率更高。规划已定的密度规定往往不起作用，非常突出的像杭州这样的风景名胜地区，规划已经定了限制高度，在西湖边上还要盖高层旅馆，造成很多的矛盾，交通也无法解法。同样北京在王府井大街改造，要盖亚洲最大商业办公楼，这都是规划与交通脱节的状态下进行的。这些问题不完全是城市规划问题，也是交通规划问题，也是房地产如何健康发展的问题，一定要把这些问题综合到一起做工作。我一直在呼吁我们规划部门必须清醒地对待这些问题，不能让新一代的"规划无用论"再次出现。

3. 大城市与其周围城镇密集地区（或叫高城市化地区）的交通规划问题。

目前我国已出现一些大量人口集中、城镇密集的高城市化或叫城镇密集地区，如珠江三角洲、长江三角洲、京津唐地区，这些地区的人口都已超过2000万，类似美国东北部、日本京阪神、欧洲易北河下游的大都市地区。现在苏南地区的发展是个典型，由于浦东牵头作用，这个地区发展很快，这些地区都在搞规划的修编工作，但都有一个共同的问题，这些规划的修编只是孤立地考虑城市本身，如苏州地区有600万人口，而市区人口不到100万人。苏州市和苏州地区间的联系太密切了，各镇都在修路，但往往交接不上。新加坡工业园区建成后，离上海虹桥机场非常近，比虹桥机场到浦东还要近，由苏州到上海的路很多，但这些路全都是弯弯曲曲，这说明我们不注意地区的统一规划，说明行政管理体制不顺带来许多难以解决的问题。目前规划要统一，而体制恰恰是往分散方向走，县要成立市、小市包围大市，规划很难。

我们是搞科学的，我们必须面对现实又必须面向未来，我们要对历史负责，要按经济规律办事，还要尽量做好工作。从理论上讲，我觉得我们国家的城市化发展以后，城镇的密集带来城镇之间的关系起了变化，城乡差别减少，城镇之间，镇与镇之间相距只有几公里，区域内交通频度增加，流向选择性增多，如果讲过去城镇之间的相互作用还是"弱相互作用"，那么现在已变为"强相互作用"。规划要适应这一变化，不能像过去那样先有点，再由点组合成区域，应该要有由区域分解成点的思想，使区域的整体性更为加强，所以城市规划的技术方案上也应该有相应的变化。

这些新问题都是在老问题的基础上发展起来的。我们研究解决这些新问题必然有利于老的相关问题的解决，这些新问题也就是过去讲的综合治理、综合规划的一个新的发展，我们现在面临的问题是规划的综合性更强了，系统性更大了，做起来也更难更深了，但是显然做好了，效益和作用也更大。

回想10多年以前，我们很多同行为了我国的交通规划和交通综合治理，曾经做过很多的工作。今后为了迎接这些新的矛盾的解决，我们应尽更大的努力，应想方设法争取最大限度地缓解今后的交通矛盾。我相信我们有条件能够比前10年做得更好些。

本文为周干峙先生（时任全国政协副秘书长）1994年10月在"世界银行贷款中国中等城市发展项目高级官员交通研讨班（北京）"上的报告，载于1995年等1期《城市规划》。刊载时有删节。

建设现代化的多层次综合交通体系

建设大城市的现代化的多层次综合交通体系是中国大城市交通发展的总体目标。这一目标的实现可以分两阶段进行，第一阶段到20世纪末，要求初步建成与经济发展和城市发展相适应的道路网布局，加强与恢复公共汽车交通运输活力；适当发展其他公共客运交通，基本上缓解大城市存在的各项交通矛盾。第二阶段从2001年到2010年，从根本上改善城市交通网络布局的质量，加速轨道交通建设，建立城市交通控制和诱导体系，使交通量总供求关系保持基本平衡。

实现这个目标将是我国城市交通历史上一个转折点，届时，交通的具体形象是：①有一个适合中国国情的大城市交通结构，在城市的居民出行总量中，公共汽车交通占20%—30%，其余为自行车和步行。②实现多层次的网络体系，既有汽车化的快速交通系统，又有自行车行驶的慢速交通系统，大部分地区实施机动车与非机动车分流。③积极发展快速轨道交通，有一批大城市拥有轨道交通并投入客流运输。④扩大高等级路面比重，让私人小轿车逐步进入大城市家庭。此后，到2030年左右，我国的大城市交通才全面地进入现代化的快速高效的交通时期。

为保证总体目标的实现，应采取以下几项措施：

1. **树立城市交通的总体指导思想，建立大城市的交通委员会**

建立相应的高层次决策机构——城市交通委员会，统一制定城市交通发展战略，集中管理和指导城市交通的建设，统筹集资和体制改革工作，把现有城市交通管理机构与城市财政、计划、物价、土地、税务等部门的职能与职责协调好，保证重大交通决策得以实施。

2. **增加路网密度，提高交通建设决策水平**

必须大力增加道路网密度，在今后相当一个时期内，使道路总量保持较高的比重。在科学规划指导下，加快城市主、次干道和快速路建设，合理安排立交桥、人行过街设施、停车场和自行车道建设，要加强路口渠化，打通堵头和改造"瓶颈"地段，改善道路结构，在旧城改造中，应尽量不建占地过大的大型立交桥，提倡系统建设，注意节省用地，反对盲目追求高标准，节约交通总成本，提高交通建设效益。

3. 调整票价，改革公共交通体制

要解决我们目前面临的城市交通问题，必须从调整公共交通价格和改进定额补贴做起，逐步做到微利保本，在低成本前提下提供最大服务。

4. 采取交通限制措施，适应私人小轿车的发展需要

对私人小轿车的发展，主要是加强交通总量控制管理，城市可以根据自身的道路容量制定直接或间接的控制措施。因此，必须重视两者的协调互济，做好宏观交通监测分析工作，根据不同地区实施不同的调控手段，特别是在市中心地区，限制小轿车通过量。同时，要进一步完善已出台的财政税收改革措施，增设小轿车使用道路成本费或相应的税制，使之能更好地发挥宏观调控作用。此外，摩托车也属于机动车管理范畴，鉴于它造成的环境污染和交通事故比小轿车还严重，大城市必须实行严格限制的政策。

5. 广开渠道，多种形式解决资金

首先，建议我国的城市交通建设年度投资占国民生产总值的比重以不低于1%为宜。

其次，应该着重于城市投资体制的改革，对关系到城市交通的重大项目，要制定相应的集资对策，并在利用外资方面实行优惠。

最后，允许大城市因地制宜实行市政设施配套的地方收费政策，这些费用用于道路交通的发展，有利于地方财政的补充。国家有关部门应通过财税渠道，加以完善，正式纳入国家的政策规定。

6. 加强科学技术研究力度，提高全民交通意识

为明确城市交通科学和重大技术措施的发展方向，必须加强科学研究力度，并在城市居民中展开全面宣传. 为此，必须抓好如下六个方面的工作。一是花大力气研究城市交通经济政策和高新技术的开发，用较少的研究投入换取较高的建设效益。二是国家要制订有关的技术条例和法规，加强职业培训和人才培养，推行交通工程和交通规划专业人员资格认证制度，三是成立国家级的

城市交通工程技术研究中心，在国家各部委和建设部的指导下，组织城市交通基础理论的研究和应用技术的研究推广。四是由建设部组建全国的城市交通专家技术委员会，负责引导全国交通技术科学的健康发展，并对重大城市交通建设项目进行技术审查。五是把各大城市的远期交通规划的近期综合治理规划纳入城市规划。今后，计划部门在安排城市交通建设项目时，必须符合城市交通规划的意向和要求。六是将城市交通教育融合到小学义务教育中，加强对城市各行业职工的交通安全知识教育，提高全民交通意识，依靠城市的全体市民共同管理好城市交通。

本文为周干峙先生在"中国城市交通发展战略国际研讨会"上的主题发言，载于1995年第22期《城市规划通讯》

当前我国大城市交通问题的原因、趋势与建议

城市交通问题是20世纪以来发达国家一直为之困扰的问题。当前,我国城市特别是大城市的交通问题极其严重,如果不能得到有效解决和根本治理,必将对我国经济的持续、快速、健康发展构成严重威胁。

1. 大城市规模不断扩大

到1994年底,全国百万人口以上大城市已发展到32个(1995年为34个),人口达到9053.8万人。据抽样调查,城市人均出行次数,从80年代初每天2次多一点,提高到90年代初的2.7次。根据国外有关资料,东京1968年2.48次,京阪神城市圈1990年2.57次,汉城1991年2.21次。加上数目庞大的流动人口,我国城市的生产和生活强度增加,使城市内部客货运交通承受沉重的压力。

2. 大城市作为区域交通的枢纽作用日益明显

大城市交通在全国交通中占了很大比重。大城市负担着大量的客货运输、换乘、换装、中转、集散任务,突出表现为出入口交通和过境车辆的增加,严重地冲击着城市内部交通流通。全国32个百万人口以上的大城市中,市区对外客运量占全国总客运量的1/7,对外货运量占全国的1/5。

实践告诉我们,城市交通特别是大城市交通,必须要有一个适应经济社会的大发展。当前,世界现代城市交通正进入以信息化为目标的新时期,一个包括道路建设、客货运体系和交通控制管理组成的快速、便捷、舒适、高效的城市交通系统,是衡量当前城市现代水平的重要标志。提高现代化水平,这既是城市交通发展的客观趋势,也是现代化建设的必由之路。

那么,怎样才能解决我国大城市交通问题,实现城市交通的现代化呢?我们首先必须弄清问题——特别是我国特有的问题——的原因;拟订切合国情的发展目标;其次采取现实可行的具有综合效益的办法。

一、当前大城市交通面临的主要问题和原因

1. 道路容量严重不足

长期以来，我国城市人均道路面积一直处于低水平状态，只是近十年方开始有较快发展，人均面积由2.8平方米上升到6.6平方米。尽管增长幅度较快，仍赶不上城市交通量年均20%的增长速度。目前全国32个百万人口以上的大城市中，有27个城市的人均道路面积低于全国平均水平。上海市人均道路面积只有3.5平方米，致使中心区约有50%的车道上高峰小时饱和度达到95%，全天饱和度超过70%，这些路段终日繁忙，十分拥挤，有的路段持续堵塞6.5小时以上，中心区平均汽车行程车速每小时降到10公里左右。

为什么在道路建设不断上升的情况下，交通拥挤还如此严重？其直接原因是道路面积严重不足。首先，我国目前大城市的人均道路面积尚不及发达国家的1/3。其次，我国大城市市区正处在从中心区向郊区扩散过程中，近几年城市道路建设的增加，主要分布在新开发的市区和郊区，相对来讲，中心区的道路面积率反而略有下降。再次，城市房地产开发集中于市中心地区，产生了过量的交通，造成道路超负荷运载。最后，我国城市中占用道路和人行道问题一直得不到有效解决，城市增加的道路面积，往往很快就被各种摊商，集贸市场和停车场相继侵占，使本来就严重短缺的道路面积更加紧张。

据测算，由于道路面积不足所造成的直接经济损失要占国民生产总值的1%，有的大城市可能达到所在城市国民生产总值的10%左右。

2. 汽车增长速度过快

最近几年是大城市机动车增长速度最快的年份，轿车、客车、面包车以至于摩托车增幅年平均在15%以上。1994年，全国汽车拥有量达941.95万辆，城市地区约占其一半。而且大城市增长势头还在上升，北京1995年末由于传言要收车辆增容费，仅12月份就卖出轿车2万辆，占全年销售量的13%。我国现有城市路网一般都是密度低，功能混乱，干道间距过大，支路短缺，属于低速的交通系统，难以适应汽车交通的需要，实际上将会阻碍汽车化在城市的实现。

3. 公共交通日趋萎缩

20世纪80年代中期开始，大城市的公共汽车交通（含无轨电车）相继萎缩，从运营效率到经营管理，从服务水平到经济效益，出现了全面的衰退。1978—1995年的17年间，全国公交车辆和线路长度分别增长了2.5倍和2.8倍，公交车辆达到0.62辆/千人，但公交车辆的运营速度由每小时12—14公里下降到5—10公里，新增的运力被运输效率下降所抵消。90年代初，公共汽车在居民出行交通结构中，多数大城市从原来30%下降到10%以下。公共汽车在整个城市交通中的比重越来越缩小。

4. 交通管理技术水平极其低下

由于历史和认识方面的原因，我国大城市中交通控制管理和交通安全的现代化设施很少。就北京与东京比较，两市都有一个交通管制中心，但北京交通控制中心控制的交叉口数只是东京的3%，人行天桥是东京的4.8%，地下人行道只是东京的5%，每公里交通标志只有东京的15%。北京在全国城市中交通管理设施算是最好的，其他城市更可见一斑。由于设施明显不足，管理疏漏不少，交通事故率居高不下。此外，国际上正在研究并开始使用的信息化、智能化管理系统，在我国基本上还是空白。

5. 缺乏整体的交通发展战略

城市交通建设是一项系统工程，既要研究交通需求和供应的平衡，还要考虑土地和财务的可能，是一项决策性很强的工作。当前出现的城市交通问题中，其中一个重要原因是，缺乏科学的整体交通战略和规划，治理工作往往顾此失彼，前后失调，投入不小，而收益不大。

有一些大城市热衷于建设高标准的大型交通工程，出现了许多立交桥、高架路和城市环路，实际上这种办法只能暂时缓和矛盾，拥挤问题不但没有解决，甚至诱发聚集更多的交通量，引起结构性的"负效应"。城市交通是一个动态的整体，仅靠几项大工程不可能解决交通问题。

另一个问题是长期忽视公共交通的发展。解决城市交通究竟主要靠谁？是个体交通还是公共交通，这是城市交通发展的战略问题。其实，公共交通是效率最高的交通方式，几乎所有国家和地区在经历了痛苦曲折之后，都鲜明地选择了优先发展公共交通的政策。

以上五个问题，反映了我国当前大城市交通的基本特点，概括起来是车多路少，现状道路已无多大潜力；车速下降，交通阻塞的趋势在逐渐恶化；公共交通发展步履艰难，汽车和摩托车增长势头强劲，给城市交通带来新的更高的质量要求。这些交通问题，又集中表现在大城市过度密集的市中心地区，而其深层原因，则是城市交通发展的目标和方向尚不明确，其相应的政策措施也不得力。

二、大城市交通发展的目标和方向

大城市的交通滞后，已经不是一个简单的增量配套问题，而是包含了城市布局和整体交通格局的质的变革，并以此反过来促进改革开放和社会经济的健康发展。

问题的核心是要实现城市交通现代化。城市交通现代化包括两个方面的内容：一是设施装备现代化，即城市交通设施技术水平要不断提高，既要发挥现有的实用技术，又要采用先进的科学新技术，谋取综合效益；二是交通战略现代化，即政策措施要不断完善，既要合理调整交通供需与交通方式的协调配合，又要提高城市路网在整个城市活动的运输效率。先进的设施是硬件前提，正确的战略是软件保证，两者相辅相成。

总体目标应该是，建设大城市现代化的多层次的综合交通体系。所谓综合交通体系，主要包括：①道路具有与城市规划相结合的网络系统，其面积率（道路面积与城市总用地之比）一般达20%左右，设有快、慢分道（指专设人和自行车专用道路，与机动车分道行驶，形成两个互相分离、互相结合的道路系统），专用的快速汽车干道、商业区内步行道、公交优先行车道，以及足够的停车场地。还有与起讫相应的客货运枢纽设施，并设置必要的立交桥、高架路、人行天桥、地道以及轮渡等作为整个交通系统的组成部分，所有道桥设施都要和城市环境相协调，与城市设计相融合，并具有良好的工程标准。②车辆，具有性能良好的私人车辆，经过专门设计的各种专用车辆，便捷的公共电、汽车、出租车，以及必要的轨道捷运系统，各种车辆形成互补的群体，并具备耗能少、废气少、噪声小的性能，有较高舒适度，有专用的停车站点设施。③管理有严密的交通法规、客货运输管理规则、交通设施管理规范。能自动监测车辆、路段状况、及时传输交通信息，经综合处理，在点、线、面上指导车辆行驶。有良好的照明、防滑、防止事故发生的安全设施，并具有完备的道路交通标志以及停车管理设施，还有经常的宣传教育、合理的税费收取办法，以保持交通建设和管理的持续发展。

以上目标在实施上可以分两阶段进行，第一阶段到20世纪末，要求初步建成与经济发展和城市发展相适应的常规道路网布局，拓展空间，打下基础；同时，加强与恢复公共汽车交通运输活力，适当发展其他公共客运交通，大力加强交通运输管理，初步缓解大城市存在的交通阻塞，第二阶段从2001年到2010年，从根本上改善城市交通网络布局的质量，发展特大城市轨道交通建设和立体交通建设，发挥公共汽车交通的主体作用，建立城市交通信息控制和诱导体系，力求交通量总供需关系保持基本平衡。

实现这个目标将是我国城市交通历史上一个转折点，其时，交通的具体形象将是：①有一个适合中国国情的大城市交通结构，在城市的居民出行总量中，以全国平均水平来衡量，公共汽车交通占25%—35%，轨道交通占5%—10%，公用和私人小汽车占10%—15%，其余40%—60%为自行车和步行。这个结构的特点是非机动化交通仍占相当比重，公共汽车将比现状增加10%—15%，小汽车和轨道交通几乎都是起步阶段，车辆绝对数有较大发展，应该指出的是少数特大城市中，小汽车和轨道交通的比重将超过上述比例。②实现多层次的网络体系，既有汽车化的快速交通系统，又有自行车行驶的慢速交通系统，大部分地区实施机动车与非机动车分流。③积极发展快速轨道交通，有一批大城市拥有轨道交通并投入客流运输。④发挥科学管理的作用，提高道路网的通行能力。⑤扩大高等级路面比重。让私人小汽车逐步进入大城市家庭。此后，随着城市现代化的迅速发展，到21世纪中叶，我国的大城市交通才全面地进入现代化的高效快速的交通时期。

三、几点措施建议

1. 加强城市政府对交通的统一领导，建立大城市的交通委员会

解决城市交通问题必须实行"综合互济、协同集成"的方针，保持我国城市交通发展与经济发展相辅相成的势头。关键是要加强大城市政府的集中领导，在中央统一政令的前提下，由市政府建立有效的城市交通行业管理体系。

当前，由于管理分散，体系内部不衔接，亟须建立高层次的决策机构——城市交通委员会，统一制定城市交通发展战略，集中管理和指导城市交通建设，统筹集资、融资和体制改革工作，把现有城市交通管理机构与城市财政、计划、物价、土地、税务等部门的职能与职责协调好，保证重大交通决策得以实施。

2. 增加路网密度，提高交通建设决策水平

我国城市交通基础设施"欠账"过多，道路现状水平很低，功能混乱，已无法满足经济社会发展带来的交通需求。因此，在科学规划指导下，加快城市主、次干道和快速路建设，合理安排立交桥、人行过街设施，停车场和自行车道建设。在旧城改造中，应尽量不建占地过大的大型立交桥和拆迁过量的高架路，要加强路口渠化，打通堵头和改造"瓶颈"地段，改善道路功能结构，提倡机动车与非机动车分路行驶，有条件的地区，可以改变现有"三块板"的道路断面布置，建设非机动车专用道路，完善系统建设，注意节省用地，反对盲目追求高标准，才能节约交通总成本，提高交通建设总效益。

3. 疏解大城市中心区人口，调整城市土地使用功能

城市人口过密必须疏解，这是解决城市交通问题的一项"釜底抽薪"的办法，也是改善城市环境、保持城市可持续发展的根本措施。由于大城市交通矛盾集中在城市中心区，首先要利用土地级差效应，把市中心区的工厂、仓库以及不适宜市中心功能的用地，迁到城市外围地区，适当分散城市的活动，从交通总量上寻找新的平衡。

4. 落实优先发展公交的政策，调整过低的公交票价，优化公交运行条件

落实优先发展公交政策，首先要调整公共交通价格和改进定额补贴，逐步做到微利保本，在低成本前提下提供最大服务，对有效缓解交通紧张将起到重要作用。

优先发展公交还包括线路开设、准点运营和提高舒适度等等，目的是为方便乘客，保证正常运营，提高城市交通整体效益。

5. 采取交通限制措施，适应私人小汽车的需要，车和路的发展相互协调

私人小汽车进入家庭是时代发展趋势。但是，发展私人小汽车毕竟不是解决大城市交通拥挤的根本出路，城市交通现代化并不等于就是小汽车普及化。据估算，在城市中每增加1万辆小汽车，要占用30万平方米的城市道路和停车场用地，而且每天要排放60多吨的有害废气物。看来，小汽车多了必然会

加重大城市的土地、环境、能源和经济负担，也无助于交通问题的解决。

所以，要做好宏观交通监测分析工作，及时采取调控手段，特别是在市中心地区，限制小汽车通过量。日本规定大城市小汽车交通控制在总交通量的25%以内，西欧诸国均控制在10%左右，像这样的宏观控制措施，在各大城市的交通战略中应有所规定。

6. 加强经济可行性研究，重点发展特大城市的轨道交通

我国大城市轨道交通是必须发展的，但目前的造价太高，特别是建设地铁，超过了一般城市经济承担能力。而且今后的交通建设不可能是一种政府性的供给型系统，必须在一个开放性的社会集资型系统下完成。因此，建设轨道交通一定要遵循市场经济的运行规律，加强经济可行性研究。国外对于地铁和轻轨建设项目，无不经过多年研究，很少轻举妄动。在目前，更应该把重点发展放在人口300万（指建成区）以上的特大城市（如北京、上海、广州等城市），因为这些大城市用地面积在200平方公里以上，城市形态高度集中在市中心区，交通密集程度高，现在的客运量已经达到或超过轨道交通所规定的运能限量，经济上又具有相当的回报能力。

7. 广开渠道，多种形式解决资金来源

我国城市交通建设需要的投资数额很大，除了国家和城市政府拨款以外，更期望依靠国家给予政策支持。广开渠道多方集资，已被实践证明是可行和有效的办法。为此，从总体上考虑，首先，要加大投资比重。据联合国社会发展部调查认为，经济发展中国家城市基础设施投资应占国民生产总值的3%—5%为合适，若按我国以往几年投资比重折算，城市道路交通应占1%—2%，但实际上最高年份1993年也只有0.6%，1991年降为0.16%。我国的城市交通建设年度投资占国民生产总值的比重以不低于1%为宜。

其次，应该着重于城市投资体制的改革，对关系到城市交通的重大项目，要制定相应的集资对策，并在利用外资方面实行优惠。

最后，允许大城市因地制宜实行市政设施的配套收费政策，专用于道路交通的发展，也有利于地方财政的补充。

8. 加强科学技术研究力度，提高全民交通意识

必须抓好以下六个方面的工作，一是花大力气加强城市交通的科学研究，重视交通经济政策和高技术的开发，探索新一代捷运交通工具、个体交通

工具和智能化交通管理的研究，用较少的投入换取较高的建设效益。二是国家要制订有关的技术条例和法规，加强职业培训和人才培养，推行交通工程和交通规划专业人员资格认证制度，以提高城市交通的规划、设计、建设和管理的水平。三是成立国家级的城市交通工程技术研究中心，组织城市交通基础理论的研究和应用技术的研究推广。四是由建设部组建全国的城市交通专家技术委员会，负责引导全国城市交通技术科学的健康发展，并对重大城市交通建设项目进行咨询和技术审查。五是把各大城市的远期交通规划和近期综合交通治理规划纳入城市总体规划。六是将城市交通教育融入小学义务教育中，加强对城市各行业职工的交通知识和安全教育，提高全民交通意识，依靠城市的全体市民共同管理好城市交通。

本文是周干峙先生负责的一个科研课题的主要内容。参与研究的有中国城市规划设计研究院徐矩洲、马林等。载于1996年第三期《科学中国人》。

全面综合系统集成使城市轨道交通的
运营安全落到实处

轨道交通快速发展，安全保障已成头等大事

本次会议主题包括市内有轨交通和市际轨道交通，是广义的轨道交通。两者在专业技术和管理体制两方面有共同点，也有不同点。在学术上，有机会把两者放在一起讨论研究，交通互补，我认为是很有意义、很有必要的。

随着我国城市的快速发展，20世纪90年代以来，许多大中城市都已经开始了城市轨道交通的建设。目前，我国的城市轨道交通已遍及20多个城市，每年建成好几百公里；市际轨道交通，特别是高速铁路也已经取得了相当的发展和巨大的成绩，"四纵四横"的高铁网络建设已经铺开，市际高铁开通线路也与日俱增。交通先行的发展策略，改变了城市的生产和生活，越来越显出其重大的政治、经济和社会意义。轨道交通在快速发展的同时，也反映出一些需要研究解决的问题。在城市轨道交通方面，首先在工程建设中出现了一些安全事故。目前北京、上海轨道交通日均客流量均已突破560万人次，相当于全国铁路春运期间的日均客运量。这么大的客流在地下及高架上快速流动，安全管理的压力很大。特别在北京奥运会和上海世博会期间，轨道交通的安全运行都已成为头等大事。下面我着重对城市轨道交通的安全保障问题，谈一些看法，供大家参考。

城市轨道交通的安全防范管理工作是一项系统性工程

由于技术条件复杂，地铁在工程建设过程中就比地面工程易于出现安全事故。如前几年上海4号线施工引起的楼房基础垮塌事故，以及杭州地铁车站在施工现场出现的塌陷事故，损失巨大，影响也巨大。特别是有些工程急于求成，冒险求快，隐患不少。对此，我们的技术专家甚至夜不能眠。

地铁具有相对封闭、人员密集、疏散困难等特点，容易受到恐怖袭击和人为破坏。前几年伦敦地铁和最近的莫斯科地铁、纽约时代广场恐怖案件，都表明：地铁一旦出现安全事故，后果将会十分严重。据统计，近10年来，在世界上遭到恐怖袭击的所有目标中，地铁占到近1/3，因袭击造成的人员死亡总数中地铁占到近一半。在当前严峻的国际反恐形势下，我国城市地铁的安全管理也不容忽视，不能不做好预防、应急、救援、善后等多方面的、必要的前期工作。

为了确保我国城市轨道交通安全、可靠和高效运营，促进我国城市化又好、又快地发展，应该把"安全稳定"作为首要任务和首要目标来对待；应加强安全建设，防止人为恶性事件的发生，确保安全运行。城市轨道交通的安全防范不只是一项消极的、被动的管理工作，而应当是一项从决策、筹建、规划、设计、建设到运营管理进行统筹运作的系统工程。

城市轨道交通的安全防范管理工作必须作为一项系统工程，必须按照科学规律，从项目决策、规划设计、标准规范、建设运行等包括人防、物防、技防各个环节，有机结合，全面落实。城市轨道交通安全防范系统的建设，还应纳入城市轨道交通工程总体规划，并且要综合设计、同步施工、独立验收，同时交付使用。已经投入运营的轨道交通线路，应抓紧总结经验，针对薄弱环节及时改造补齐。

确保城市轨道交通安全的具体建议和意见要点

从目前先行城市的安全管理实践来看，确保城市轨道交通安全的具体措施应包括以下几个方面：

1. 决策要稳妥。城市轨道交通工程具有规模大、时间长、技术复杂等特点，一般都要有较长期的准备。特别如建设目标、建设标准、配套项目、工期安排等，应有科学判断。如"年进度××km"，应根据条件，实事求是地决定。决策如有失当，影响工程全局。

2. 前期工作不可少，包括必要的队伍培训、工程地质勘探，以及供水、排水等基础设施建设。应尽可能避开地质恶劣、现状矛盾大的地段。

3. 线路方案要合理。目前，往往规划粗放，而且盲目决定线路标准。特别是不需要入地的线路，往往轻率地都铺设在地下；地下站台规模不需要二三层的也建为二三层。这不仅浪费资金，同时增加了不安全因素。

4. 车型选择要适当。目前的轨道车辆有重型、轻型等不同型式，也有轮轨、磁浮等不同系统，还有单轨、双轨等等，可根据当地情况选用。一般应以可靠、适用为原则，而不是赶时髦、盲目提高标准。

5. 要与城市公交以及市际交通形成综合系统，在时间和空间上合理分担客流。应避免客流量过分集中在地铁，或地面交通，减少事故苗子。

6. 枢纽建设要有预留，以便于换乘，避免发生滞流、阻塞等问题。

7. 信息化管理，无论有线或无线系统，都应有一定可靠性，留有余量，有可替代的备用方案。

8. 疏散通道应有明显标志，以解决在有限空间内的恐怖感，避免惊慌失措、加重后果；应结合设计，发挥缓冲带、安全岛的作用；主要疏散通道应保持一定宽度，能承受一定客流量。

9. 消防设施要齐全，如车上灭火器，站厅、站台消防栓，灭火器自动喷射装置，排烟装置等，均应配置。

10. 要有现代化的监测系统，在进站口、站内和车厢中应设置智能摄像头，以及探测爆炸物和有害气体的预警处理装置等。

11. 要加强地铁全线的监控功能，全面实现司机和调度指挥中心对车辆和站台情况的实时监控。

12. 选用阻燃、低烟材料，包括一切装修材料以及电缆、光缆等。

13. 在全体员工中普及安全运行知识，适时进行培训预演。

14. 重视一切附属设施，如电源、通风系统的开关，垃圾桶以及玻璃等易产生二次碎片的物品，均应安全布置。

粗粗细细，讲了以上若干点。其实城市轨道交通安全措施还有更多的方面和措施，应该是运营中常讲、常备、常改进的课题。作为世界公认的绿色、环保的交通工具，轨道交通具有节能、节地、节约资源等优势，只要我们抓好了它的安全管理工作，真正做到"安全、便捷、高效、舒适"，就一定能够使人民满意，让人民放心，让人民高兴，能够在城市化和城市经济社会健康发展等方面起到引领的作用。

本文是周干峙先生在"2010中国（上海）轨道交通国际论坛暨《城市轨道交通研究》理事会年会"上的演讲，载于2010年第7期《城市轨道交通研究》。

世界大城市交通发展论坛开幕式致辞

尊敬的各位领导、各位专家：

大家上午好！

由北京市交通委员会、北京市人民政府外事办公室共同主办，北京交通发展研究中心承办的世界大城市交通发展论坛今天就要开幕了，首先，请允许我对论坛的召开表示衷心的祝贺。这次会议将对我国城市规划建设界和学术界提供一个良好的宽广的交流平台。我也要对主办这次会议的北京市交通委、市外办和北京交通发展研究中心表示衷心的感谢！在这个春夏交融的季节，他们创造了条件，能与来自市政府的各位领导和世界各大城市机构来宾相聚在北京。我还要代表大会学术委员会向各位来宾和朋友们的到来表示热烈的欢迎，并致以良好的祝愿。我相信国内外的专家、学者进行深入的交流探讨，在交流中拓宽我们的视野，在思维碰撞中共同为城市交通的发展探寻成功之路。

从1908年第一辆福特汽车下线发展到城市交通拥堵，又经过多年多方努力，采取种种措施，缓解城市交通，至今已经历了百余年的历程，但至今还有多少大城市依然承受着交通拥堵的困扰。在中国，近年来，随着城市化、机动化进程加快，交通问题层出不穷，目前，不仅在大城市、特大城市，还有在一些不太大的城市、（二、三线城市）也出现了相当严重的拥堵。至2010年，中国共有设市城市657个，城镇人口6.66亿，城市化率达50%。近20年来，全国民用汽车年平均增长率13.3%，私人汽车平均增长率高达23.7%，2010年汽车产销量均接近2000万辆。因此，中国大城市迅速遇到严重的交通拥堵、环境污染等问题。

与国外同等规模城市相比，北京的问题很突出。北京以30—40年的时间完成发达国家城市百年的机动化进程，在获得丰厚成果的同时，也凸显了众多复杂激烈的矛盾与挑战。这次会上，北京市的代表将报告他们的经验和体会，北京市的地铁已发展到450千米，公交车已达2万多台、800多条线路，而且票价低、服务良好，但仍然拥堵不堪，最近不仅行车难，连停车也越来越困难。面对城市化、机动化进程中的交通问题，世界不少大城市出现了多种治理思路，积累了丰富的治理经验。据我了解东京就有成功的经验，前两年到了东京就有鲜明的对比。欧洲也有不少成功的经验，这些宝贵的经验和智慧，是人类共同的财富，必将为破解交通难题开启一扇扇大门。

本次世界大城市交通发展论坛能够聚集许多个大城市交通的决策者、管理者和研究者共同讨论交通问题，找寻解决交通问题的金钥匙，我衷心希望世界大城市的代表们通过这次论坛的举办能不断加深相互了解，扩大共享平台，加强交流合作，为世界大城市的交通发展做出贡献！世界大城市交通发展论坛对中国大城市来说，是一次向世界城市学习的良好机会。只有站在前人的肩上，互相抬举，才能看得更远，才能学习和借鉴世界各地的经验，深化城市之间的合作，为人类交通事业做出更大贡献！

最后，预祝本次世界大城市交通发展论坛取得圆满成功！

本文为周干峙先生2012年5月23日在"世界大城市交通发展论坛"开幕式上的讲话，根据周干峙先生手稿整理。

对于当前我国城市地铁建设中若干问题的建议

目前我国的城市轨道交通（主要是地铁）建设正面临一个史无前例的高潮。北京、上海、广州三大城市每年都以40—50公里、投资一百多亿元的速度推进；还有已被批准的15个城市正同时进行地铁建设，每年总投入也以上百亿的计划迅速进行中。看来，在下一步经济调控中，由于缓解紧张的城市交通的迫切要求，地铁工程不可能也不宜于较大的压缩调整。

目前全国地铁建设的速度很快，除了2003年上海正在施工的地铁4号线（浦东南路至南浦大桥）发生地面大幅沉降，引发大楼倒塌事故外，至今尚无重大事故发生，但上海市中心地铁区间隧道已发现较大的不均匀下沉，在北京、广州、南京等城市，施工中小事故时有发生，安全可靠令人担忧，工程施工和运行安全问题实际上和前期的战略决策密切关联。一些战略决策，影响当前和长远。

安全隐患方面的问题，以至长远的运行安全问题不少是由于建设前期工作不足，调查研究不够，再加上规划设计施工各工作阶段周期短工作疏漏所造成的。为又好又快地推进地铁建设发展，看来有以下三点是问题关键：

一、必须做好前期工作，科学规划，慎重决策

1. 首先要有翔实的工程地质调查和客流量调查预测，这是地铁规划决策的工程基础和运行基础，客流预测必须和城市规划发展结合，有科学的分析判断，客流量是决定城市轨道交通采用地铁或轻轨等不同制式和不同规模的主要依据。选用恰当可以节省投资和运行成本。目前某些线路客流预测偏大造成建成后长期亏损。

2. 正确选择技术路线。目前地铁技术有不少新的发展，但多数仍沿用传

统的旋转电机车辆。新发展的直线电机车辆，具有多种优势，国内外均已取得成熟经验，从应用前景总体上可以降低造价和运行成本，提高性能，值得积极推广。（附：直线电机机车性能及优缺点介绍）

3. 稳妥地确定工程标准和建设规模。地铁是功能性很强、群众性突出的交通工程构筑物，应以简单易达为主要目标，不追求豪华气派。

地铁不一定全部在地下，在进入郊区，建筑密度降下来以后，就可以走地面或高架；地铁站、线应能浅则浅，不一定都要深埋；车站设计能一层则一层，不必都建两层；列车编组，站台长度均应适宜，不求高大。（在日本的岛式站台一般只有8—10米宽，而我们往往都在12米以上）。是否一定要设屏蔽自动门？也有无必要不分场合，不分南北，不分场合，一律设空调；都应该依据实际需要进行研究。还有，车站装修应以安全、简朴为上。

4. 严格审批制度，目前地铁均属地方项目，审批权限尚不明确。实际上除批准立项以外，地方决策作用是主要的，但由于涉及大量投入和比较复杂的技术经济政策，还应有上级主管部门参与，要维护方案批准的严肃性，不得随意更改。

5. 地铁运行管理关系到长期的效率和效益发挥，要加紧这方面人才的培训，并早期介入规划、设计、施工全过程中，更好为运行服务。

二、必须牢固树立工程安全和运行安全第一的指导思想

1. 按照优质、安全、迅速的原则安排好工程进度，进度必须以优质安全为前提，决不追求一时的快速。

2. 加强安全监控措施，运用先进技术切实掌握工程中有关工程地质情况、结构沉降情况和应力变化情况，还有防火防灾的设备情况以及安全出口、出风口等的保证通畅。应有统一的安全委员会和监控中心掌管。

3. 要有灾情出现时的应急预案，常备不懈。

4. 要先期考虑实际运行中的各种安全管理措施，如设置必要的安全观测探头，警报指挥系统，一切材料要防火无毒等等。

5. 健全培训制度和安全管理制度，要有一支能真切预防和应急处理的管理队伍。

地铁的安全生产和正确决策，受多方面影响。特别是一些指导思想方面的问题。

三、必须将降低造价放在重要地位

经多年努力，地铁每公里综合造价已由7亿元左右降至目前约5亿左右，如果合理决策筹划，我们初步估算，有可能降到3亿元左右。地铁是一件涉及民生、经济又具有大量节约潜力的项目，不能随意决策，造成浪费，遗患子孙。故而思之再三，提请领导关注。

本文根据周干峙先生手稿整理。2007年8月26日定稿。署名专家包括：周干峙、施仲衡、钱七虎、刘建航、邹德慈、严陆光、王梦恕。

在部分大城市交通发展政策与管理讨论会上的讲话

多年来，我国的城市交通问题已经引起了有关部门的重视。从1981年成立城市交通规划学术组织以来，几乎每年都举行一次讨论会，主要是讨论交通对策。国家科委也很重视城市交通问题，1983年制定国家重大技术政策时，在"交通运输"和"城市建设"两本"蓝皮书"内都收入了城市交通政策方面的内容。但是，召开这样一次有综合部门、有关各部，以及部分大城市的城市建设、交通管理部门和城市交通方面的专家学者参加的全国性的城市交通政策与管理专题讨论会，还是第一次。这次会议表明，我国在研究解决大城市交通问题方面，已经进入了一个新的阶段。

党的十一届三中全会以来，随着城市建设工作的恢复和发展，特别是随着城市经济体制改革，和开放搞活政策的深入贯彻，城市内各种车辆和道路交通设施的增长发展速度是前所未有的。但是，总的来看，城市交通紧张的情况并未得到缓解。北京、上海、广州等大城市交通紧张状况愈来愈严重，乘车难、行车难、停车难、走路难，对经济发展、人民生活，对外开放、旅游事业等的制约作用愈来愈大。为此，上海等城市已把解决道路交通问题提到了城市建设的首位，作为城市基础设施建设的主要内容来抓。

近几年来，京、津、沪三市的交通情况很能说明我国大城市交通发展的趋势。1978年以来，这三个特大城市都有较多的投资用于城市交通建设，但迄至1985年末，车辆通行能力增长率还不到车辆增长率的一半。如北京市，去年末市区道路总面积比1978年增长了0.37倍（由1611万平方米增至2212万平方米），但机动车增长了近2.3倍（由69000辆增至230000辆）；同期，上海道路面积增长了0.4倍（由898万方平米增至1294万平方米），但机动车辆增长了0.9倍（由66000辆增至110000辆）；天津道路面积增长了0.5倍（由701万平方米增至1052万平方米），而机动车辆却增加了1.4倍（由44000辆增至105000辆）。

这几个数字可以看出，长期存在的车辆，道路和建设投资之间的比例关系问题，至今仍然没有得到解决。"旧账未还，新账又欠"，必然造成城市交通的进一步紧张。这种因果关系，可以从交通事故增多，平均行车速度下降和阻塞地段的增加现象中得到印证。北京市从1983年以来，交通事故大幅度上升，虽然一再加强管理教育，但还是降不下来，平均每天要死2个人；今年4月一个月，交通事故竟达866次，伤519人，死67人，日平均死2.3人，市区平均行车速度一直只有14公里，经常阻塞路段由十几处增加到四十几处。造成的直接和间接的经济损失难以计算。

城市交通的这种发展状况，说明我们对城市交通问题的认识仍然有待于深化，对如何采取有效的对策还需要进一步研究。应该考虑到，在近期内，大城市交通、道路和建设资金可能有一定的增长，它们之间增长的比例关系也有可能有所改善，但由于国家财力有限，还不大可能得到根本性的改善。在需求和供给仍然不能同步增长的前提下，如何缓和城市交通问题，对于问题的总体和各个层次、各个方面采取哪些必要的对策和措施。这些，都需要我们更加认真、更加严密、更加切实地进行研究探讨。

国家科委建设部、公安部、有关大专院校和一些省市的专家、同行对于缓解城市交通问题，做过相当长时间的研究，已提出了不少好的见解和设想。这次会议就是要集中大家的智慧，共同来分析研究，提出治理城市交通问题的对策。为了开展讨论，我想讲三点意见，作为引玉之砖，以供参考。

一、要充分估计城市交通问题的严重性和缓解这一问题的困难程度。

从国外一些发达国家走过的历程来看，城市交通问题是经过半个多世纪努力而尚未完全解决的问题。大约从20世纪初开始，由于受大城市的形成和汽车的大量生产这两大因素的影响，出现了城市交通紧张这一现代城市的通病。城市"交通病"在第二次世界大战后蔓延到各个国家的大城市。研究解决这个问题，得到了科技界和社会各界的极大重视，首先是伦敦、纽约等大城市，采取了一系列建设和管理措施，并不断地总结经验。大体上，在30年代就形成了汽车交通系统的人车分行的理论（所谓Rodburn Idea），40年代又出现了整体治理规划的完整构思（体现在Bachaner Report），60年代就已形成了一门成熟的交通工程学和相当庞大的现代化的交通工程和交通管理专业队伍。整治城市交通的努力，经历了"紧张—改善—再紧张—再改善—进一步紧张"的反复过程。实际上，一些比较先进的城市，在致力于解决交通问题的过程中，逐步进行了城市的全面改造，也就是所谓从马车时代的交通系统改造成为汽车时代的交通系统，最近又提出合理规划城市，建设具有综合交通体系的信息时代的城市。然而，至今世界上还没有一个大城市敢说是已经完全解决了城市交通的问题。所以，国外科技界曾有人把大城市交通问题列为当代人类面临的若干重大科技问题之一（如能源问题、环境问题、癌症问题等）。

从国内情况看，我国城市交通功能的需求和目标，与国外的现代化城市基本相同。人们的出行量指标大体一样。虽然私人汽相对要少得多，但是按千人指标计算的机动车辆总数，也已超过了国外产生交通危机的临界线；至于交通工程和交通工具等技术条件的发展，将会愈来愈接近国外情况，这一点并不因为社会制度和国情的不同而有多大差异。所以，我们既有和国外大城市同样的矛盾问题，还有我们自己特有的困难问题。我认为我国城市交通特有的困难问题主要有三个方面：一是起点低、增长快。我们大多数城市是20世纪30年代的道路设施，20世纪80年代的交通需求。平均每年车辆的增长率都在12%—13%，近几年甚至达到20%，大大超过了许多发达国家曾经有过的增长速度，也超过了原来我们城市规划的设想；而且大部分城市20世纪50年代规划的道路网，至今还不能全部形成。二是密度高、空间少。我国城市人口密度比英、美发达国家高十几倍，建筑密度高几倍，行车密度就相对要增加若干倍，这种高密度状况抵消了一部分因车辆少而对道路压力较轻的优势。我国平均每辆车占用的城市道路面积指标比国外一些市少得多，因而，解决问题的"舞台"也会受到更大的限制。三是车种多、快慢混杂。现在许多城市的自行车平均达到每1.5—2人一辆。大量的自行车如按小汽车当量（一般以4∶1计）计算，我国城市的车辆总数是十分可观的，并不低于国外同类城市。而这两种车辆又有着不同的技术要求，使得解决城市交通问题更为复杂。

另外，还有一些阶段性的问题冲击到城市交通。如北京这几年交通矛盾突出，主要还由于增加了100万流动人口，10000辆出租汽车，每天还有大约7000辆外地车辆进入北京。这种情况，在上海、天津、武汉、广州等地也同样存在。而这些广泛涉及经济、社会、科技各个方面的复杂问题，却不大容易为人们所全面了解。

城市交通问题人人皆知，人人都有发言权，因此，往往由于众说纷纭而增加了决策的困难。许多国家有这样的经验，为解决城市交通问题，在规划、研究上要花相当长的时间，还要经议会讨论而实施起来，则要花费更长的时间。城市交通问题在技术上的复杂性及其所涉及的复杂的社会因素，又增加了解决这个问题的难度。所以，我们对大城市交通的复杂性、严重性和长期性必须要有充分的估计和足够的认识。真正把缓解这个问题提到议事日程上并作为基本建设的重点来对待。

二、要加强城市交通的综合治理，提倡多方面的协同配合。

综合治理城市交通的思想，早为人们所接受，但真正做到综合治理却并不很容易。因为城市交通问题的相关因素很多，治理措施包括经济政策、技术政策、计划、规划、工程技术和运行管理等几个层次以及建设、公安、公交、运输等若干方面。因此，在指导思想上不能强调一点，不及其余，要防止片面性，也就是说，治理城市交通的多种措施，应该相辅相成，而不应该对立起来，更不应用一种措施否定另一种措施。例如，设法抑制交通流的产业，是一种釜底抽薪的治本办法，有些外国专家强调通过控制城市规模，合理规划布局，最大限度地减少交通流的产生，不可避免的交通流，也要首先用步行解决问题，其次再考虑交通工具。这种构想无疑是有其合理成分的。但是，城市交通毕竟是城市的基本功能，人们要求能够迅速、安全、舒适地活动，我们不可能消除城市经济发展和居民生活对城市交通日益增长的需求。还有，用工程设施建设还是用交通管理办法来发展城市交通，也是有争议的问题。早在20世纪40年代，英国一位警察总监就总结了伦敦的经验。认为缓解城市交通问题仅靠道路工程建设是不行的，得出了建设和管理要并重的结论。20世纪50年代以后，信号自控技术不断进步，特别是区域联控加上其他管理措施。可以大大提高通行能力。所以重视发展现代化交通管理，少花高昂代价去建设太多的立体交叉和汽车专用道路等是完全可行的。但是，在目前我国城市中，多数情况是道路网尚未完全形成，道路面积占市区总面积的比重不到10%，而国外城市一般为20%—30%，美国的洛杉矶甚至达到45%；我国平均每人占有道路面积仅有3.1平方米左右，平均每辆车占有道路面积指标也远远低于国外城市。在人口、房屋、车辆都是高密度分布的条件下，要解决城市"行车难""乘车难"问题。仅靠交通管理措施或增加几辆公共汽车显然是不够的。国务院在批转建设部《关于改革城市公共交通工作的报告》中指出，为解决当前"乘车难"问题，"要加快城市道路网的改造和建设，修通必要的环路，形成流畅的干道系统……对城市出入口堵塞严重的城市道路，交通部门和城建部门要密切配合，有计划打通拓宽，可用公路养路费适当给予补助"。再有，关于发展公共交通还是私人交通的问题，无疑是以发展公共交通为主的方向是正确的。但是，也不可能没有私人交通工具，完全不发展私人交通工具的大城市，虽然可以保持较好的城市环境、交通秩序，但步行距离增长，对市民不便，没有满足交通舒适性的要求。

缓解大城市交通紧张，究竟着眼于节流还是开源，建设还是管理，治标还是治本，公共还是私人，快速还是慢速，当前还是长远等问题，离开了时间、地点、条件，很难讲孰优孰劣、倚轻倚重，也不能简单肯定一面或否定一面。我们应当从城市的实际情况出发，兼顾各个方面，兼备各种办法，真正实行综合治理，争取收到较高的效益。

三、结合城市规划，既救燃眉之急，又作长远之计。

大城市交通所暴露的矛盾，往往遍布市区各地段，带有分散性，而解决矛盾却必须统筹全局，要有系统性，仅从一个点、一个路段是解决不了问题的。要系统地解决问题，往往需要进行较大规模的工程建设，这要经过一定时间才能奏效。天津市疏通中环线，速度相当快，但也用了近两年的时间，从根本上讲，现代城市的交通系统建设，涉及整个城市的布局结构，实际上是要改造"马车时代""轿子时代"的交通系统，以适应机动车时代的需要。这就必须有一个结构性的改变。当然，改造的办法并不全是拆了重来，而是要和城市规划结合起来，研究科学、合理的大城市交通治理措施。

国外已有不少经验说明，交通规划要和土地利用规划相结合。例如，重要的集散点、人口疏密配置与交通干线、地铁环线建设相结合；均衡分布适当规模的工业区；把单一集中的商业中心改变为多中心的布局等。在总布局合理的前提下，做好交通工程设计和各个局部的城市设计，这是事半功倍的解决办法。在规划新发展地区，还可以利用事先综合安排的有利条件。如英国第三代新城密尔顿·凯恩斯的规划设计，就采取了工作生活混合分区，均衡分布交通流的办法，并采用专门设计的公共汽车，实行人车立交、车车平交，比较经济、科学、合理地解决了这个城市的交通问题。

在大城市中，无论是老市区或新发展区，要把交通问题解决得彻底一点，就难免要调整布局，实行分流，采用新交通工具（如各种快速轨道交通）、新交通系统和新的管理控制办法。而要做好这些耗资巨大、影响面广的工程，必须要有交通流量、流向的定量预测。可见交通调查和交通预测是不可缺少的一个工作阶段，现在已有几个城市开始进行全面的交通调查，这是非常必要的。调查、预测的方法和结果，可能会有争论，但不能因此而否定预测的必要性，我们应当不断总结改进，研究切合我国发展规律的调查预测方法，这也是做好城市总体规划和提高交通工程规划设计水平的重要一环。

在考虑全面性、长远性问题的同时，应当切实解决局部性、现实性的问题。现在城市交通高度紧张，不少地方有"燃眉之急"，要争取时间，采取"短、平、快"的办法进行综合治理。近几年来，许多城市已实行了行之有效的缓解当前矛盾的措施。根据他们的经验，解决城市交通的紧迫问题，可采取以下几项措施：

1. "调峰"和"错峰"，错开上下班和休息时间。

2. 调换工作或居住地点，就近就业。

3. 改善公共交通，根据公交事业特点，采取补贴政策，提高服务质量。这些都是当前的关键问题。最近有些城市将月票改为本票，也收到了一定效益。

4. 形成路网系统。打通卡口堵头，疏通环线、放射线、桥梁、渡口，用渠化理论改善路口设计，这是当前和长远结合解决问题的根本途径。目前，关键问题是开辟资金渠道，按照有偿使用原则，提取养路费，收取过桥费等。

5. 完善交通管理办法，制定城市交通法规。定向、定时使用繁忙路段，控制停车点、禁止左转弯，等等。

6. 发展先进的色灯信号控制，由点控、线控到区域联控。今后应当把一些管理手段作为道路工程建设的组成部分。如交通标志监测传感装置等，统一设计，一次建成。

7. 限制自行车增长，征收牌照税。

8. 结合公共场所建设停车场、停车库。避免占用路面，减少交通面积。

9. 在交通密集地段，实行人车分流、人车分离。如设人行天桥、地道、用栅栏或绿化使人车各行其道，在商业区辟出步行专用道，等等。

10. 把交通教育，作为精神文明建设的具体内容。从儿童开始就加强教育，提高社会道德文化水平，这也是具有深远意义的根本性措施。

与解决当前最迫切的交通紧张问题有关的措施，还有普及电话、发展专业运输、联合运输业务、实行夜间货运等等，这些都能直接或间接地改善交通状况。

总之，解决城市交通问题是一项巨大的系统工程、社会工程，要近期与远期结合，速效和长效结合、软件与硬件结合、政策与技术结合。这次讨论文件中提到城市交通是国家交通的组成部分，是区域交通的枢纽和起讫点，这个提法很好。解决城市交通问题是现代化城市建设中一个艰难棘手的问题，需要我们对它有一个正确的认识，然后采取正确的决策。还需要各有关部门的共同协作，各种办法的互相配合，经过长期努力，才能够比较全面地解决问题。所以，形势要求我们共同努力，共同呼吁，共同攻关。缓解交通紧张，对于改善人民生活、促进四化建设的重大意义将会愈来愈明显。

我相信，这次会议将对缓解我国大城市交通紧张状况产生深远的影响。

本文为周干峙先生（时任城乡建设环境保护部副部长）1986年7月18日在"部分大城市交通发展政策与管理讨论会（广州）"上的讲话。

主要工作成绩

建筑设计与施工
清华大学学生宿舍设计施工（1952年）
全国政协综合办公楼甲方项目责任人（1996年）
黄帝陵规划设计顾问，施工图设计甲方项目责任人

主持城市规划项目
西安市总体规划（"一五"时期城市规划样本）
主持上海、苏州第一轮总体规划及详细规划
唐山震后重建规划及丰润新开发区总体规划
深圳经济特区总体规划，获全国城市规划优秀设计一等奖，国际建筑师协会阿勃克朗培奖
天津震后恢复、重建规划，长期发展规划
三沙市城市规划

参与政策制订
组织并直接编写的"国家城乡建设技术政策"获国家科技进步一等奖
主持起草第一部《中华人民共和国城市规划法》
大批城市总体规划的指导
就城市住房、交通和环境保护、生态提出政策性建议
首倡历史文化名城保护
为中国城市规划学科的发展创建坚实的基础，在中国科学院和中国工程院建立三个主要分支：建筑学、城市规划和景观学

发表论文及图书出版

《城市是人类的家园》

《论我国大城市交通》

《城市地下空间的合理开发与综合利用》

《城市发展与复杂科学》

《现实的多层面展开的建筑学思想——我所理解的广义建筑学》

《一门年轻和古老的科学》等等

论城市化（著）及主编图书数十册。

中国工程院课题研究

中国城市地下空间开发利用研究

建设节约型社会战略研究

发展我国大城市交通的研究

东北地区城镇化与资源环境协调发展研究

西北地区城镇发展及水务对策研究

降低地铁造价及工程建设管理等若干问题的研究

中国特色新型城镇化发展战略研究

图书在版编目（CIP）数据

干城如峙 / 周干峙著. —北京：中国文史出版社，
2017.8
（政协委员文库）
ISBN 978-7-5205-0074-6

Ⅰ. ①干… Ⅱ. ①周… Ⅲ. ①周干峙（1930-2014）
—文集 Ⅳ. ① Z427

中国版本图书馆 CIP 数据核字（2018）第 017181 号

责任编辑：蔡丹诺

出版发行：**中国文史出版社**
社　　址：北京市西城区太平桥大街 23 号　邮编：100811
电　　话：010—66173572　66168268　66192736（发行部）
传　　真：010—66192703
印　　装：北京地大彩印有限公司
经　　销：全国新华书店
开　　本：787×1092　1/16
印　　张：17　　　　插页：1
字　　数：284 千字
版　　次：2018 年 5 月北京第 1 版
印　　次：2018 年 5 月第 1 次印刷
定　　价：56.00 元

文史版图书，版权所有，侵权必究。
文史版图书，印装错误可与发行部联系退换。